UTB **3177**

Eine Arbeitsgemeinschaft der Verlage

Böhlau Verlag · Köln · Weimar · Wien
Verlag Barbara Budrich · Opladen · Farmington Hills
facultas.wuv · Wien
Wilhelm Fink · München
A. Francke Verlag · Tübingen und Basel
Haupt Verlag · Bern · Stuttgart · Wien
Julius Klinkhardt Verlagsbuchhandlung · Bad Heilbrunn
Lucius & Lucius Verlagsgesellschaft · Stuttgart
Mohr Siebeck · Tübingen
Orell Füssli Verlag · Zürich
Ernst Reinhardt Verlag · München · Basel
Ferdinand Schöningh · Paderborn · München · Wien · Zürich
Eugen Ulmer Verlag · Stuttgart
UVK Verlagsgesellschaft · Konstanz
Vandenhoeck & Ruprecht · Göttingen
vdf Hochschulverlag AG an der ETH Zürich

Werner Simon,
dem Lehrer, Mitstreiter und Freund

Burkard Porzelt, Dr. theol. und Dipl.-Päd., lehrt und forscht als Professor für Religionspädagogik und Didaktik des Religionsunterrichts an der Katholisch-Theologischen Fakultät der Universität Regensburg.

GRUNDLEGUNG RELIGIÖSES LERNEN

Eine problemorientierte Einführung in die Religionspädagogik

von

Burkard Porzelt

VERLAG
JULIUS KLINKHARDT
BAD HEILBRUNN • 2009

Die Deutsche Bibliothek – CIP-Einheitsaufnahme
Die Deutsche Nationalbibliothek verzeichnet diese Publikation in der Deutschen National-
bibliografie; detaillierte bibliografische Daten sind im Internet über
http://dnb.d-nb.de abrufbar.
ISBN 978-3-7815-1643-4 (Klinkhardt)
ISBN 978-3-8252-3177-4 (UTB)

Einbandgestaltung: Atelier Reichert, Stuttgart
Druck und Bindung: Friedrich Pustet, Regensburg.

Printed in Germany 2009.
Gedruckt auf chlorfrei gebleichtem alterungsbeständigem Papier.

UTB-Bestellnummer: 978-3-8252-3177-4

Inhaltsverzeichnis

Einführung

Unter dem Titel „Grundlegung religiöses Lernen" widmet sich das vorliegende (Lehr)Buch dem – oft rätselhaft erscheinenden – Kernbegriff der Religionspädagogik. Mit der schrittweisen Klärung, was religiöse Lernprozesse prägt, erschwert und begünstigt, soll eine problemorientierte Einführung in die Religionspädagogik ermöglicht werden.

Von sequenziellem, aufbauendem Lernen ist derzeit in der (Religions)Pädagogik allerorten die Rede.[1] Dieses Programm macht sich das vorliegende Werk zu eigen. Statt aus entrückter Perspektive auf Theorien und Wissensbestände *herab*zublicken, will es *hinein*geleiten in den Strom religionspädagogischen Wahrnehmens, Abwägens und Entscheidens. Gelungen wäre dieses Unterfangen, wenn die Leser/-innen zu kritischen Wegbegleitern der nachfolgenden Argumentation würden, die sich ‚abarbeitet' an Schlüsselproblemen aktueller Religionspädagogik.

Der vorgelegte Text geht zurück auf eine Vorlesung. Primärer Ort der Argumentation war dort die Ausbildung von Religionslehrer/innen. Im Blick waren zudem Hörer/innen weiterer theologischer Studiengänge, die einen Gutteil ihrer späteren Tätigkeit dem (außer)schulischen Lehren widmen werden.

Erwachsen aus der religionspädagogischen Ausbildung wendet sich das (Lehr)-Buch an Leser/innen gleichermaßen in Studium, Ausbildung und Beruf. Um eigene, begründete Standpunkte zu ermöglichen, die dem religionspädagogischen ‚Alltagsgeschäft' standhalten, wird der Versuch gewagt, religiöses Lernen als Dreh- und Angelpunkt jedweder religionspädagogischer Theorie und Praxis kundig, kompakt und differenziert darzustellen.

Die nachfolgende Betrachtung ist konstitutiv durch ein praktisches Interesse geprägt. „Spielarten religiösen Lernens"[2] rücken nicht allein in den Blick, um sie distanziert zur Kenntnis zu nehmen – im Sinne einer Theorie, die sich (dem griechischen Philosophen *Aristoteles* zufolge) als absichtslose Schau versteht.[3] In der Erkundung religionspädagogischer Konzepte schwingt vielmehr stets das Interesse mit, wie sich religiöse Lernprozesse in konkretem Handeln fördern, unterstützen und anregen lassen. Damit solches gelingen kann, sind solide Kenntnisse unausweichlich. Ohne begründete Klärung, was überhaupt religiöses Lernen ausmacht und worauf es sich sinnvollerweise richtet, zielt jede Unterstützung, Förderung und Anregung religiöser Lernprozesse ins Leere.

---

1 Vgl. insb. *Zentralstelle Bildung* (1998) 92-95.

2 *Englert* (1997) 136.

3 Vgl. *Böhm* (1985) 19f. und 25. *Aristoteles* (384-322 v.Chr.) unterscheidet zwischen Theorie (interesseloser Schau), Praxis (verantwortlichem Handeln) und Poiesis (technischem Herstellen).

1 Ist der Begriff des ‚religiösen Lernens‘ eine unaufgeklärte Leerformel?

Das vorliegende Werk widmet sich dem Projekt, unterschiedliche Formen, Wege und Themenfelder religiösen Lernens in praktischem Interesse zu sichten, zu ordnen und zu überdenken. Diese Zielbestimmung birgt allerdings ein grundlegendes und eminent heikles Problem: nämlich die Frage, wie sich das, was wir ‚religiöses Lernen‘ nennen, denn einigermaßen exakt bestimmen und umschreiben lässt. Was ist gemeint, wenn wir von ‚religiösem Lernen‘ sprechen? Hier tun sich große Schwierigkeiten auf.

In der Religionspädagogik ist es ganz selbstverständlich, den Ausdruck ‚religiöses Lernen‘ im Munde zu führen. Er begegnet auf Schritt und Tritt.

Exemplarisch will ich das *Neue Handbuch religionspädagogischer Grundbegriffe* betrachten, das 2002 erschienen ist.[1] Dieses aktuelle Standardwerk stellt gleich drei seiner fünf Hauptteile unter das Motto des religiösen Lernens. Von ‚Dimensionen und Schwerpunkten‘ (Teil III), von ‚Räumen‘ (Teil IV) sowie von ‚Wegen‘ (Teil V) religiösen Lernens ist hier die Rede. Dabei fällt mehreres auf.

- Die Überschrift ‚religiöses Lernen‘ ziert jene Abschnitte, in denen konkret fassbare Vollzüge, Inhalte und Tätigkeitsfelder erörtert werden. Sofern grundsätzlich über religionspädagogisches Handeln nachgedacht wird, wird der Titel ‚religiöses Lernen‘ dagegen vermieden.
- Das Stichwort ‚religiöses Lernen‘ liefert prägnante Gesamtüberschriften. Zur Bezeichnung der immerhin 119 Einzelartikel wird es hingegen kein einziges Mal herangezogen.
- Das programmatische Vorwort schreibt der Religionspädagogik die Aufgabe zu, „sich mit der wissenschaftlichen Reflexion und Orientierung religiöser Lernprozesse"[2] zu befassen. Einen Artikel, der näher erläutert, was religiöse Lernprozesse denn nun sind, sucht man vergebens.
- Schließlich lassen auch die im Stichwortverzeichnis vermerkten Seitenhinweise keinerlei brauchbare Definition religiösen Lernens aufspüren.

Die aufgezeigten Befunde sind symptomatisch – auch für andere Fachpublikationen.[3] Offensichtlich ist in der religionspädagogischen Literatur zwar häufig von

---

1 *NHRPG* (2002).
2 *Bitter/Englert/Miller/Nipkow* (2002) 14.
3 So birgt auch das umfängliche *LexRP* (2001) weder einen separaten Artikel noch eine kohärente Darlegung, was ‚religiöses Lernen‘ bedeuten soll. Ein Gutteil der Artikel operiert zwar mit besagter

‚religiösem Lernen‘ die Rede. Genauere Informationen jedoch, was damit gemeint sein soll, besitzen Seltenheitswert. So drängt sich die Frage auf, ob der Ausdruck ‚religiöses Lernen‘ vielleicht bloß als Füllwort dient. Der Verdacht liegt nahe, dass ‚religiöses Lernen‘ im religionspädagogischen Sprachgebrauch vielfach ein hohler Begriff bleibt, der hohe Erwartungen weckt und schuldig bleibt.

Wie in vielen anderen Disziplinen tun sich auch in der Religionspädagogik ausgerechnet dann die größten Schwierigkeiten auf, wenn die wirklich grundlegenden Begriffe näher zu bestimmen sind. Vielfach verfügt Wissenschaft über eine Unmenge an Detailwissen. ‚Ins Schwimmen‘ gerät sie, wenn es gilt, die eigenen Basisannahmen verständlich auszubuchstabieren. Nicht anders ergeht es der Religionspädagogik. Was ihren Terminus des ‚religiösen Lernens‘ angeht, kann man sagen: Die Häufigkeit seiner Verwendung geht einher mit der Unklarheit und der Unschärfe seiner Bedeutung. Wie lässt sich nun aber mit diesem Befund sinnvoll umgehen?

Die Tatsache, dass sich bei einem so elementaren Konzept wie dem des ‚religiösen Lernens‘ großer Klärungsbedarf auftut, soll nicht entmutigen. Aus mehreren Gründen bin ich optimistisch, dass gerade der Begriff des ‚religiösen Lernens‘ wertvoll und unverzichtbar ist. Und zwar wertvoll und unverzichtbar im Sinne einer Richtschnur, die helfen kann, das vielfältige Gewirr an Einzelphänomenen, die im religionspädagogischen Alltag begegnen, angemessen zu erschließen und sinnvoll zu ordnen. Sinn und Zweck wissenschaftlicher Begriffe ist es prinzipiell, Komplexität zu reduzieren. Die Fülle an Eindrücken und Wahrnehmungen, die im Kontakt mit der Wirklichkeit begegnet, soll durch sie gebündelt und kanalisiert werden. Im Chaos dessen, was lebensweltlich auf uns ‚hereinprasselt‘, erkennen wir mittels geeigneter Begriffe eine Struktur. Wir rekonstruieren eine Ordnung.

‚Ein konkretes Beispiel für religiöses Lernen …‘

Wieso soll ausgerechnet der Begriff des ‚religiösen Lernens‘ prädisponiert sein, religionspädagogische Theorie und Praxis zu orientieren? Was sind seine besonderen Vorzüge? Bevor diesen Fragen nun systematisch nachgegangen wird, lohnt ein Blick darauf, wie der Ausdruck *alltagssprachlich* verwendet wird. Zu diesem Zweck hier die Einladung zu einem kleinen Experiment:

Nehmen Sie sich etwas Zeit und entwerfen Sie ein *konkretes Beispiel*, das besonders treffend erkennen lässt, dass *‚religiöses Lernen‘* stattfindet. Versuchen Sie anschaulich auszuformulieren, was in diesem Beispiel vor sich geht. Vielleicht besteht Gelegenheit, sich mit Anderen über unterschiedliche Beispiele auszutauschen. Wurden diese gegenseitig vorgestellt, liegt es nahe, nach Gemeinsamkeiten und Unterschieden zu fahnden. Welche Eigenarten und Profile religiösen Lernens treten hervor, erscheinen konsensfähig oder bleiben umstritten?

Doppelvokabel, diese nachvollziehbar aufzuklären wird jedoch versäumt.

1.1 ‚Religiöses Lernen' umfasst intentionale wie spontane, formelle wie informelle Aneignungsprozesse[4]

Es gilt nun, einige Aspekte zu benennen, die gerade den Ausdruck ‚religiöses Lernen' als besonders geeignet erscheinen lassen, das weite Feld religionspädagogischer Handlungen zu erschließen.

Zunächst einmal ist festzustellen, dass die Wendung ‚religiöses *Lernen*' einen sehr umfassenden und weiten Blick auf den religionspädagogischen Alltag eröffnet.[5] Nehmen wir zwei andere Begriffe zum Vergleich: nämlich zum einen den des religiösen *Lehrens*, zum anderen den der religiösen *Erziehung*.

Überall dort, wo jemand religiös belehrt oder erzogen wird, da kommt es auch zu Lerneffekten. Dies hoffen Lehrende und Erziehende zumindest. Umgekehrt aber lernen Menschen keinesfalls nur dort, wo versucht wird, sie zu belehren oder zu erziehen. Vielfach lernen Menschen auch – und gerade – spontan, ungeplant und nebenbei. Der Begriff ‚religiöses Lernen' umfasst gleichermaßen solche spontanen und ungeplanten wie auch organisierte und intentionale – d.h. mit Absicht arrangierte – Aneignungsprozesse. Intentionales, absichtsvolles religiöses Lernen findet beispielsweise im Religionsunterricht statt, in der Gemeindekatechese oder an der Universität. Spontanes religiöses Lernen kann sich etwa ereignen, wenn wir Zeitung lesen, den Großeltern zuhören oder an einem Gottesdienst teilnehmen. Intentionales und spontanes Lernen lässt sich freilich oft nicht fein säuberlich trennen. Absichtsvoll arrangierte Lernprozesse sind gar nicht denkbar ohne begleitende Effekte, die unkontrolliert ablaufen. Es kann sogar geschehen, dass spontane Lerneffekte beispielsweise im Religionsunterricht ebendas überdecken oder sogar konterkarieren, was Lehrer/innen ‚eigentlich' beabsichtigt, was sie geplant und vorstrukturiert hatten. Der ‚heimliche Lehrplan'[6] des spontanen Lernens gewinnt in diesem Fall die Oberhand gegenüber intendierten Lernzielen.

Die Unterscheidung intentionalen und spontanen Lernens kann die Aufmerksamkeit dafür schärfen, dass keineswegs nur in absichtsvoll vorstrukturierten Settings religiös gelernt wird. Kinder lernen ja beispielsweise ihre Muttersprache auch nicht vorrangig dort, wo sie von ausgebildeten Sprachlehrer/innen geschult werden. Gerade das Lernen der Muttersprache ereignet sich sogar zuallererst nebenbei, nämlich vor allem in der Alltagskommunikation mit Eltern und Geschwis-

---

4 Vgl. insb. *Hemel* (1984) 192, 196, 206f., 208 und 218f.; vgl. a. *Englert* (1997) 136, 138, 142 sowie 145-149.

5 Vgl. *Hemel* (1984) 192 und 208.

6 Die Wendung ‚hidden curriculum' bzw. ‚heimlicher Lehrplan' bezeichnet unbeabsichtigte Lerneffekte organisierter Lehrprozesse, also „offiziell nichtgewollte Lernerfahrungen" (*Fromm* (1989) 980), welche gerade „die schulische Sozialisation der Kinder und Jugendlichen prägend beeinflussen." (*Schaub/Zenke* (2000) 256)

tern, mit Gleichaltrigen und Nachbarn. Genauso war auch das religiöse Lernen jahrhundertelang vorrangig informell geprägt. Kinder erfuhren von Gott und von Jesus, von Festen im Kirchenjahr und von Gottesdiensten nicht primär dadurch, dass sie systematisch in den Glauben eingewiesen wurden, sondern dadurch, dass sie fraglos und selbstverständlich an der religiösen Praxis ihrer Familie und ihrer Umwelt teilnahmen und teilhatten.

Ein autobiographisches Zeugnis kann und soll exemplarisch vor Augen führen, wie sich vor wenigen Jahrzehnten noch ein informell geprägtes Vertrautwerden mit Inhalten und Vollzügen der Glaubenstradition gestalten konnte – auch wenn dieses schon damals keineswegs selbstverständlich war. Zu Wort kommen soll eine 1959 geborene Religionspädagogin, die auf ihre eigene Kindheit zurückblickt. Sie schreibt:

> „Als die Welt noch in Ordnung war – in einer katholischen Landgemeinde in der Eifel in den 60er Jahren, als die kirchlichen Vollzüge noch selbstverständlich das Leben der Familien und jedes einzelnen prägten, eine ländliche Welt, in der kindliche Erinnerung angefüllt mit Marienwallfahrten, Fronleichnamsprozessionen, kirchlichen Hochfesten, als das Katholischsein ein unangefragtes Element sozialer Identität war: in diesem Szenario spielte der schulische Religionsunterricht nur eine untergeordnete Rolle. Die Erinnerung beschränkt sich auf einen alten, lieben, aber überforderten Geistlichen in der dörflichen Zwergschule; diesem Religionsunterricht waren Gedanken an Lernziele, Methoden, aber auch an Kontrolle fremd.
>
> Die so erfahrene katholische Sozialisation hatte die Wärme und Logik eines geschlossenen sozialen und geistigen Systems und die Buntheit und den Erlebnischarakter gelebter katholischer Volksfrömmigkeit.
>
> Meine Erfahrungen mit der katholischen Sozialisation waren weitgehend erfreulich: die kindliche Vorstellungswelt war besetzt von Engeln, mit genauen Anordnungen von Paradies und Fegefeuer, mit der barmherzigen Mutter Gottes, einem Kosmos, in dem übrigens [...] Jesus eine recht untergeordnete Rolle spielte.
>
> Natürlich gab es auch disziplinarische Erfahrungen: als notorisch schwätzendes Kind während der Messe, als Kommunionkind mit nicht in der rechten Weise gefalteten Händen, die (recht milde) Strafen zur Folge hatten; das Schlimmste war, eigentlich brav sein zu wollen, es aber nicht zu können. Aber die als seelisches Reinigungsbad empfundene Beichte konnte da Abhilfe schaffen. Wo kam der Bruch?"[7]

---

7 *Monika Jakobs* in *Jendorff* (1996) 204-213: 204f.; vgl. insb. *Christa Nickels* in ebd., 168-174: 168f.: „Der kirchliche Jahreskreislauf und mein alltägliches Leben waren eng miteinander verflochten und gehörten eigentlich zusammen: das eine erklärte das andere. An der Art und Weise, wie christlicher Glaube sich im praktischen Leben erwies, konnte ich seinen Wahrheits- und Menschenfreundlichkeitsgehalt abmessen. Ich erinnere mich noch sehr gut an die Vorbereitungen zur Fronleichnamsprozession, wo wir körbeweise Feld- und Wiesenblumen pflückten – roten Klatschmohn, blaue Kornblumen, Hollunder –, um damit Blumenteppiche auf den Straßen auszulegen. Heute wachsen viele dieser Blumenarten gar nicht mehr ‚wild' im Freien. Mir fallen die üppig geschmückten Marienaltäre in der Kirche und zu Hause jedes Jahr im Mai wieder ein. Das Erntedankfest – als Bauernkind wußte man sehr genau, daß das Familieneinkommen vom Wetter abhing – hatte für

Religiöses Lernen, wie es hier Ausdruck findet, ereignete sich hauptsächlich ungeplant und nebenbei, nämlich im eigenen Mit-Tun und Mit-Erleben. Treffend stellt die Erzählerin – *Monika Jakobs* – heraus, dass organisierter Religionsunterricht dabei „nur eine untergeordnete Rolle" spielte. Abschließend deutet sie an, dass jene geschlossene Welt, in die sie als Kind hineinwuchs, in späterem Alter nicht tragfähig war. Was in ihrem Rückblick dargestellt wird, blieb – lebensgeschichtlich betrachtet – keine heile Welt, welche „in Ordnung war". Nachträglich erwies sich die religiöse Welt der Kindheit als ‚brüchig'.

Seit Jahrzehnten schwindet die Bedeutung jenes informellen Typus religiösen Lernens, von dem im vorgestellten Lebenszeugnis die Rede ist. Je mehr aber solch spontanes, sich nebenher ereignendes Lernen ausfiel, desto bedeutsamer wurde im Gegenzug die organisierte und geplante religiöse Erziehung – bis zu dem Punkt, dass der Religionsunterricht heutzutage für viele Heranwachsenden zur entscheidenden Instanz religiösen Lernens geworden ist.

Das zentrale Dokument der *Evangelischen Kirche in Deutschland* (*EKD*) zum Religionsunterricht, die Denkschrift „*Identität und Verständigung*" von 1994, bringt diese besondere Stellung des Religionsunterrichts auf den Punkt, indem sie feststellt:

> „Für immer mehr Kinder ist der Grundschulreligionsunterricht die erste Begegnung mit Christentum und Religion überhaupt. Der Religionsunterricht bleibt für die meisten die einzige längerdauernde Gelegenheit in ihrem Leben, um die christliche Glaubensüberlieferung kennenzulernen."[8]

Fast gleichlautend äußerte sich *Papst Johannes Paul II* bei einer Ansprache 1992 zum Stellenwert des Religionsunterrichts:

> „Für viele junge Menschen ist der Religionsunterricht heute der einzige Ort, wo sie der Botschaft des Glaubens begegnen und am Leben der Kirche über eine verhältnismäßig lange Zeitspanne hin regelmäßig teilhaben können."[9]

Und auch im neuesten Wort der *katholischen Bischöfe* zum Religionsunterricht, das 2005 unter dem Titel „*Der Religionsunterricht vor neuen Herausforderungen*" erschien, wird besagte Situationsanalyse geteilt. Dort heißt es:

---

mich einen anderen Stellenwert als heute. Jeden Advent holten wir Zweige von Omas Eibenhecke, um einen großen Adventskranz zu binden, an Weihnachten Efeu und Moos – immer holten wir es von denselben Plätzen – für die Krippe. Sonntagmorgens ging es zur Messe, nachmittags in die Andacht – immer! Tja. Von klein auf war ich im Kinderchor, wo wir mit Inbrunst Lieder sangen wie: ‚Ich bin ein armes Kindelein und meine Kraft ist schwach...'. Geprobt wurde im Sälchen im Haus des Küsters. Sonntags nach der Andacht gab es für die Schulkinder Christenlehre. Wir hatten regelmäßig Schulmesse (wer schwätzte, wurde an den Ohren aus der Bank gezogen) und natürlich Religionsunterricht in der Schule."

8 *EKD* (1995) 27.
9 *Johannes Paul II.* nach *Schlüter* (2000) 109.

„Zur Gemeinde haben viele Kinder und Jugendliche nur gelegentlichen Kontakt. Zwar gehen die meisten katholischen Kinder zur Erstkommunion, die auch heute für viele eine religiös prägende Erfahrung ist. Ein Teil der Kinder und Jugendlichen macht darüber hinaus wichtige religiöse Erfahrungen in der gemeindlichen Jugend- und Ministrantenarbeit und in den katholischen Jugendverbänden. Für die meisten ist jedoch der Religionsunterricht in der Schule der wichtigste Ort der Begegnung mit dem christlichen Glauben. Hier können sie sich über mehrere Jahre hinweg mit den Grundfragen des Lebens und den Antworten des christlichen Glaubens und anderer Religionen auseinandersetzen. Der Religionsunterricht kann dabei kaum auf religiöse Erfahrungen zurückgreifen, die die Schülerinnen und Schüler in Familie, Gemeinde oder Jugendgruppe gemacht haben.“[10]

Zurück zum Begriff des ‚religiösen Lernens‘, den ich ja genauer unter die Lupe zu nehmen versuche. Er umfasst beide Grundformen der Aneignung von Religion. Das intentionale, bewusst organisierte und geplante Lernen einerseits, wie es beispielsweise im Religionsunterricht geschieht. Und das spontane, informelle, sich nebenher ereignende Lernen andererseits, wie es besonders in Milieus zu finden ist, in denen der Alltag mit religiösen Bezügen durchwirkt ist.

1.2 ‚Religiöses Lernen‘ verweist auf Theologie und Humanwissenschaften[11]

Zu einem zweiten Aspekt. ‚Religiöses Lernen‘ ist ein Doppelbegriff. Er setzt sich zusammen aus dem substantivierten Verb ‚Lernen‘ und dem Adjektivattribut ‚religiös‘. Durch diese beiden Elemente ‚religiös‘ und ‚Lernen‘ werden zwei Blickwinkel angesprochen. Beide sind für die Religionspädagogik entscheidend.
Im Adjektiv *religiös* klingt ein besonderer Bereich menschlichen Erlebens, Wissens und Handelns an. Ohne bereits jetzt näher auf die Wortbedeutung von ‚Religion‘ einzugehen, wird erkennbar: Dieses Wort ‚Religion‘ verweist auf spezifische Bezugswissenschaften, nämlich auf jene Disziplinen, die sich der Sphäre des Religiösen zuwenden und in dieser Sphäre auskennen. Im hiesigen christlich-abendländischen Kulturraum ist dies zuallererst die Theologie.
Wörtlich übersetzt heißt Theologie (von griech. *theología*) ‚Rede über Gott‘. Präziser umschrieben meint Theologie die „wissenschaftliche Lehre von einer als wahr vorausgesetzten [...] Religion, ihrer Offenbarung, Überlieferung und Geschichte“[12]. Um religiöses Lernen in seiner religiösen Besonderheit erfassen zu können, ist zuvörderst die Theologie zu Rate zu ziehen. Aber keineswegs nur die Theologie ist gefragt, sondern auch andere, zumeist jüngere Disziplinen wie

---

10 *Deutsche Bischofskonferenz* (2005) 14; vgl. a. *Lehmann* (2005) 6.
11 Vgl. *Hemel* (1984) 192 und 196.
12 *Duden Universalwörterbuch* (1996) 1531.

Religionswissenschaft, Religionspsychologie, wie Religionssoziologie und Religionsphilosophie.

Das zweite Element des Doppelbegriffes, das Substantiv ,Lernen', verweist ebenfalls auf besondere Bezugswissenschaften. Nämlich auf jene Disziplinen, die sich im weitesten Sinne mit der Entwicklung befassen, die der Mensch in der Auseinandersetzung mit seiner Umwelt einschlägt und einschlagen sollte. Wenn es um ,Lernen' geht, sind zuallererst drei Wissenschaften gefragt:

1. die Didaktik (von griech. *didáskein* = *lehren*) als die Reflexion des Lehrens und Lernens im engeren Sinne;
2. die Pädagogik (von griech. *pais* = *Kind* / *paideúein* = *erziehen*) als die Wissenschaft von der Erziehung im umfassenderen Sinne;
3. die Psychologie (von griech. *psyché* = *Seele*) als „Wissenschaft von den [...] seelischen Vorgängen, vom Erleben und Verhalten des Menschen"[13].

Wiederum zusammengefasst: Im Begriff ,religiöses Lernen' schwingen beständig zwei Perspektiven mit, die für die Religionspädagogik kennzeichnend sind, der theologische Blickwinkel einerseits und der humanwissenschaftliche Blickwinkel andererseits. Beide Orientierungspunkte sind gleichermaßen unverzichtbar, will man sich sachkundig mit religiösem Lernen auseinandersetzen.

1.3 ,Religiöses Lernen' impliziert stets konkrete Subjekte

Ein dritter Aspekt: Im Begriff ,Lernen' sind stets Subjekte impliziert, die sich in der Begegnung mit ihrer Umwelt verändern. Das Wort ,religiöses Lernen' zwingt dazu, jene Subjekte beständig im Blick zu haben, die der Sphäre des Religiösen begegnen und sich in dieser Begegnung wandeln. Religiöses Lernen ist undenkbar in bloßer Fixierung auf ein Äußeres, das ge-lernt werden soll. ,Kraftzentrum' jeglichen Lernens sind die unmittelbar betroffenen Kinder, Jugendlichen oder Erwachsenen. Sie sind konsequent im Auge zu behalten, soll religiöses Lernen gefördert und bedacht werden.

Der Lernbegriff umfasst unterschiedliche Momente, wie die Subjekte ins Lerngeschehen verwickelt sind. Zwei dieser Aspekte will ich durch polare Begriffspaare umschreiben.

Das erste Begriffspaar lautet ,*intra*subjektiv' versus ,*inter*subjektiv'.[14] Lernen umschließt einerseits intrasubjektive Momente, also Entwicklungen, die sich innerhalb der Person selbst vollziehen. Diese inneren Entwicklungen sind uns nur ganz beschränkt und äußerst schwer zugänglich. *Hans Christoph Berg* und *Theodor*

---

13 Ebd., 1193.
14 Vgl. *Hemel* (1984) 196 und 219f.

Schulze – zwei Pädagogen – umschreiben die Verborgenheit innerer Lernprozesse wie folgt:

> „Das Lehren ist vom Lernen durch einen tiefen Abgrund der Undurchschaubarkeit und Unwissenheit getrennt. Wer kann schon wissen, was tatsächlich im Kopf beim Lernen vor sich geht. Selbst die Lernenden wissen es nicht genau oder nur ahnungsweise."[15]

Neben den intrasubjektiven umfasst das Lernen intersubjektive Momente – Entwicklungen, die sich in der Kommunikation zwischen unterschiedlichen Personen ereignen. Lernen hat somit eine individuelle Innenseite und eine soziale Außenseite.

Das zweite Begriffspaar betrifft die Zeitdimension. Lernen ereignet sich *syn*chron, d.h. gleichzeitig. Und es geschieht *dia*chron, d.h. über die Zeit hinweg. ‚Synchron‘ meint, dass sich Lernen in einem ‚Hier und Jetzt‘ ereignet, bei dem man aktuell zugegen sein kann. ‚Diachron‘ hingegen meint, dass sich Lernen ebenso über längere Dauer hin vollzieht.

Lernen ist also einerseits ein situatives Geschehen im gegenwärtigen Augenblick. Andererseits ist Lernen ein lebensgeschichtlicher Prozess – ein Prozess des Wandels und der Veränderung. Gerade über die längerfristigen Auswirkungen religionspädagogischen Handelns wissen Lehrer/innen und Erzieher/innen oft außerordentlich wenig. Sie müssen mit diesen Auswirkungen rechnen. Zumeist sind solche Langzeiteffekte aber weitgehend unbekannt.

Was zum subjektiven Charakter des Lernens gesagt wurde, gilt samt und sonders auch für ein sachgerechtes Verständnis von Religion. Sicherlich besteht die Möglichkeit, Religion als ein ‚totes Wissen‘ misszuverstehen. Ihrer eigenen Logik zufolge ist Religion aber immer wesentlich die Religion konkreter Menschen, die Religion konkreter Subjekte: die Religion von Kindern und von Erwachsenen, die Religion von Jungen und von Alten, die Religion von Frauen und von Männern, die Religion von Menschen bestimmter Kulturen und unterschiedlicher Zeiten wie Epochen. Auch Religion hat wesensmäßig einen subjektiven Bezug.

Dieser subjektive Bezug realisiert sich auch bei der Religion gleichermaßen *intra*subjektiv wie *inter*subjektiv. Einerseits betrifft Religion Menschen in ihrer Individualität – in ihrer ureigenen, persönlichen Art und Weise, ihr Leben zu deuten und zu bewältigen. Zugleich ist Religion stets ein zwischenmenschliches, ein soziales Phänomen – ein Geschehen, an dem Menschen gemeinsam teilhaben. Gelebt, besprochen und gefeiert wird Religion nicht lediglich alleine im stillen Kämmerlein, sondern ganz wesentlich im gemeinsamen Tun mit anderen Menschen. So leben religiöse Feiern und Feste unterschiedlichster Form und Prägung vom gemeinschaftlichen Vollzug der Beteiligten. Eine Überlieferung religiöser Symbole, Erzählungen und Praktiken ist überhaupt nur denkbar im Modus zwi-

---

15 *Berg/Schulze* (1999) 102; vgl. a. ebd., 120.

schenmenschlicher Kommunikation. Ohne solche Überlieferung würde die Religion versiegen und versanden.

Auch die Spannung von *‚synchron'* und *‚diachron'* trifft auf die Religion zu. Religion ereignet sich einerseits in der Jetztzeit – im unmittelbaren Akt des Betens, Feierns und Nachdenkens, im aktuellen Vollzug des Lesens und Hörens, des Sprechens und Schweigens. Zugleich ist Religion aber ein geschichtlicher Prozess, der die Einzelmomente überdauert. Religion entspinnt und verändert sich in der Lebensgeschichte des Einzelnen und in der gemeinschaftlichen, kollektiven Geschichte von Gruppen – bis hin zur jahrtausendelangen Geschichte der großen Religionsgemeinschaften.

Von beiden Teilbegriffen – ‚Lernen' und ‚Religion' – her wird deutlich: Religiöses Lernen ist ein Vollzug konkreter Subjekte. Diese konkreten Subjekte sind stets mitzubedenken, um sachgerecht über religiöses Lernen nachzudenken.

Sicherlich ist solches Mitbedenken der konkret Betroffenen im Rahmen *wissenschaftlicher* Reflexion nicht einfach. Denn wissenschaftliches Nachdenken versucht ja gerade, über konkrete Einzelfälle hinaus – oder durch sie hindurch – zu allgemeineren Erkenntnissen und Aussagen vorzustoßen. Wissenschaftlich genügt es keineswegs, über diese oder jene Einzelsituation nachzudenken. Damit verbliebe die Religionspädagogik im Bereich des Anekdotischen und Episodischen.[16] Ziel von Wissenschaft sind vielmehr Erkenntnisse und Aussagen, die eine größere Reichweite besitzen. Dabei dürfen nun aber die konkreten Subjekte keinesfalls ‚unter den Tisch fallen'. Unausweichlich stellt sich die Herausforderung und Aufgabe, eine verobjektivierende Rede von religiösem Lernen zu vermeiden. Es gilt, ein Sprechen zu unterlassen, das die konkret Betroffenen ausblendet und in pauschalen Postulaten schwelgt (‚Man müsste, man sollte, ...'). Leider findet sich solches Reden sowohl in der Pädagogik als auch in der Theologie allzu häufig.[17]

---

16 Vgl. den Einwurf, den *Anton Bucher* (2002) 150 gegenüber *Albert Biesinger* vorbringt: „Wenn singuläre Argumente, die tiefe Emotionen evozieren und diese strategisch verwenden, die differenzierte Diskussion ersetzen, ist um die Wissenschaftlichkeit der Religionspädagogik zu fürchten."

17 Vgl. die glasklare Forderung von *Marie Veit* (1985) 4, „die allgemein-sterile Rede von ‚*dem* Menschen', der ‚letztlich immer derselbe' sei" müsse „sich der Theologe endlich verboten sein lassen". Vgl. insb. *Ott* (1995) 300: „Wahrheit [...] ist konkret."

2 Eine Annäherung an den Begriff des Lernens

Eine erste Erkundung des Doppelbegriffs ‚religiöses Lernen' ist gemacht. Mit tastender Vorsicht wurde er in den Blick gerückt. Im Folgenden sollen seine Einzelkomponenten eingehender ergründet werden – das Bezugswort ‚Lernen' ebenso wie das Attribut ‚religiös'. Ziel ist es stets, bei der Betrachtung des einen Bestandteils den je anderen mitzubedenken. ‚Lernen' interessiert also vorrangig in Bezug auf ‚Religion'. Und ‚Religion' interessiert primär in Hinblick auf ‚Lernen'.

Zunächst zum Begriff des Lernens. Wer sich mit dem Lernen befassen will, macht – bildlich gesprochen – ein riesiges Fass auf. Nicht nur, dass der Lernbegriff recht widersprüchlich ist.[1] Zum Stichwort ‚Lernen' findet sich überdies eine Unmenge an Literatur und Forschungsergebnissen – alleine die Befunde der psychologischen Lernforschung sind kaum umfänglich rezipierbar. Aus diesem Grunde ist im Folgenden selektiv vorzugehen. Ich muss auswählen.

Zwei Kriterien sollen mich dabei leiten. Zum einen will ich mich darauf beschränken, einige grundlegende Gesichtspunkte des Lernens darzulegen. Zum anderen will ich versuchen, bevorzugt solche Aspekte des Lernens in den Blick zu nehmen, die für die Frage nach dem religiösen Lernen fruchtbar sein könnten.

2.1 Eine erste, grobe Definition von ‚Lernen'

In den Humanwissenschaften im Allgemeinen und in der Psychologie im Besonderen besteht alles andere als Einigkeit, wie ‚Lernen' definiert werden kann und soll. Im Gefolge einer weit verbreiteten Definition von *Gordon H. Bower* und *Ernest R. Hilgard* (1904-2001) lassen sich aber zumindest vier Kriterien ausmachen, um das Phänomen ‚Lernen' über unterschiedlichste psychologische Schulen hinweg näher zu bestimmen.[2] Die Pädagogin *Ursula Frost* hat sie mit folgenden

---

1 Vgl. etwa *Hemel* (1984) 193f. und 209; *Frost* (1986) 459; *Mietzel* (1986) 35.

2 „Lernen bezieht sich auf die Veränderung im Verhalten oder im Verhaltenspotenzial eines Organismus hinsichtlich einer bestimmten Situation, die auf wiederholte Erfahrungen des Organismus in dieser Situation zurückgeht, vorausgesetzt, dass diese Verhaltensänderung nicht auf angeborene Reaktionstendenzen, Reifung oder vorübergehende Zustände (wie etwa Müdigkeit, Trunkenheit, Triebzustände, usw.) zurückgeführt werden kann." (*Ernest R. Hilgard / Gordon H. Bower* nach *Gruber/Prenzel/Schiefele* (2001) 126); vgl. a. *Prenzel/Schiefele* (1986) 114 („Lernen als *Veränderung im*

Worten knapp zusammengefasst:

> „Lernen wird verstanden als eine Veränderung des Verhaltens bzw. der Verhaltensdispositionen; als ein relativ dauerhaftes Prozeßergebnis; als ein Ergebnis von Erfahrung."[3]

Das erste Schlüsselwort der Definition lautet „Veränderung". Wer lernt, wandelt sich, könnte man sagen. Allerdings kann sich solche Wandlung in unterschiedlicher Heftigkeit vollziehen. Das absolute Extrem bildet die radikale Um-Wandlung einer Person. Etwa wenn ein Mensch plötzlich ‚mit Haut und Haaren' von einer Religion zu einer anderen überwechselt – wenn er oder sie konvertiert (von lat. *convertere = umkehren*). Nicht umsonst bezeichnete der große Religionspsychologe *William James* (1842-1910) Menschen, die eine solch radikale Wandlung vollziehen, als ‚twice born' – als ‚Zweimalgeborene'[4]. In der Regel vollzieht sich jene Veränderung, die als ‚Lernen' bezeichnet wird, jedoch weit weniger spektakulär. Durchaus kann das Lernen ernsthafte Krisen umfassen. Lernen kann aber auch in kleinen und behutsamen Schritten der Erweiterung und der Vertiefung vonstatten gehen. Bis hin zu kaum spürbaren Veränderungen im Mikrobereich, etwa wenn wir uns eine einzige religiöse Vokabel einprägen.

Wer oder was verändert sich beim Lernen? *Bower* und *Hilgard* umschreiben das Objekt der Veränderung mit zwei Worten. Von „Verhalten bzw. [...] Verhaltensdispositionen" ist hier die Rede. ‚Verhalten' meint in der Psychologie im weitesten Sinne sämtliche äußerlich beobachtbaren Aktivitäten und Regungen des Menschen. Als empirische Wissenschaft bekommt die Psychologie ausschließlich diese sichtbare Seite des Menschen zu fassen. Nur das am Menschen, was sich erkennbar nach außen hin zeigt, ist für die Psychologie messbar und vergleichbar.

Unglückseligerweise beschränken sich die Effekte des Lernens aber nicht auf das Verhalten als beobachtbare Außenseite der Person. Deshalb wird zusätzlich der eigentümliche und etwas verquere Begriff der ‚Verhaltensdisposition' ins Spiel

---

Verhalten oder Verhaltenspotential [...], die durch wiederholte Erfahrungen [...] hervorgerufen wurde und die nicht durch angeborene Reaktionstendenzen, Reifung oder momentane Zustände [...] erklärt werden kann") sowie *Mietzel* (1986) 87 (Lernen als „Veränderung im Verhalten oder im Verhaltenspotential eines Individuums; eine solche wird hervorgerufen durch wiederholte Erfahrungen [...], vorausgesetzt diese Verhaltensveränderung ist nicht auf der Basis angeborener Verhaltenstendenzen, als Ergebnis von Reifung oder infolge vorübergehender Zustände [...] zu erklären"), jeweils mit Bezug auf *Hilgard* und *Bower*. Verknappte Fassungen der genannten Definition finden sich bspw. bei *Lefrancois* (1986) 3f. („Lernen umfaßt alle Verhaltensänderungen, die aufgrund von Erfahrungen zustandekommen."), *Weinert* (2001) 126 („Mit dem Begriff ‚Lernen' umschreiben wir [...] eine extrem große, heterogene Klasse *erfahrungsabhängiger* Verhaltensänderungen [...], die auf verschiedene psychologische Mechanismen verweisen.") und *Weidenmann/Krapp* (1986) 12f. („Lernen [...] als ‚psychische Veränderung aufgrund von Erfahrungen'").

3 *Frost* (1986) 459f.

4 *James* (1997) 188; vgl. a. *Holm* (1990) 104f. mit Bezug auf *William James*, der wiederum die Gegenüberstellung von ‚once born' und twice born' von *Francis W. Newman* übernommen hat (vgl. *James* (1997) 112).

gebracht. Andere Autoren sprechen von ‚Verhaltenspotenzial'. ‚Disposition' oder ‚Potenzial' meint hier all das, was möglicherweise ein nach außen beobachtbares Verhalten zur Folge haben könnte.[5] ‚Disposition' und ‚Potenzial' sind Oberbegriffe für die nicht ummittelbar wahrnehmbaren Effekte des Lernens, beispielsweise für persönliche Überzeugungen und Einstellungen, für Einsichten oder Kenntnisse. Diese können sich zwar bei Gelegenheit in sichtbarem Verhalten ausdrücken. An sich gesehen sind sie jedoch nicht beobachtbar.

In der Psychologie vollzog sich in der zweiten Hälfte des vergangenen Jahrhunderts die so genannte ‚kognitive Wende'.[6] Zuvor bildete das sichtbare Verhalten den Angelpunkt der Lerntheorie. Seither stehen aber gerade die nicht beobachtbaren Mechanismen des Lernens im Mittelpunkt des Interesses. So schrieben *Manfred Prenzel* und *Hans Schiefele*, zwei Pädagogische Psychologen, bereits 1986:

> „Der Fokus der mit Lernphänomenen befaßten Forschung hat sich in den letzten Jahren zunehmend von der Veränderung des Verhaltens auf Veränderungen im kognitiven Apparat (Wissensstrukturen, Speicherung und Abrufung von ‚Informationen') verschoben."[7]

Dieses Hauptaugenmerk auf die inneren, kognitiven Lernstrukturen hält bis heute an.

Bower und *Hilgard* umschreiben ‚Lernen' in der vorgelegten Definition als „relativ dauerhaftes Prozessergebnis". Keineswegs jede x-beliebige Veränderung momentaner, situativer und flüchtiger Art kann somit als ‚Lernen' bezeichnet werden. Um mit Fug und Recht von einem Lernprozess sprechen zu können, müssen Wandlungen vielmehr eine erkennbare Stabilität aufweisen. Ein auf Nimmerwiedersehen verschwindender Geistesblitz im Religionsunterricht oder ein punktuelles Glücksgefühl im Gottesdienst sind noch längst keine Lernprozesse. Von Lernen sinnvoll sprechen lässt sich nur, wenn sich etwas ablagert und in der Person überdauert. Und sei es bloß die eine religiöse Vokabel, von der zuvor die Rede war.

Entscheidend ist nun der letzte Teilsatz der betrachteten Definition. Hier wird die Ursache des Lernens näher eingegrenzt. Lernen – so heißt es hier – ist „ein Ergebnis von Erfahrung". ‚Lernen' meint also nur solche Veränderungen, die durch Erfahrung in Gang gesetzt sind. Erfahrung ist der Motor des Lernens.

Was aber meint das Schlüsselwort ‚Erfahrung'? Es umschreibt – kurz gesagt – eine aktive Auseinandersetzung des Individuums mit seiner Umwelt.[8] Erfahrung – und damit auch Lernen – ereignet sich, wo Informationen und Impulse der Umwelt vom Subjekt bearbeitet und verarbeitet werden. Wo sich Veränderungen von selbst einstellen, ist es dagegen unsinnig, von Lernen zu sprechen. Dies gilt besonders für natürlich eintretende Reifungsprozesse und für angeborene Reaktionstenden-

---

5 Vgl. insb. *Mietzel* (1986) 87; *Gruber/Prenzel/Schiefele* (2001) 126.
6 Vgl. *Grom* (2000) 80; *Krapp/Prenzel/Weidenmann* (2001) 14f.
7 *Prenzel/Schiefele* (1986) 120.
8 Vgl. *Mietzel* (1986) 87.

zen, aber auch für unwillkürliche, unkontrollierte – und zudem nur zeitweilige – Wandlungen aufgrund von Müdigkeit, Krankheit oder Drogeneinfluss.[9]

Die Definition von *Bower* und *Hilgard* umschreibt Lernen im Kern als ‚dauerhafte Veränderung durch Erfahrung‘. Dabei wird ein bestimmtes Lernergebnis in den Blick genommen, nämlich die Veränderung von Verhalten bzw. Verhaltensdispositionen.

Eine zweite, leicht abweichende Lerndefinition erscheint mir angemessener als die eben betrachtete. Sie stammt vom amerikanischen Psychologen *Merlin C. Wittrock* (1931-2007). Er schreibt:

> „Learning is the term we use to describe the processes involved in changing through experience. It is the process of acquiring relatively permanent change in understanding, attitude, knowledge, information, ability, and skill through experience."[10]

Erkennbar bleibt der Kernbestand der zuvor betrachteten Definition erhalten. Auch *Wittrock* versteht also Lernen als ‚Veränderung durch Erfahrung‘ – als „changing through experience" bzw. „change [...] through experience". Auch die Dauerhaftigkeit der Veränderung hebt er heraus – er spricht von „relatively permanent change".

Abweichend zur Umschreibung von *Bower* und *Hilgard* wird nun weit offener formuliert, was sich im Lernen verändert. Der unscharfe Bezugspunkt des Verhaltens bzw. der Verhaltensdisposition entfällt. Stattdessen präsentiert *Wittrock* eine Auflistung von „Merkmalsbereichen"[11]. Im Einzelnen nennt er: das geistige Verstehen („understanding"), Haltungen oder Einstellungen („attitude"), Kenntnisse und Wissen („knowledge" bzw. „information"), Fähigkeiten („ability") und praktische Fertigkeiten („skill").[12]

Was ist das Verbindende zwischen all diesen Bereichen? Vielleicht am ehesten, dass sie im Inneren der Person angesiedelt sind. Nur indirekt lassen sich die genannten Persönlichkeitsbereiche durch äußeres Verhalten erschließen. Der unmittelbare Zielpunkt des Lernens ist offensichtlich die ‚innere Seite‘ der Person. Dabei fällt auf, dass in der Auflistung, die ja keine Vollständigkeit zu beanspruchen scheint[13], unterschiedlichste Dimensionen des Subjektes zur Geltung kommen. Einerseits werden kognitive[14], das menschliche Wissen und Erkenntnisvermögen betreffen-

---

9 Vgl. etwa *Lefrancois* (1986) 3f.; *Prenzel/Schiefele* (1986) 114; *Mietzel* (1986) 87; *Frost* (1986) 460.

10 *Merlin C. Wittrock* nach *Gruber/Prenzel/Schiefele* (2001) 126.

11 Ebd.

12 Eine ähnliche Taxonomie findet sich *Mietzel* (1986) 209 zufolge bei *Robert M. Gagné* (1916-2002), der zwischen intellektuellen Fertigkeiten, kognitiven Strategien, verbalen Informationen, affektiven Einstellungen und motorischen Fertigkeiten unterscheidet.

13 *Gruber/Prenzel/Schiefele* (2001) 126 sprechen deshalb auch von „beispielhaft aufgezählten Merkmalsbereichen".

14 Von lat. *cognitio = (Er)Kenntnis*.

de Bereiche angeführt. Aber auch praktische Fertigkeiten sowie affektiv[15] – d.h. durch Gefühl und Gemüt – grundierte Einstellungen werden genannt.

Die Definition *Wittrocks* verdeutlicht, dass sich die Auswirkungen des Lernens keineswegs auf die äußere Verhaltenskomponente reduzieren lassen, wie dies in der klassischen Lernpsychologie bis Mitte des 20. Jahrhunderts der Fall war. Diese auf das äußere Verhalten konzentrierte Lernpsychologie nannte sich bezeichnenderweise ‚Behaviorismus‘ (von engl. *behavior = Verhalten*). Die Effekte des Lernens lassen sich aber auch nicht auf den Aufbau von Wissen und Denken verengen, wozu die gegenwärtige Lernpsychologie tendiert. Die gängige Bezeichnung für eine solche auf innerliche Erkenntnisprozesse konzentrierte Psychologie lautet ‚Kognitivismus‘. Lernen betrifft vielmehr konstitutiv auch weitere Aspekte des Menschseins. Genannt seien etwa die Emotionalität und die Sozialität des Menschen.

Schließlich noch ein letzter Hinweis. Die Definition von *Bower* und *Hilgard* stellte das Ergebnis des Lernens in den Mittelpunkt, nämlich die erfolgte Änderung im Verhalten oder im Verhaltenspotenzial. *Wittrock* hingegen akzentuiert den Vorgang des Lernens. Der Prozess des Lernens steht im Mittelpunkt seiner Aufmerksamkeit, nicht das Resultat.[16]

2.2 Lernen realisiert sich in Formen unterschiedlicher Komplexität

Wer näher betrachtet, wie Lernen vonstatten geht, stößt auf eine beträchtliche Vielfalt an Lernformen. Gelernt werden kann offensichtlich auf ganz unterschiedliche Weise. Die Pädagogische Psychologie hilft nicht nur, diese Lernformen näher zu identifizieren. Sie ermöglicht auch, in ihrem Gewirr eine gewisse Ordnung aufzuspüren. Kurz gesagt kann man feststellen: Es gibt Lernweisen unterschiedlicher Komplexität.

Der amerikanische Lernpsychologe *Robert Mills Gagné* (1916-2002) spricht in diesem Zusammenhang von einer ‚Hierarchie‘, also einer stufenmäßigen Anordnung der Lernformen.[17] *Gagné* veranschaulicht diesen Befund mit Hilfe eines Schemas, das ich kurz vorstellen will.

Zugegebenermaßen ist *Gagnés* Schema bereits einige Jahrzehnte alt. Gerade die höheren Lernstufen, die er herausstellt, sind wohl nur mehr bedingt auf dem aktuellen Stand. Angesichts heutiger psychologischer Kenntnisse wären diese Lernstufen zu modifizieren und zu ergänzen. Diese Aufgabe wurde meines Wissens

---

15 Von lat. *affectus = Stimmung, Gemüt*.
16 Vgl. *Gruber/Prenzel/Schiefele* (2001) 126.
17 Vgl. insb. *Gagné* (1976).

jedoch von der Pädagogischen Psychologie vernachlässigt. Im Folgenden sollen aber nicht *Gagnés* Lernstufen in ihrer konkreten Inhaltlichkeit im Zentrum stehen. Von primärem Interesse ist vielmehr die ‚Grundlogik' seines Modells. Diese birgt bleibend Bedeutsames.

Eine weitere Einschränkung gilt es vorauszuschicken: *Gagnés* Stufenmodell konzentriert sich auf intellektuelle Fertigkeiten. Im Mittelpunkt stehen Strategien menschlicher Erkenntnisgewinnung. Auch für andere Bereiche und weitere Dimensionen des Lernens wären vergleichbare Stufenfolgen oder Taxonomien[18] denkbar. Äußerst reizvoll wäre es schließlich, zu prüfen und zu erproben, ob und in welcher Weise sich gerade auch für das religiöse Lernen ein sinnvolles Hierarchiemodell entwickeln ließe. Auch diese Aufgabe wurde nie in Angriff genommen. Nun aber zur angekündigten Grafik:

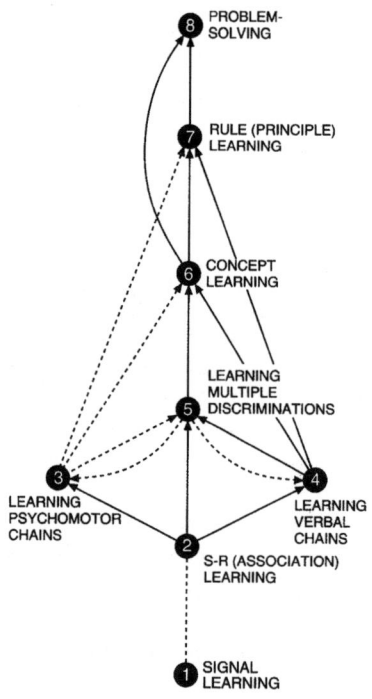

Abb. 1: Hierarchisches Modell der Lernarten nach *Robert M. Gagné*[19]

---

18 Im lernwissenschaftlichen Sinne sind Taxonomien (von griech. *táxis = Ordnung, Reihenfolge / nómos = Gesetz(mäßigkeit)*) „Ordnungssysteme zur Findung, Klassifizierung und Hierarchisierung" (*Schaub/Zenke* (2000) 361) unterschiedlicher Formen und Ziele des Lernens.

19 Entnommen aus *Reinmann-Rothmeier/Mandl* (2001) 611.

Die Grafik birgt acht durchnummerierte Punkte. Jedem dieser Punkte ist eine Lernform zugeordnet. Obwohl *Gagnés* Modell keineswegs sämtliche Dimensionen und Bereiche des Lernens abdeckt, wird doch erkennbar: Menschliches Lernen realisiert sich in einer Vielzahl an Lernweisen. Dies widerspricht der Überzeugung der alten *behavioristischen* Lernpsychologie, die meinte, menschliches Lernen beruhe lediglich auf einigen wenigen einfachen Grundmechanismen.[20]

Die Anordnung der Lernformen verrät etwas über deren Eigenart. Je tiefer bzw. weiter unten eine Lernart platziert ist, desto einfacher, aber auch grundlegender ist sie. Je höher bzw. weiter oben eine Lernform angeordnet ist, desto komplexer und anspruchsvoller ist sie.

Der entscheidende Gedanke *Gagnés* ist nun, dass die einfachen Lernweisen die unverzichtbare Basis für die komplexeren Lernformen sind. Nur wer die einfachen Modi des Lernens beherrscht, ist für kompliziertere gewappnet. Die anspruchsvollen und komplizierten Lernformen setzen also die elementaren Lernweisen voraus.

Als Essenz von *Gagnés* Modell lässt sich festhalten: Menschliches Lernen realisiert sich in verschiedenerlei Formen unterschiedlicher Komplexität. An dieser Grundaussage gibt es bis heute nichts zu deuteln. Sie ist zu beachten auch im Hinblick auf das religiöse Lernen, wie immer man einzelne Typen des Lernens dort ausbuchstabieren kann.

Schließlich noch ein Blick auf die konkreten Lernarten, die auf der Grafik angeführt sind.

Als einfachste und zugleich grundlegende Lernformen gelten hier – wie in der Lerntheorie überhaupt – unterschiedliche Varianten des Reiz-Reaktions-Lernens. Sie sind mit den Ziffern 1 bis 2 bezeichnet. *Gagné* selbst spricht auch von ‚einfachen Reaktionen‘[21]. Das Individuum lernt hierbei – knapp gesagt –, eigene Verhaltenssequenzen auf Umweltreize abzustimmen. Und zwar vor allem, indem es auf Umweltreize reagiert oder aber Umweltreize vorwegnehmend berücksichtigt. Schließlich lassen sich Reiz-Reaktionsverbindungen auch zu so genannten Ketten verbinden. Die Ziffern 5 bis 8 hingegen bezeichnen kreativere, eigenständigere und flexiblere Lernweisen. Es handelt sich um kognitive Lernformen, die im ‚Inneren‘ des Lernenden angesiedelt sind.

Gagnés Taxonomie schärft den Blick für die Vielfalt und Komplexität menschlichen Lernens. Sein hierarchisches Modell darf aber wohl nicht im Sinne eines strengen Nacheinanders von Lernschritten missverstanden werden. An diesem Punkt setzte die deutliche Kritik von *Hans Aebli* ein. In seinem heute noch lesenswerten Werk „Zwölf Grundformen des Lernens" schreibt der 1990 verstorbene Nestor der Pädagogischen Psychologie:

---

20 Ebd.
21 *Gagné* (1976) 293; *Lefrancois* (1986) 221 zufolge fasst *Gagné* „die ersten vier [Lernformen] manchmal unter der einen Bezeichnung *einfache Arten des Lernens*" zusammen.

Gagné „versucht [...] zu zeigen, daß die Lehrstoffe hierarchisch aufgebaut sind und diese Hierarchien von den elementaren zu den höheren Lerntypen reichen. [...] Wenn Gagné recht hätte, müßte man auf der Stufe der Elementarschule ja vor allem Reiz-Reaktions-Verbindungen erzeugen, und erst spät käme man zum Denken und Problemlösen. Weiterhin würde jede Unterrichtseinheit mit sinnlosem Assoziieren beginnen. Enden würde anderseits alles beim Regellernen und Problemlösen: also nichts vom Durcharbeiten und Üben!

Mit diesem Konzept der Lernhierarchie kann etwas nicht stimmen. [...] Lernen beginnt nicht mit Assoziieren. Am Anfang des geistigen Lebens steht nicht die Verbindung von Reiz und Reaktion. Schon das kleine Kind ist ein handelndes und problemlösendes Wesen. In seinen spielerischen und ‚ernsten‘ Handlungen trägt es schon den Sachverhältnissen der Situation Rechnung. Daher schreitet der Aufbau von Handlungen, Operationen und Begriffen von Handlung zu Handlung und von Begriff zu Begriff vorwärts, allerdings von einfacheren zu komplexeren. Aber auch schon die einfachen Handlungen und Begriffe sind unendlich viel mehr als bloße Assoziationen."[22]

Aebli stellt vehement heraus, dass die Vielfalt abgestufter Lernformen, über die der Mensch verfügt, keineswegs bedeutet, dass wir biographisch zunächst alleine auf einfache Lernformen fixiert sind – und uns erst in fortgeschrittenerem Alter mit Begriffen, Regeln und gedanklichen Problemen zu befassen vermögen. Klipp und klar bezeichnet er „schon das kleine Kind" als „handelndes und problemlösendes Wesen".

Gibt man *Aebli* Recht, dann vermag sich der lernende Mensch in seinen unterschiedlichsten Altersstufen auf den höheren Ebenen der Lernhierarchie zu bewegen. Auch ein Kind wäre prinzipiell in der Lage, Begriffe zu bilden, Regeln zu rekonstruieren und kreativ Probleme zu lösen. Diese Sichtweise eröffnet den Blick auf einen weiteren wichtigen Aspekt des Lernens, nämlich auf die Eigenständigkeit und Eigentätigkeit des lernenden Subjektes.

2.3 Lernen als eigentätiges und eigenständiges Aneignungsgeschehen

In der heutigen pädagogischen Alltagsdiskussion hat sich die Erkenntnis durchgesetzt, dass Lernen als ein Vorgang aufgefasst werden muss, in dem es entscheidend auf die Eigentätigkeit und Eigenständigkeit des lernenden Subjektes ankommt. Knapp und verständlich kontrastiert der Religionspädagoge *Anton A. Bucher* diese Erkenntnis gegenüber zwei Modellen, die den Prozess des Lernens fundamental anders gefasst haben:

---

22 *Aebli* (2001) 349.

„In den sechziger und siebziger Jahren galt es [das Kind] primär als Resultante, oft als Opfer (entfremdender) gesellschaftlicher Verhältnisse. Diese würden sich in das Kind einprägen, das überwiegend als passiv, als von außen her (exogen) geformt gesehen wurde. Diese behavioristische Sicht war ein Korrektiv traditioneller Reifungstheorien, die davon ausgehen, dem Kinde seien die wesentlichen Potentiale angeboren. In chronologisch datierbaren Phasen würden sie, sofern die Umgebung nicht zu sehr störe, von innen her (endogen) ausreifen, auch die religiösen Vorstellungen, die in der ‚religiösen Anlage des Kindes' immer schon ‚schlummerten'.
Beide Sichtweisen [...], sofern ‚absolut' gesetzt, sind unzureichend. Gegen die endogene Sicht spricht, dass Entwicklung exogener Anregungen bedarf; anderenfalls besteht kein Bedarf an Veränderung. Und gegen das exogenistische Konzept, dass sich ein Umweltreiz (Stimulus) im Kind nicht einfach so abbildet, wie er von außen gesendet wird. [...] Kinder eignen sich die Welt *auf ihre Weise* an. Ja, sie bringen diese – für sich – je neu hervor. Sie sind wahrhaft *Konstrukteure*."[23]

Bucher spricht nicht ausdrücklich von ‚Lernen', sondern von ‚Entwicklung'. Nichtsdestotrotz spiegeln seine Worte ein spezifisches Lernverständnis. Lernen wird hier gefasst als Auseinandersetzung, als Interaktion – wörtlich übersetzt also als ‚Zwischen-Handeln' – von Subjekt einerseits und Welt andererseits. Weder äußere (exogene) noch innere (endogene) Einflüsse sind absolut zu setzen. Beide, gesellschaftliche gleichermaßen wie biologische Faktoren wirken spürbar auf den Lernprozess ein. Zwar können innere oder aber äußere Einflüsse in besonderen Fällen markant in den Vordergrund treten. Etwa bei Kindern, deren geistige Behinderung als innerer Faktor das Lernen in bestimmte Bahnen lenkt.[24] Oder bei Heranwachsenden, deren desolates Elternhaus als äußerer Faktor das eigene Lernvermögen überschattet.[25] Nichtsdestotrotz, im Zentrum des Lernens steht – auch und sogar bei den angeführten Extremfällen – stets die Auseinandersetzung zwischen Subjekt und Welt. Beide Pole, das Subjekt und die ihm begegnende Wirklichkeit, prägen den Prozess und das Ergebnis des Lernens.
Schon etliche Jahre steht das Wort ‚Konstruktivismus' hoch im Kurs – in der Pädagogik und Psychologie ebenso wie in der Religionspädagogik. Dieser programmatische Begriff ‚Konstruktivismus' akzentuiert die subjektive Seite jeglichen Lernens. Sowohl der Prozess als auch das Ergebnis des Lernens werden demnach maßgeblich beeinflusst durch die Subjektivität der Beteiligten. Ihre Gedanken und Gefühle, ihre Denkweisen und Wahrnehmungsmuster lassen sich im Lernen nicht ausblenden. Die begegnende Welt wird im Lernen nicht lediglich in unser Inneres ‚transportiert' und dort ‚als Kopie abgelegt'. Wer lernt, der interpre-

---

23 *Bucher* (2002 A) 13.
24 Treffend stellt der *Grundlagenplan für den katholischen Religionsunterricht an Schulen für Geistigbehinderte* (*Zentralstelle Bildung* (1999) 6) heraus, dass es in der „Würde" geistig behinderter Schüler/-innen begründet liegt, sie „nicht in erster Linie von ihren Beeinträchtigungen, sondern von ihren Möglichkeiten her zu verstehen." Vgl. insb. ebd., 10.
25 Vgl. insb. *Hermann* (2000).

tiert vielmehr die ihm begegnende Welt.[26] Lernend macht er sich seinen ‚eigenen Reim' auf all das, was ihm widerfährt. Er (oder sie) verwandelt, transformiert die begegnende Wirklichkeit zu einer neuen, zu einer subjektiven Wirklichkeit. So konstruieren wir im Lernen eine eigene, individuelle Vorstellung von der Welt. Und diese Vorstellung ist unsere subjektive Wirklichkeit. Diese subjektive Prägung des Lernens stellt *Bucher* in der vorgelegten Textpassage deutlich heraus, indem er schreibt: „Kinder eignen sich die Welt *auf ihre Weise* an. Ja, sie bringen diese – für sich – je neu hervor. Sie sind wahrhaft *Konstrukteure*.“

So berechtigt das konstruktivistische Anliegen auch sein mag. Der gegenwärtige Boom dieses Paradigmas[27] birgt auch Risiken und Einseitigkeiten. Sehr leicht kommt es dazu, die konstitutive Doppelpoligkeit des Lernprozesses – zwischen Subjekt *und* begegnender Welt – nach einer Seite hin aufzulösen. Ebenso wichtig wie der subjektive Pol ist nämlich die begegnende Welt. Sie aber wird erst dadurch produktiv im Lerngeschehen, dass sie gerade nicht mit dem Subjekt zusammenfällt. Wird die Subjektivität der Lernenden absolut gesetzt, so wird das Befremdliche der begegnenden Welt unterschlagen. Nur in der Begegnung des Ich mit dem Nicht-Ich, des Eigenen mit dem Fremden aber vermag sich der bisherige Horizont des Subjekts zu erweitern, sodass Lernen möglich wird.[28]

2.4 Assimilation und Akkomodation als Grundbewegungen des Lernens[29]

‚Lernen' wurde in den vorangegangenen Überlegungen konturiert als aktive Auseinandersetzung des Subjektes mit seiner Umwelt. Ein Modell des großen Schweizer Entwicklungspsychologen *Jean Piaget* (1896-1980) kann nun genauer verdeutlichen, wie sich solch lernende Auseinandersetzung gestaltet.

---

26 „Interpretation meint wörtlich ein ‚Dazwischentreten', das dafür sorgt, dass auseinander liegende Bruchstücke einer Menge an Informationen, einer Sache, eines Geschehens oder des gesamten Lebens einen Zusammenhang gewinnen, der plausibel erscheint und mit dem sich leben lässt." (*Schmid* (2007) 58; vgl. *ders.* (2000) 288-292 und 294).

27 Das Wort ‚Paradigma' (von griech. *parádeigma* = *Beispiel, Muster*) bezeichnet prägende Muster, die Wirklichkeit zu sehen, zu deuten und zu erklären. Wissenschaftstheoretisch wurde der Begriff von *Thomas S. Kuhn* (1922-1996) aufgebracht. Er verdeutlicht, dass jegliche Theorie auf einem vortheoretischen Verständnis fußt, das von sozialer Zustimmung abhängig ist und somit auch im Zuge eines Paradigmenwechsels abgelöst werden kann.

28 Dass sich Bildung im eigentlichen Sinne als selbstschließende Begegnung mit dem Fremden realisiert, hat in unübertroffener Prägnanz bereits *Wilhelm von Humboldt* (1767-1835) herausgearbeitet (insb. *ders.* (1997) 24-26). Dessen Kerngedanken fasst *Helmut Peukert* (1994) 6 treffend in den Satz: „Der Prozeß der Bildung ist Durchgang durch das Fremde."

29 Eine pointierte Darstellung der Eigenart und Verbindung von Assimilation und Akkomodation findet sich in *Jean Piaget* nach *Prenzel/Schiefele* (1986) 122.

Piaget versteht Lernen grundsätzlich als wechselseitigen Prozess zwischen Subjekt und Welt. Ziel ist es immer wieder, ein Gleichgewicht zwischen beiden Größen herzustellen. Um dieses Gleichgewicht herzustellen, sind zwei Grundbewegungen möglich, nämlich ‚Assimilation‘ einerseits und ‚Akkomodation‘ andererseits. Im Zuge der *Assimilation* werden neue Strukturen der Welt an bestehende Strukturen des Subjektes angepasst. Das Subjekt interpretiert „neue Reize oder Situationen so [...], daß sie als vertraut erscheinen."[30] Es gelingt also, das Fremde, welches im Lernprozess begegnet, in vertraute Muster des Denkens, Fühlens, Wertens und Handelns zu integrieren. Im Zuge der *Akkomodation* hingegen werden die bestehenden Interpretationsmöglichkeiten des Subjektes gesprengt und überschritten. Die begegnende Welt erweist sich als so sperrig, dass es nicht möglich erscheint, sie mit den vorhandenen Strukturen des Subjektes ineins zu bringen. So sieht sich das Subjekt gezwungen, seine bisherigen Strukturen des Denkens, Fühlens, Wertens und Handelns zu erweitern oder zu verändern.

Schematisch lassen sich beide Grundbewegungen des Lernens folgendermaßen darstellen:

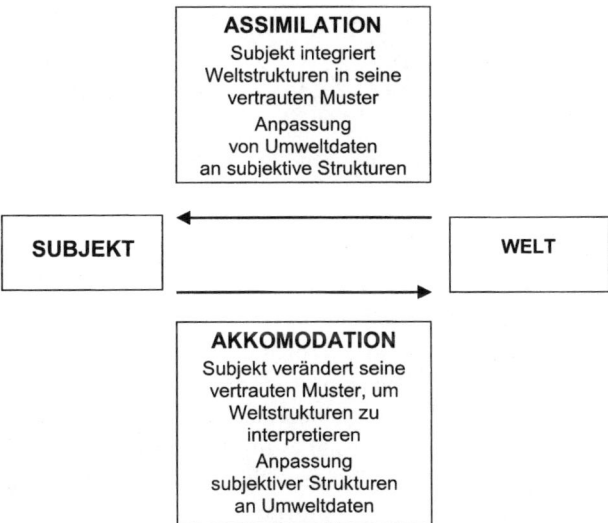

Abb. 2: Assimilation und Akkomodation nach *Jean Piaget*

In der Theoriesprache hört sich das, was mit ‚Assimilation‘ und ‚Akkomodation‘ gemeint ist, recht trocken und abstrakt an. Ein kleines, anschauliches Alltagsbei-

---

30 *Mietzel* (1986) 64.

spiel mag demonstrieren, wie aus einer gescheiterten Assimilation eine gelingende Akkomodation hervorgehen kann.

© 1956 United Features Syndicate, Inc.

Abb. 3: Assimilation und Akkomodation bei *Charles H. Schulz*[31]

Assimilierend sucht hier Linus das kognitive Schema ‚Gegenstände lassen sich biegen‘ auf den krümelnden Keks anzuwenden. Sein Versuch, Informationen und Impulse aus der fremden Wirklichkeit der eigenen kognitiven Struktur anzuglei- chen, scheitert grandios – der Keks zerbröselt und bricht („Knacks“). Nach kogni- tiver Krise („Mist“, „Seufz“) bleibt Linus nur die Alternative der Akkomodation. Er erweitert sein bisheriges kognitives Schema, um der neuen, unerwarteten Ge- gebenheit gerecht zu werden. So gelangt er zur Erkenntnis, dass es über biegsame Gegenstände hinaus auch solche gibt, die sich nicht krümmen lassen. Stehenden Fußes informiert er Lucy von dieser Einsicht.

Beide Grundbewegungen des Lernens, Assimilation wie Akkomodation, sind unverzichtbar. Würden wir die ‚Daten‘ der Welt stets assimilierend deuten, wä- ren wir jeglicher Möglichkeit beraubt, die Vielfalt und Vielfältigkeit der Welt in unserem Denken, Fühlen, Werten und Handeln einigermaßen angemessen zur Geltung kommen zu lassen. Unsere Entwicklung käme baldigst zum Erliegen. Würden wir uns die ‚Daten‘ der Welt dagegen ausschließlich durch Akkomoda-

---

31 Kopie aus ebd., 65.

tion aneignen, würde uns dies unnötigerweise überfordern. Völlig ohne Grund würden unsere Kräfte andauernd überstrapaziert. Denn im Alltag stoßen wir ja zumeist auf solche Impulse und Informationen, die sich in angemessener Weise in bisherige Muster einpassen und somit durch Assimilation verarbeiten lassen.

Die betrachtete Doppelbewegung menschlichen Lernens lässt sich mit unterschiedlicher Begrifflichkeit umschreiben. *Helmut Peukert* beispielsweise, Fundamentaltheologe und Pädagoge, spricht nicht von Assimilation und Akkomodation. Vielmehr unterscheidet er zwischen einlinigem und dialektischem Lernen. Dass er diese beiden Lernmodi sprachmächtig darzustellen weiß, ohne in der Sache anderes zu beschreiben, als zuvor mit ‚Assimilation' und ‚Akkomodation' benannt wurde, zeigt dieses Zitat:

> „Es ist üblich geworden, zwei Weisen des Lernens zu unterscheiden. Einliniges Lernen bewegt sich in festen Schemata und mehrt Wissen, ohne dabei die Schemata zu verändern. Kennzeichnend für den Menschen ist aber, daß er wenigstens grundsätzlich dazu fähig ist, aus der Erfahrung von enttäuschten Erwartungen, von Widersprüchen und Krisen, in die das Handeln nach bisherigen Schemata führt, bewußt neue Weisen der Wahrnehmung von Wirklichkeit und des Umgangs mit Sachen, Personen und sich selbst zu entwickeln, also eine neue Identität zu finden. Diese Form dialektischen Lernens ist riskant. Wenn es gelingt, bildet sich neues Bewußtsein; es entsteht die Chance, eine widersprüchlich gewordene Handlungssituation zu überwinden."[32]

Auch religiöses Lernen umfasst gleichermaßen konstitutiv beide Grundbewegungen des Lernens, die ‚einlinige' Assimililation ebenso wie die ‚dialektische' Akkomodation. Wie zentral die akkomodierende Überwindung alter Denkschemata für religiöses Lernen ist, verdeutlicht ein Blick auf den Wandel von Gottesvorstellungen[33]. Die Verunsicherung, dass ein über lange Zeit hinweg plausibles Gottesbild neue, sperrige und widerständige Erfahrungen nicht mehr zu integrieren vermag, führt vielfach dazu, die alte Gottesvorstellung radikal umzustrukturieren, sodass sie vereinbar wird mit der neuen, geweiteten Selbst- und Welterfahrung. Angesichts unergründlicher Leiderfahrungen kann sich das Bild eines ausschließlich ‚lieben' Gottes wandeln zu einer Vorstellung, die Gott auch ‚dunkle' und geheimnisvolle Seiten zubilligt.[34] Im Lichte von Ungerechtigkeitserfahrungen kann sich das Bild eines ‚Do ut des'-Gottes, der Gleiches mit Gleichem vergilt,

---

32 *Peukert* (1984) 129.

33 Unbedingt zu unterscheiden ist zwischen Gottes*vorstellungen*, die auch bar jeglicher Identifikation vorhanden sein können und in gewissem Grade über verbale oder ikonische Gottesdarstellungen zugänglich sind, einerseits und zutiefst persönlicher Gottes*beziehung*, die inneres Engagement einschließt und letztlich unzugänglich bleibt, andererseits. Vgl. hierzu *Hanisch* (1996) 175 und 226f.

34 Dass die Auseinandersetzung mit den für die biblisch-christliche Überlieferung konstitutiven, jedoch in Theorie und Praxis heutiger religiöser Erziehung vielfach tabuisierten ‚dunklen Seiten Gottes' eine unerlässliche Entwicklungsaufgabe für ein biographisch tragfähiges Gottesverständnis darstellt, hat insb. *Werner H. Ritter* (2006) schlüssig dargelegt.

zu einer Gottesvorstellung hin verändern, die größeren Raum lässt für die Autonomie menschlichen Handelns.[35] Im wachsenden Vermögen, denkerisch vom Konkreten abzusehen, kann sich das Bild eines anschaulichen Gottes weiten zur Vorstellung einer umgreifenden Macht.[36] All diese Wandlungen sind nicht lediglich Assimilationen, welche die Struktur des bisherigen Gottesbildes unangetastet lassen. Durchweg sind sie Akkomodationen, insofern sich Grundkoordinaten des vorherigen ‚Gott-Denkens‘ verändern. Wie etwa der Religionspädagoge *Helmut Hanisch* eindrucksvoll aufgezeigt hat, verdanken sich solch gravierende Wandlungen der Gottesvorstellung keineswegs einer inneren Zwangsläufigkeit, vielmehr resultieren sie im eigentlichen Sinne aus *Lern*prozessen. Entwicklungslogisch müssen sie sich nicht einstellen, sie bedürfen der aktiven Auseinandersetzung des Subjekts mit einer anregenden Umwelt – eine Auseinandersetzung, die eben auch ausbleiben kann. Auf Basis einer umfänglichen empirischen Untersuchung resümiert *Hanisch*:

> „Verallgemeinernd läßt sich behaupten, daß die Gottesdarstellungen der Schülerinnen und Schüler nicht in erster Linie entwicklungspsychologisch bedingt sind, sondern von der jeweiligen Sozialisation und der Erziehung abhängen.“[37] „Damit die Imagination Gottes der Reflexion der Heranwachsenden standhalten kann, ist es von grundlegender Bedeutung, daß im Rahmen der religiösen Erziehung parallel zur Entwicklung der Reflexionsfähigkeit dem kindlichen Gottesbild Wachstumsanreize geboten werden, um sich neu formieren zu können.“[38]

2.5 Die vier Grunddimensionen menschlichen Lernens

Nach Erörterung zweier ‚Grundbewegungen‘ sollen nun zentrale ‚Dimensionen‘ des Lernens ins Blickfeld rücken. Um zu klären, was sich unter dieser Bezeichnung ‚Dimensionen‘ verbirgt, gilt es knapp auf die Lerndefinition von *Merlin C. Wittrock* zurückzublicken, die in *Kap. 2.1* vorgestellt wurde. Er benannte eine ganze Reihe an Merkmalsbereichen, um zu verdeutlichen, was sich beim Lernen verändert. All diese Bereiche sind im Inneren der Person angesiedelt. Es handelt sich – allgemein gesprochen – um Kompetenzen (von lat. *competentia = Eignung*).

---

35 Vgl. den entsprechenden Stufenübergang, den *Fritz Oser / Paul Gmünder* (1996) 85f. mit Blick auf den Wandel religiöser Urteilsstrukturen als für das Jugendalter typisch, wenn auch keineswegs zwingend herausgearbeitet haben. Eine exzellente Zusammenfassung ihres Entwicklungsmodells birgt *Oser/Bucher* (2002) 942-945.

36 Dass unter Sozialisationsbedingungen, die ein konstruktives Ringen um Gottesvorstellungen zulassen, zweifellos eine Entwicklungstendenz hin zu symbolischen Gottesvorstellungen besteht, belegen die empirischen Befunde bspw. in *Bucher* (1994) 82f sowie *Hanisch* (1996) 33f., 63f. (religiöse Stichprobe), 120f., 184f. (areligiöse Stichprobe), 213f. (Gegenüberstellung).

37 Ebd., 224. Vgl. insb. *Bucher* (2002 A) 22 mit Bezug auf *Rolf Oerter*.

38 *Hanisch* (1996) 229. Vgl. a. *Bucher* (2002 A) 21 und 25.

Von Fall zu Fall können sich diese Kompetenzen in äußerem Verhalten nieder-schlagen.[39] Im Einzelnen sprach *Wittrock* vom Verstehen („understanding"), von Haltungen oder Einstellungen („attitude"), von Kenntnissen und Wissen („know-ledge" bzw. „information"), von Fähigkeiten („ability") und von Fertigkeiten („skill").[40]

Bereits bei der Erörterung von *Wittrocks* Definition hatte ich versucht, die an-geführten Kompetenzen unterschiedlichen Dimensionen der menschlichen Per-son zuzuordnen. Im Folgenden sollen besagte Dimensionen der Person, die eben zugleich auch Dimensionen des Lernens darstellen, systematischer entfaltet und erweitert werden. Dazu zunächst folgendes Schaubild:

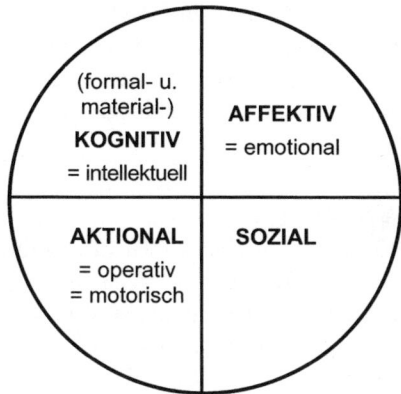

Abb. 4: Grunddimensionen des Lernens

Die Grafik zeigt einen gevierteilten Kreis. Jeder Sektor steht für eine Grunddi-mension des Lernens. Diese sollen nun sukzessive charakterisiert und bedacht werden.

2.5.1 Kognitives Lernen

Zuerst zur kognitiven Dimension menschlichen Lernens. Das Wort ‚kognitiv' stammt vom lateinischen Substantiv *cognitio = (Er)Kenntnis*. Die kognitive (oder intellektuelle[41]) Lerndimension umfasst das menschliche Geistesvermögen, und zwar gleichermaßen in formaler wie in materialer Hinsicht.

---

39 Im Gegensatz zur Kompetenz als dem innerlichen Vermögen zu gewissen Handlungen bezeichnet man die tatsächliche Verwirklichung dieser Handlungen als Performanz (von engl. *to perform = ausführen*). Vgl. *Heursen* (1989) und *Riehl* (1998).
40 *Merlin C. Wittrock* nach *Gruber/Prenzel/Schiefele* (2001) 126.
41 Von lat. *intellectus = Einsicht, Verständnis.*

In *formaler* Hinsicht betrifft das kognitive Lernen Vollzüge und Strategien der Erkenntnis und des Wissenserwerbs. Im Mittelpunkt steht das ‚Know-How' geistiger Operationen. Etwa das Vermögen, wesentliche Aussagen eines Textes zu erkennen und zusammenzufassen. Oder die Kompetenz, in unterschiedlichen Einzelfällen vergleichbare Strukturelemente zu entdecken. Oder die Fähigkeit, nachvollziehbar und widerspruchsfrei zu argumentieren.

Die *material*-kognitive Lerndimension hingegen betrifft die konkreten Inhalte der Erkenntnis und des Wissens. Etwa die Kenntnis des Wortlauts des Vaterunser. Oder das Wissen um die biblischen Ursprünge dieses Gebets. Oder das Verstehen, warum Christen heute das Vaterunser beten.

Material-kognitives und formal-kognitives Lernen sind freilich eng verzahnt. Um in formaler Weise verstehen, erkennen und denken zu lernen, bedarf es ‚handfester' Inhalte. Es braucht Inhalte, die verstanden, erkannt und bedacht werden können und wollen. Allerdings können sich diese Inhalte von Kultur zu Kultur und von Epoche zu Epoche erheblich voneinander unterscheiden. Und trotzdem werden ähnliche formal-kognitive Lerneffekte erzielt.

2.5.2 Affektives Lernen

Eine zweite Grunddimension des Lernens trägt das Attribut ‚affektiv'. Im Hintergrund steht das lateinische Wort *affectus = Stimmung, Gemüt*. Im Mittelpunkt affektiven (oder emotionalen[42]) Lernens stehen all jene Seiten der Person, in denen Empfindungen und Gefühle mitschwingen. Wo affektiv gelernt wird, kommt es zur Veränderung persönlicher Interessen und Einstellungen. Es geschieht eine Wandlung von Haltungen. Es kommt zur Veränderung von Wertungen und Bewertungen. Schließlich ist der Mensch weit mehr als bloß Verstand und Wissen. Affektives Lernen betrifft hochsensible Bereiche des Subjekts. Deshalb fällt es sehr schwer, affektives Lernen analysierend zu beschreiben. Affektive Lernprozesse lassen sich zudem aus der Perspektive von Lehrenden und Erziehenden nur in äußerst beschränktem Umfange planen oder überprüfen.[43]

2.5.3 Aktionales Lernen

Die dritte Grunddimension des Lernens trägt die Bezeichnung ‚aktional' – vom lateinischen *actio = Tätigkeit, Handeln*.[44] Hier geht es um körperliche Bewegungen und um konkretes, ‚handfestes' Tun. Der Mensch ist ja schließlich auch und wesentlich ein körperliches und ein handelndes Wesen.

---

42 Von französ. *émouvoir = bewegen, erregen* / lat. *emovere = herausbewegen, emporwühlen*.

43 Vgl. *Mietzel* (1986) 207.

44 Nahezu synonym verwendet werden die Adjektive ‚motorisch' (von lat. *movere = bewegen*) und ‚operativ' (von lat. *opus = Arbeit, Tat, Handlung*).

Aktionales Lernen manifestiert sich in Handlungen unterschiedlicher Schwierigkeit. Es beginnt beim Einüben und Kennenlernen einzelner Handgriffe, Gesten und Handlungselemente und erstreckt sich bis zu vertrackten Handlungsabläufen und umfangreichen Praxisprojekten.

In unseren Schulen, die nach wie vor kognitivistisch geprägt sind, fristet solch aktionales Lernen nach wie vor ein Schattendasein. Jene Schüler/innen, deren besondere Stärke im manuellen, handwerklichen und praktischen Bereich liegt, erfahren kaum Wertschätzung, Ermutigung und Unterstützung. Dieses Manko betrifft besonders männliche Schüler – die ‚Jungs‘ also, die (entgegen allen feministischen Unkenrufen) inzwischen mehr und mehr zu Bildungsverlierern avancieren.[45]

Die Dreiheit von kognitivem, affektivem und aktionalem Lernen findet sich am eingängigsten in der Formel vom Lernen ‚mit Kopf, Herz und Hand‘. Sie wird üblicherweise *Johann Heinrich Pestalozzi* (1746-1827) zugeschrieben. Zumeist drückte sich *Pestalozzi* selbst offensichtlich etwas anders aus. Statt von ‚Kopf, Herz und Hand‘ sprach er in der Regel von ‚Herz, Geist und Hand‘ bzw. ‚Herz, Geist und Kunst‘. Ein Zitat aus seiner letzten Hauptschrift, dem „Schwanengesang" von 1826, soll als Beleg dienen. Dort steht:

> „Nur das, was den Menschen in der Gemeinkraft der Menschennatur, d.h. als Herz, Geist und Hand ergreift, nur das ist für ihn wirklich, wahrhaft und naturgemäß bildend"[46].

Pestalozzis Formel hat sprichwörtliche Bekanntheit erlangt. ‚Kopf‘ oder „Geist" bezeichnet dabei das Wissen und Erkennen – das kognitive Lernen. „Herz" steht für das Fühlen und Wollen – das affektive Lernen. „Hand" oder ‚Kunst‘ schließlich benennt die körperlichen, manuellen und praktischen Kräfte[47] – das aktionale Lernen.

2.5.4 Soziales Lernen

Als vierte Grunddimension klassifiziere ich das soziale Lernen. Auch das Attribut ‚sozial‘ kommt aus dem Lateinischen, nämlich vom Substantiv *socius = der Gefährte* bzw. vom Adjektiv *socialis = gemeinschaftlich*.

Ob das soziale Lernen zum Grundkanon der Lerndimensionen gehört, ist im Gegensatz zu den vorgenannten Dimensionen äußerst umstritten. Müsste das soziale, die Mitmenschlichkeit betreffende Lernen nicht eher ins Feld der diffizileren Lerndimensionen gerechnet werden, von denen noch die Rede sein wird? Immer

---

45 Vgl. bspw. folgende Kurzmitteilung aus dj 54 (12/2006) 506f.: „Bundesweit sind zwei von drei Schulabbrechern männlich, drei Viertel der Kinder an den Förderschulen sind Jungen. Jungen bleiben auch deutlich häufiger sitzen als Mädchen; außerdem ist die Mehrzahl der jungen Leute, die Abitur machen, weiblich: 56 Prozent aller ‚Reifezeugnisse‘ erhalten inzwischen Mädchen."

46 *Pestalozzi* (1947) 280.

47 Vgl. *Blankertz* (1982) 109 und *Heiland* (2001) 1491f.

wieder habe auch ich mir diese Frage gestellt. Doch gelange ich nach wie vor zur Einschätzung: Das Vermögen, sich auf andere Menschen verstehend zu beziehen und mit ihnen zu kommunizieren, bildet ein Grunddatum menschlicher Entwicklung und Existenz. Der Mensch ist mit dem Pädagogen *Heinrich Roth* (1906-1983) gesprochen „von Natur aus ein soziales Wesen – Zoon politikon."[48] Die lernende Entfaltung dieser Sozialität gehört konstitutiv zur Verwirklichung seiner Person. Dem anderen Menschen zuzuhören, sich in ihn einzufühlen, ihm gegenüber den eigenen Standpunkt zu vertreten, mit ihm offen zu streiten und konstruktiv an einem Strang zu ziehen, all dies sind basalste Fähigkeiten, die gelernt werden wollen und gelernt werden müssen!

2.5.5 Zwischenbilanz: Grunddimensionen des Lernens

Vier Grunddimensionen des Lernens wurden nun entfaltet. Zweifellos sind sie theoretische Konstrukte. Das heißt: Wir werden diese Lerndimensionen nicht wie dingliche Gegenstände in der Wirklichkeit vorfinden. Konstrukte sind gedankliche Gebilde. Sie existieren in unseren Köpfen. Ihr Zweck ist es, unsere Wahrnehmung der Wirklichkeit zu sensibilisieren und zu strukturieren.

Dass die vier Grunddimensionen nebeneinander gestellt wurden, bedeutet keinesfalls, dass sie in der Wirklichkeit streng voneinander zu trennen sind. Keine der Lerndimensionen begegnet in ‚klinischer Reinheit‘. *Manfred Mietzel*, Pädagogischer Psychologe, demonstriert dies an einem treffenden Alltagsbeispiel:

> „Wenn ein Grundschüler z.B. am Schreibunterricht teilnimmt, muß er zum einen lernen, wie er den Schreibstift zu halten und auf dem Papier zu bewegen hat, um bestimmte Buchstaben zu formen (psychomotorischer Aspekt). Zugleich besteht das Ziel, das Wissen bezüglich der Schriftform eines Buchstabens und seiner Aussprache in den Kenntnisspeicher des Lernenden zu bringen (kognitiver Aspekt). Schließlich ist davon auszugehen, daß das Erlernen des Schreibens bzw. dessen Beherrschung mit bestimmten Begleitgefühlen verbunden ist; der Schüler schreibt z.B. gerne oder hat große Abneigungen dagegen entwickelt (affektiver Aspekt)."[49]

Im realen Leben sind die Grunddimensionen des Lernens stets miteinander „verzahnt"[50] und verwoben. Und doch ist ihr jeweiliges Profil so bestechend, dass sie je für sich aussagekräftig bleiben.

---

48 *Roth* (1971) 386.
49 *Mietzel* (1986) 205.
50 Ebd., 204.

2.6 Komplexere Lerndimensionen

Mit dem kognitiven, affektiven, aktionalen und sozialen Lernen sind keineswegs sämtliche Bereiche der menschlichen Person abgedeckt, in denen und auf die hin sich Lernprozesse vollziehen. Neben den grundlegenden Lerndimensionen im Innern des eben präsentierten Kreises (Abb. 4) gibt es noch weitere, und zwar komplexere Lerndimensionen. Eine Erweiterung der vorgestellten Grafik soll andeuten, was es mit diesen komplexeren Dimensionen des Lernens auf sich hat.

Zugegebenermaßen hat die nachfolgende Ergänzung des Schaubildes experimentellen Charakter. Die Schwierigkeit der Darstellung spiegelt das große Problem, wie sich die diffizileren Dimensionen des Lernens angemessen verstehen lassen. Einerseits erscheint es wenig sinnvoll, den Katalog der Grunddimensionen aufzublähen. Nicht jede Dimension des Lernens besitzt eine vergleichbare Konstitutivität wie die zuerst genannte Vierzahl. Andererseits besteht aber die Gefahr, dass die komplexeren Dimensionen des Lernens zu bloßen ‚Anhängseln‘ herabgemindert werden. Hier gilt es festzustellen: Die komplexeren Dimensionen sind weder auf eine der grundlegenden Dimensionen reduzierbar noch bilden sie eine bloße Summe dieser Grunddimensionen. Vielmehr zeichnet sich jede der komplexeren Lerndimensionen durch eine irreduzible, nicht auf Grundlegenderes zurückführbare Eigenständigkeit und Besonderheit aus. Nun aber zur angekündigten Erweiterung des Schaubildes:

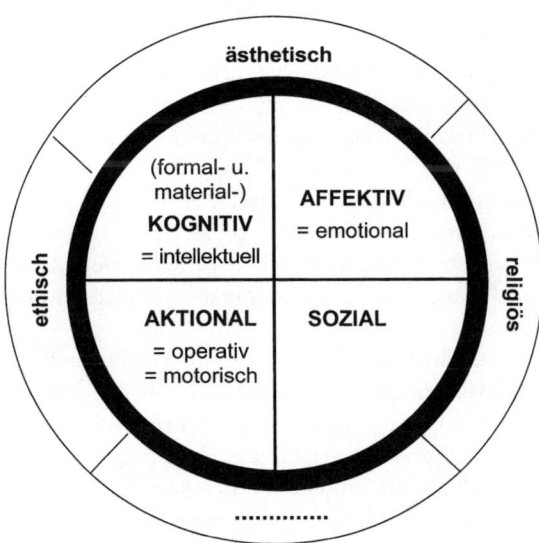

Abb. 5: Komplexere Lerndimensionen

In der erweiterten Grafik legt sich ein Kreisring um jenen ursprünglichen Kreis, in dem die vier Grunddimensionen des Lernens aufgeführt waren. Kreisring und Kreis sind deutlich voneinander getrennt. Drei Sektoren des Kreisrings sind beschriftet, einer unbeschriftet.

Das unbeschriftete Segment soll zum Ausdruck bringen, dass die Aufzählung, die im Kreisring vorgenommen wurde, keine Vollständigkeit beansprucht. Ich habe mich auf drei komplexere Lerndimensionen beschränkt, weil mir diese in religionspädagogischem Erkenntnisinteresse besonders wichtig erscheinen. Damit ist keinesfalls ausgeschlossen, dass sich – etwa im Blick auf das naturwissenschaftliche Lernen – noch weitere Dimensionen dieses Typs aufspüren ließen.

Drei Lerndimensionen der komplexeren Sorte sind angeführt – das ästhetische, das ethische und das religiöse Lernen. Zwar halte ich diese drei Lerndimensionen nicht für ebenso grundlegend wie die zuvor betrachtete Vierzahl. Nichtsdestoweniger sind sie nicht etwa nur Kombinationen oder Nebenprodukte des kognitiven, affektiven, aktionalen und sozialen Lernens. Vielmehr bergen das ästhetische, das ethische und das religiöse Lernen einen substanziellen Mehrwert gegenüber den Grunddimensionen im Innenkreis. In knapper Weise sollen diese komplexeren Lerndimensionen nun erläutert werden.

2.6.1 Ethisches Lernen

Das Adjektiv ‚ethisch' stammt aus dem Griechischen. Zu Grunde liegt das Substantiv *éthos* = *Sitte, Brauch*. Eigenartigerweise lässt sich das Adjektiv ‚ethisch' gleich zweifach substantivieren. Einerseits durch das Wort ‚Ethos', welches das verantwortete Handeln selbst bezeichnet. Andererseits durch das Wort ‚Ethik', hier liegt der Akzent auf dem Nachdenken über verantwortetes Handeln.[51]

Ethisches Lernen bezieht sich also – knapp formuliert – auf das verantwortete, als recht und gerecht betrachtete Handeln und seine Reflexion. Wer ‚ethisch handeln lernt', eignet sich die Kompetenz an, in konkreten Situationen nach begründeten Maßstäben zwischen alternativen Handlungsmöglichkeiten abzuwägen und die gewählte Alternative dann auch tatkräftig zu realisieren. Betrachtet man diese ambitionierte Aufgabenstellung ethischen Lernens näher, scheint unmittelbar einleuchtend, dass kognitive, affektive, aktionale und soziale Komponenten darin zusammenwirken.

Ethisches Lernen ist undenkbar ohne Fühlen und Mitfühlen, Werten und Bewerten, also ohne affektive Komponente. Nicht vorstellbar ist ethisches Lernen ohne ‚Zupacken' und Handeln, also ohne aktionale Komponente. Ethisches Lernen impliziert zwingend Perspektivenwechsel und Kommunikation, also eine soziale Komponente. Schließlich fußt ethisches Lernen konstitutiv auf Erkennen, Nachdenken und Wissen, also einer kognitiven Komponente.

---

51 Vgl. *Weber* (1991) 17.

Dieses kognitive Moment gilt ungeachtet der Tatsache, dass ethische Entscheidungen im Alltag zumeist getroffen werden, ohne ausführlich und ausdrücklich bedacht worden zu sein. Alltäglich handeln wir überwiegend spontan, intuitiv und im Modus erprobter Gewohnheit. Dennoch bedarf unser Tun zwingend einer reflektierten Basis. Es gilt, die Maßstäbe und Gesichtspunkte dieses Handelns auch gedanklich zu durchdringen und zu rechtfertigen. Sonst bleibt es willkürlich und zufällig, statt verantwortet und verantwortbar – und damit im eigentlichen Sinne ‚ethisch‘.

Ethisches Lernen umfasst gleichermaßen kognitive wie affektive, aktionale wie soziale Momente. Es erschöpft sich aber nicht einfach in diesen Basiskomponenten. Auf einer höheren Ebene bilden sie etwas Anderes, etwas Neues.

2.6.2 Ästhetisches Lernen

Gerade vom ästhetischen Lernen ist derzeit in der Religionspädagogik sehr oft die Rede. Ästhetik steht religionspädagogisch hoch im Kurs.[52] Vielem, was da zu lesen ist, fehlt es zwar an sachlicher Nüchternheit, häufig mangelt es an argumentativem ‚Biss‘ und an terminologischer Klarheit.[53] Nichtsdestotrotz lohnt sich die Frage: Was könnte mit ‚ästhetischem Lernen‘ gemeint sein?

Erneut ist zunächst einmal auf die Wortbedeutung einzugehen. Das Adjektiv ‚ästhetisch‘ lässt sich zurückführen auf das griechische Substantiv *aísthesis = sinnliche Wahrnehmung*. Beim ästhetischen Lernen steht die Wahrnehmung im Zentrum, und zwar die sinnliche Wahrnehmung als besondere Form der Erkenntnis[54] und im Gegensatz insbesondere zur geistigen Erkenntnis, die im Griechischen mit dem Wort *gnósis* bezeichnet wird.[55] *Gert* und *Gunter Otto* bringen diese Eigenart ästhetischen Lernens auf die Formel „Sinnestätigkeit hat Erkenntnisqualität."[56]

Weder Begriffe noch Handlungen, sondern sinnliche Wahrnehmungen sind in dreifacher Hinsicht entscheidend für das ästhetische Lernen. Dieses verwirklicht sich einerseits im sehenden, hörenden und tastenden *Eindruck*, etwa in der Betrachtung eines Kunstwerks oder in der Aufmerksamkeit für die Natur. Ästhetisches Lernen vollzieht sich andererseits im schöpferischen und gestaltenden *Ausdruck*, etwa im Inszenieren eines Spiels oder im Malen eines Bildes. Und schließlich realisiert sich ästhetisches Lernen auch im *Bedenken und Besprechen* des Wahrgenommenen und Dargestellten, etwa wenn wir unsere spontanen Eindrücke im Gespräch auf die Probe stellen oder den historischen Ort und die Intention

---

52 Vgl. bspw. *Zisler* (1996), *Kunstmann* (2001) und *Altmeyer* (2006).
53 Vgl. etwa *Burrichter* (2003) 36f. oder *Otto/Otto* (2001), insb. 15f. Wohltuend nachvollziehbar und verständlich schreibt hingegen *Bitter* (2002).
54 Vgl. etwa *Hoeps* (1987) 313.
55 Vgl. *Bitter* (2002) 233f.
56 *Otto/Otto* (2001) 13.

eines Kunstwerkes erörtern.[57]

Gerade dieses Letztere, der notwendig reflexive und kommunikative Aspekt ästhetischen Lernens, gerät allzu leicht in Vergessenheit.[58] Die sinnlich fassbare Welt will nicht nur wahrgenommen und gestaltet werden. Ebenso will sie be-dacht und be-sprochen sein. Und zwar nicht, um das sinnlich Wahrgenommene und das kreativ Gestaltete zu zerstören[59], sondern um seinen Sinn und seine Bedeutung zu erhellen.

Auch das ästhetische Lernen schließt sämtliche Grunddimensionen des Lernens mit ein. Kognitive, affektive, aktionale wie soziale Momente des Lernens kommen gleichermaßen zur Geltung. Im wahrnehmenden Eindruck, im gestaltenden Ausdruck und in der reflexiven wie kommunikativen Klärung sind ,Herz, Geist und Hand' ebenso unverzichtbar wie die gemeinschaftliche Verständigung. Wie das ethische Lernen lässt sich aber auch das ästhetische Lernen nicht vollständig aus diesen vier Basiskomponenten ableiten. Auch beim ästhetischen Lernen entsteht ein ,Mehrwert'. Dieser ,Mehrwert' übersteigt die Summe der Grundkomponenten.

2.6.3 Religiöses Lernen

Die genauere Klärung, was mit ,religiösem Lernen' gemeint sein kann, liegt noch vor uns. Deshalb kann das Profil dieser Lerndimension hier nur angerissen werden. Aber schon der Blick auf alltägliche Erfahrungen lässt erkennen: Auch hier spielen sämtliche Grunddimensionen des Lernens eine konstitutive Rolle, nämlich das kognitive, das affektive, das aktionale und das soziale Lernen.

Ebenso wie das ethische und ästhetische ist auch das religiöse Lernen mit keiner dieser Grunddimensionen gleichzusetzen. Zumindest die Versuchung, religiöses Lernen sehr stark mit einer einzigen Grunddimension zu identifizieren, begegnet allerdings in der Geschichte immer wieder. Religiöses Lernen ereignet sich aber auch nicht jenseits der Grunddimensionen des Lernens – sozusagen in einem Sonderbereich oder auf einem ,anderen Planeten'.

Religiöses Lernen umfasst kognitive, affektive, aktionale und soziale Momente. All diese Momente werden im religiösen Lernen auf etwas Anderes, Neues hin überschritten. Religiöses Lernen erschöpft sich also nicht in diesen Momenten.

---

57 Unter den Stichworten Aisthesis – Poiesis – Katharsis findet sich diese dreifache Konkretisierung ästhetischen Lernens (jeweils mit Bezug auf *Hans Robert Jauß*) in *Feifel* (1992) 9 und *Hilger* (2001) 306f. Vgl. a. ebd., 309-311.

58 Völlig zu Recht trifft *Georg Hilger* (ebd., 307) mit Blick auf ästhetische Bildung die Feststellung: „Sie [...] schließt [...] Rationalität und Aufklärung als konstitutive Elemente, die den Prozess des ästhetischen Erfahrens mitbedingen, tragen und verändern, ein. Es kann nicht von Bildung gesprochen werden, solange Ästhetik auf die bloße Schulung von Sinnesorganen oder auf ein Produzieren von Objekten beschränkt bleibt."

59 *Thomas Sternberg* (2003) 177 konstatiert treffend: Man kann Bilder „in verbalen Interpretationen auch so sehr liebend umarmen, daß ihnen die Luft ausgeht."

Was aber ist das Eigentümliche, was ist das Besondere am religiösen Lernen? Dieser Frage widmet sich das nachfolgende Hauptkapitel.

2.6.4 Zwischenbilanz: Komplexere Dimensionen des Lernens

Mit dem ethischen, ästhetischen und dem religiösen Lernen wurden drei komplexere Dimensionen des Lernens vorgestellt. Sie sind insofern ähnlich strukturiert, als sie die Vierzahl der Grunddimensionen in sich aufnehmen, ohne in dieser Vierzahl aufzugehen. Das ethische, ästhetische und religiöse Lernen bildet – je für sich – eine besondere Lerndimension, die letztlich nur aus sich selbst heraus verstanden werden kann.

Wie die zuvor vorgestellten Grunddimensionen sind auch die komplexeren Dimensionen des Lernens theoretische Konstrukte. Das heißt: Was wir als ethisches, ästhetisches und religiöses Lernen bezeichnen, werden wir nicht unmittelbar als konkreten Gegenstand in der Wirklichkeit vorfinden – wie beispielsweise einen Kirschbaum oder eine gotische Kirche. Als theoretische Konstrukte sind das ethische, ästhetische und religiöse Lernen aber auch keine bloßen Phantasiegebilde. Ihre Funktion und ihr Wert bestehen darin, verschiedene Einzelbeobachtungen „sinnvoll aufeinander zu beziehen."[60] Die angeführten Lerndimensionen erfüllen ihren Zweck, wenn sie sich als tauglich erweisen, das Gewirr an Eindrücken und Wahrnehmungen, die wir im (religions)pädagogischen Alltag zusammentragen, in schlüssiger Weise zu verknüpfen und zu interpretieren. Direkt beobachtbar aber sind solche Lerndimensionen ebenso wenig wie etwa das Konstrukt ‚Individualisierung' in der Soziologie oder das Konstrukt ‚Aggressivität' in der Psychologie.

Wie stehen nun die komplexeren Lerndimensionen zueinander? Zu ihrem gegenseitigen Verhältnis kann Ähnliches gesagt werden wie zum Verhältnis im Innenkreis. Auch die komplexeren Lerndimensionen stehen nicht berührungslos nebeneinander. Vielmehr sind auch sie eng miteinander verknüpft und verzahnt. Religiöses Lernen etwa ist nicht denkbar ohne sinnliche Wahrnehmung. Schließlich sind Symbole, sind Riten, Bilder, Düfte und Töne grundlegende Bestandteile der religiösen Sphäre. Anders gesprochen: Religion manifestiert sich vielfach in sinnlich wahrnehmbaren Ausdrucksformen. Um in diese Ausdrucksformen vordringen zu können, um ein kundiges Gespür für religiöse Symbole und Riten, für religiöse Bilder, Düfte und Töne zu entwickeln, bedarf es der Schulung im ästhetischen Eindruck und Ausdruck ebenso wie in der Reflexion und Kommunikation ästhetischer Erscheinungen.

Religiöses Lernen ist ebensowenig vorstellbar unter Ausblendung der ethischen Komponente. Schließlich liegt es jeder, aber wirklich jeder Religion am Herzen, dem Alltagshandeln in positiver Hinsicht eine Orientierung zu geben – und diesem Handeln in negativer Hinsicht klare Grenzen zu setzen. Die Verbindlichkeit

---

60 *Hartfiel* (1976) 362.

und Dringlichkeit solcher Orientierungen und Grenzsetzungen speist sich aus dem besonderen Wahrheitsanspruch der religiösen Botschaft. Ausdruck und Gestalt findet diese ethische Komponente der Religion beispielsweise in Weisungen und Maximen, in Regeln, Geboten und Gesetzen. Aber auch in Erzählungen, Parabeln und Bildmotiven, in Bräuchen und Festen, in historischen und legendarischen Vorbildern sowie in Institutionen, Gruppen und Gemeinschaften.

2.7 Ein Blick zurück auf die Annäherung an den Lernbegriff

Um genauer zu erfassen, was mit dem Wort ‚Lernen‘ gemeint ist, wurde bislang vor allem die Pädagogische Psychologie zu Rate gezogen. Dabei ließen sich folgende Grundmerkmale des Lernens aufspüren.

Mit Blick auf die Definitionen von *Gordon H. Bower* und *Ernest R. Hilgard* einerseits und *Merlin C. Wittrock* andererseits wurde Lernen im Kern charakterisiert als einigermaßen dauerhafte Veränderung des Subjekts auf Grund von aktiver Auseinandersetzung mit seiner Umwelt. Erkennbar wurde zudem, dass die durch Lernen bewirkte Wandlung zunächst einmal die innere Struktur der Persönlichkeit betrifft, wobei sich solch innerliche Veränderung potenziell – d.h. der Möglichkeit nach – in äußerlich beobachtbarem Verhalten niederschlagen kann.

Das Hierarchiemodell von *Robert M. Gagné* sensibilisierte dafür, dass sich Lernen in verschiedenerlei Formen unterschiedlicher Komplexität vollzieht. Die Spannweite dieser Formen reicht von einfachsten Reiz-Reaktions-Konditionierungen bis hin zu flexiblen und kreativen Weisen der Problemlösung.

Das Stichwort ‚Konstruktivismus‘ lieferte den Anlass, die subjektive Prägung jeglichen Lernens schärfer in den Blick zu rücken. Gelerntes Handeln und Fühlen, gelerntes Verstehen und Erkennen, gelerntes Wissen und Kommunizieren werden nie lediglich aus der begegnenden Welt ‚abkopiert‘. Vielmehr wird das Gelernte maßgeblich mitgestaltet und mitbestimmt vom jeweiligen Subjekt in seiner Eigenart und Besonderheit. Nichtsdestotrotz ist das Subjekt auf eine ihm begegnende Welt als einem sperrigen Gegenüber angewiesen. Das Ich braucht ein Nicht-Ich, um nicht zu verkümmern, sondern sich lernend entwickeln und wandeln zu können.

Eine Vorstellung, wie sich das Lerngeschehen zwischen Subjekt und Welt genauer fassen lässt, lieferte *Jean Piagets* Unterscheidung zweier gegenläufiger Grundbewegungen des Lernens, nämlich der Assimilation und der Akkomodation.

Der letzte Schritt der Annäherung an den Lernbegriff fokussierte Dimensionen des Lernens. Diese spiegeln die innere Vielfalt der menschlichen Existenz. Betrachtet wurden einerseits das kognitive, affektive, aktionale und soziale Lernen als Grundmomente jeglichen Lernens. Und andererseits das ethische, ästhetische und religiöse Lernen als drei Beispiele für komplexere Lerndimensionen. Ein mehrdimensionales Verständnis des Lernens soll den Blick dafür weiten, dass sich die menschliche Person mit ihren unterschiedlichen Facetten und Aspekten in der Auseinandersetzung mit der Umwelt wandelt und verwandelt.

Vor zwei gravierenden Irrtümern ist allerdings im Zusammenhang mit einem mehrdimensionalen Verständnis des Lernens zu warnen. Der erste Fehlschluss besteht in der Annahme, man könne die einzelnen Dimensionen des Lernens im (religions)pädagogischen Alltag feinsäuberlich voneinander trennen. Der andere – wohl noch fatalere – Fehlschluss geht davon aus, die betrachteten Dimensionen des Lernens und der menschlichen Person ließen sich mehr oder weniger beliebig durch Lehren und Erziehen beeinflussen und manipulieren. Lernen vermag durch (religions)pädagogische Einflüsse vielleicht angeregt oder provoziert werden. Letztlich jedoch ist und bleibt es eine Aktivität des lernenden Subjekts, welche dieses selbst erbringen und leisten muss. Von außen lässt sich Lernen allenfalls begünstigen oder aber behindern. Keinesfalls aber lässt sich Lernen von außen bewirken. *Wilhelm H. Peterßen* – ein Altmeister der wissenschaftlichen Didaktik – umschreibt diese eherne Grenze pädagogischer Einflussnahme mit folgenden Worten:

> „Strukturveränderungen – durch Lernen – sind zwar durch externe Einflüsse beeinflussbar, sie sind jedoch nicht steuerbar und machbar. Erziehliche Aktionen – Erziehungsabsichten, Unterricht – können Veränderungen nicht vorschreiben, sondern nur Anstöße zu strukturellen Veränderungen geben."[61] „Lernen ist nicht machbar! Lernen ist bloß anregbar [...]! Lernen kann nur jeder für sich. Von außen zwar angestoßen, vollzieht jeder seinen Lernprozess für sich selber."[62]

Mit diesem Hinweis auf die unhintergehbaren Grenzen jeglichen Lehrens soll die Annäherung an den Lernbegriff schließen. In den Blick rückt nun der Religionsbegriff. Das vorliegende Einführungswerk sucht religiöses Lernen reflektierend zu ergründen. Wer aber das Wort ‚religiöses Lernen' für sinnvoll erachtet, muss die Karten offenlegen, was er (oder sie) denn nun unter Religion versteht. Welche Definitionen kommen in Frage, um dem Wort ‚Religion' Bedeutung zu geben? Diese Frage soll nachfolgend erörtert werden.

---

61 *Peterßen* (2001) 112.
62 Ebd., 113.

3 Eine Annäherung an den Begriff der Religion

Wer fragt, was das Wort ‚Religion' bedeutet, muss sich damit abfinden, dass es, wie der Fundamentaltheologe *Armin Kreiner* zu Recht feststellt, „keine auch nur entfernt konsensfähige Religionsdefinition"[1] gibt. Wir müssen also mit einer Vielzahl unterschiedlicher Definitionen von Religion leben. Überspitzt könnte man sagen: Die Unschärfe des Lernbegriffs ist ein Kinderspiel im Vergleich zur Konfusion des Religionsbegriffs. Der Religionssoziologe *Detlef Pollack* bringt dieses Dilemma auf den Punkt, indem er schreibt:

> „Es gibt eine weitverzweigte, in viele Einzeldisziplinen aufgefächerte, erfolgreich arbeitende Religionsforschung. Das unterliegt keinem Zweifel. Aber gibt es auch Religion? Die Zahl der angebotenen Definitionsversuche geht in die Hunderte. Eine allgemein anerkannte Begriffsbestimmung indes liegt nicht vor."[2]

Es existiert eine verwirrende Vielzahl an Vorschlägen, wie Religion umschrieben werden sollte. Und je mehr in den vergangenen Jahrzehnten zum Thema ‚Religion' geforscht wurde, desto breiter und unübersichtlicher wurde dieser Strom der Religionsdefinitionen.

Man könnte angesichts dieser Unübersichtlichkeit auf die Idee kommen, ganz und gar darauf zu verzichten, Religion näher bestimmen zu wollen. Und dieser Gedanke ist keineswegs so abstrus, wie er sich vielleicht zunächst anhört. Es gibt tatsächlich einige Forscher, die für einen völligen Verzicht auf den Religionsbegriff eintreten.[3] In ihren Augen schafft der Begriff ‚Religion' nur Verwirrung. Er schadet mehr als er nützt!

Auch wenn ich gewisse Sympathien für diese Idee nicht verhehlen kann, stellt sich doch die Frage: Was wäre mit einem solchen Verzicht gewonnen? Als Religionspädagoge befürchte ich, dass ein solcher Verzicht einer unverzeihlichen Kapitulation gleichkäme. Und zwar einer Kapitulation in dem Sinne, dass die Rechenschaft über das religionspädagogische Tun verweigert wird.

Wer die Mühe scheut, genauer zu bestimmen, was unter ‚Religion' zu verstehen ist, der beraubt sich einer wesentlichen Grundlage, um präzise und nach-

---

1 Zitiert aus meiner persönlichen Mitschrift der Mainzer Antrittsvorlesung von *Armin Kreiner* am 7.12.1995. Sie stand unter dem Titel „Religiosität und Rationalität".
2 *Pollack* (1995) 163.
3 Vgl. insb. ebd., 164f. und 170.

vollziehbar über religiöses Lernen – beispielsweise in Religionsunterricht oder Gemeindekatechese – nachzudenken. Ich denke, es ist gleichermaßen notwendig wie redlich und damit dringend erforderlich, sich selbst und Anderen gegenüber Rede und Antwort zu stehen, worin das unterscheidende Profil und der besondere Wert religiöser Lernprozesse besteht. Wie aber ließe sich die Besonderheit und Eigenart religiösen Lernens anders erhellen, als durch eine einigermaßen klare Bestimmung des Attributes ‚religiös‘? Verweigert man eine Auskunft, was es mit diesem Attribut auf sich hat, besteht die Gefahr, die Aufgabe und das Anliegen, religiöses Lernen zu ermöglichen, in einen Nebel des Unnahbaren zu tunken. Religiöses Lernen würde dann zu einer geheimnisvollen Größe, die sich weder reflektieren noch kritisieren und weder begründen noch nachvollziehbar darstellen ließe. Religionspädagogik aber beabsichtigt genau das Gegenteil. Ihr Ziel besteht darin, religiöse Lernprozesse ins Licht der wahrnehmenden Vernunft zu heben. Und zwar mit der dezidierten Absicht, religiöses Lernen angemessen unterstützen und fördern zu können.

Was also tun? Welcher Weg ist möglich, um weder auf eine nähere Bestimmung des Religiösen zu verzichten noch in der Vielzahl der Religionsdefinitionen ‚unterzugehen‘? Ich will im Folgenden versuchen, eine Art grobe Landkarte zu zeichnen, aus der sichtbar wird, dass es lediglich wenige wesentliche Varianten gibt, wie sich Religion näher bestimmen lässt. Keinesfalls geht es also darum, die Unmenge der einzelnen Religionsdefinitionen detailliert und vollständig darzulegen. Dies wäre weder möglich noch sinnvoll.

Bei näherem Hinsehen lässt sich die Vielzahl der Einzeldefinitionen einer sehr begrenzten Zahl prägnanter Typen zuordnen. Es gibt lediglich einige markante ‚Strickmuster‘, um Religion näher zu bestimmen. Auf diese ‚Strickmuster‘ soll sich im Folgenden das Augenmerk richten. Um eine Annäherung an den schwierigen Begriff der ‚Religion‘ zu bewerkstelligen, werden einige grundlegende Typen der Religionsdefinition dargestellt. Dabei ist auszuloten, inwieweit sie hilfreich und geeignet sind, um zu verstehen, was es mit dem religiösen Lernen auf sich hat.

Exemplarische Definitionen von ‚Religion‘

Um den ‚Dschungel‘ der Religionsdefinitionen etwas zu lichten, findet sich auf der Folgeseite ein ‚Potpourri‘ unterschiedlicher Umschreibungen.[4] Sie spiegeln elementare Typen des Religionsverständnisses. Allesamt kommen sie im weiteren Reflexionsgang ausdrücklich zur Geltung. Bevor besagte Charakterisierungen argumentativ eingebunden werden, kann es hilfreich sein, sie unbefangen zu sichten und eigene Hypothesen zu wagen. Deshalb zunächst die Einladung, die angeführten Definitionen – für sich oder gemeinsam mit Anderen – genauer

---

4 Die nachfolgend angeführten Religionsdefinitionen entstammen folgenden Quellen: (1) *Tillich* (1964) 40; (2) *Schlette* (1963) 1165; (3) *Luhmann* (1982) 26; (4) *Berger* (1988) 26 und 27; (5) *Glock* (1969) 151; (6) *King* (1987) 286; (7) STh II-II 81,5 c.; (8) *Schillebeeckx* (1990) 35 und 126f.

unter die Lupe zu nehmen: Formulieren Sie zu jedem der vier Definitions*paare* eine knappe Überschrift, die (im Gegensatz zu den anderen Umschreibungen) das jeweils Kennzeichnende und Besondere zuspitzt! Anschließend könnten Sie jene *Einzel*definition auswählen, die sich aus Ihrer Sicht am besten eignet, um zu klären, was ‚religiöses Lernen' bedeutet. Notieren Sie auf, welche Argumente gerade für die bevorzugte Definition sprechen …

(1) „Religion ist im weitesten und tiefsten Sinne des Wortes das, was uns unbedingt angeht." (*Paul Tillich*)

(2) „Religion zeigt sich [...] als eine Weise menschlichen Existierens aus der Relation zu einem (nicht noch einmal zu überschreitenden und in diesem Verständnis ‚letzten') Sinn-Grund". „Religion meint einen fundamentalen, das Dasein total prägenden Akt, ein nichts auslassendes Engagement" (*Heinz Robert Schlette*).

(3) „Religion hat [...] für das Gesellschaftssystem die Funktion, die unbestimmbare, weil nach außen (Umwelt) und nach innen (System) hin unabschließbare Welt in eine bestimmbare zu transformieren" (*Niklas Luhmann*).

(4) „Religion ist das Unterfangen des Menschen, einen heiligen Kosmos zu errichten." „Der heilige Kosmos, der den Menschen übergreift und in seine Wirklichkeitsordnung einschließt, bietet ihm so den Schutz des Absoluten vor dem Grauen der Anomie [= Regellosigkeit]. Wer in der ‚richtigen' Beziehung zum heiligen Kosmos lebt, weiß sich geschützt vor dem Nachtmahr des Chaos." (*Peter L. Berger*)

(5) „Wenn wir die verschiedenen uns bekannten Weltreligionen betrachten, wird sofort deutlich, wie sehr sie in ihren religiösen Ausdrucksformen variieren. [...] Trotz derartiger Unterschiede besteht jedoch eine gewisse Übereinstimmung zwischen den Weltreligionen über mehr allgemeine Dimensionen, in denen sich Religiosität ausdrücken sollte. [...] In diesem Sinne [...] unterscheiden wir die Dimension der religiösen Erfahrung (*experiential dimension*), die ritualistische Dimension (*ritualistic dimension*), die ideologische [= bekenntnishafte] Dimension (*ideological dimension*), die intellektuelle Dimension (*intellectual dimension*) und die Dimension der Konsequenzen aus religiösen Überzeugungen (*consequential dimension*)." (*Charles Y. Glock*)

(6) „Religion ist die Gestaltung des Lebens rund um die Tiefendimensionen der Erfahrung – je nach der umgebenden Kultur unterschiedlich in Form, Vollständigkeit und Klarheit." „Wir können ungeachtet dieser Vielfalt bestimmte charakteristische Elemente und Strukturmerkmale unterscheiden, die kennzeichnend religiös sind." (*Winston L. King*)

(7) „Religion ist, was Gott die geschuldete Verehrung verschafft. Zweierlei wird also bei der Religion bedacht: einmal das, was sie Gott darbringt [...], zum anderen aber, wem es verschafft wird, nämlich Gott." (*Thomas von Aquin*)

(8) „Die Religionen sind der Ort, wo Menschen sich ausdrücklich des Heils-
handelns Gottes in der Geschichte bewußt werden." „Unter ‚dem Religiösen'
[...] verstehe ich alles, was [...] Gott selbst zum ausdrücklichen Objekt hat."
(*Edward Schillebeeckx*)

3.1 ‚Religion auf Herbergssuche' oder: Was ist das unterscheidend Religiöse?

Was ist das unterscheidend Religiöse? Und wie lässt es sich begrifflich einigermaßen genau fassen? Ein Auszug aus *Paul Tillichs* Aufsatz „Religion als eine Funktion
des menschlichen Geistes?" vermag die Brisanz dieser Fragen brillant zu veranschaulichen.

Zunächst kurz zu seiner Person: *Tillich* lebte von 1886 bis 1965. Neben dem
Exegeten *Rudolf Bultmann* (1884-1976) und dem Systematiker *Karl Barth*
(1886-1968) war *Tillich* eine der prägenden Gestalten der protestantischen Theologie des 20. Jahrhunderts. Kennzeichnend für *Tillich* ist, dass er gleichermaßen in
der Theologie wie in der Philosophie zu Hause war. In beiden Feldern publizierte
er, in beiden Feldern erlangte er hohe Anerkennung.[5] *Tillich* war in der Lage,
den theologischen und den philosophischen Diskurs auf Höhe der Zeit fruchtbar
aufeinander zu beziehen und miteinander ins Gespräch zu bringen. Zudem war
er ein hochpolitischer Mensch. Er zog die Feindschaft der Nationalsozialisten auf
sich und musste in die Vereinigten Staaten emigrieren.

Wie zu sehen sein wird, markieren *Tillichs* Ausführungen haargenau jenes Problem, das sich im vorliegenden Reflexionsgang stellt. Auch *Tillich* steht vor der
Schwierigkeit, wie sich das Religiöse von anderen Dimensionen der menschlichen
Person abgrenzen lässt. Etliche jener Dimensionen menschlichen Lernens, die im
vorigen Kapitel identifiziert wurden, begegnen in *Tillichs* Text erneut.

> „Aus der geschichtlichen Entwicklung lernen wir, wie die Religion von einer geistigen
> Funktion zur anderen wandert, um eine Heimat zu finden, und wie sie abgewiesen oder
> verschlungen wird.
> So kommt die Religion zur ethischen Funktion und klopft an, überzeugt, daß man sie
> empfangen wird. Sind nicht das Ethische und das Religiöse am nächsten miteinander
> verwandt? Wie kann man die Religion abweisen? Und tatsächlich wird die Religion nicht
> abgewiesen, sondern aufgenommen. Aber man nimmt sie als ‚arme Verwandte' auf, und
> um sich ihre Stelle im Reich des Sittlichen zu verdienen, soll sie der Sittlichkeit dienen.
> Solange sie mithilft, gute Bürger, gute Ehegatten und Kinder, gute Angestellte, Beamte
> und Soldaten zu schaffen, wird sie geduldet. In dem Augenblick aber, in dem die Religi-
> on einen eigenen Anspruch stellt, bringt man sie entweder zum Schweigen oder wirft sie
> als überflüssig oder gefährlich für die Moral hinaus.

---

5 *Theodor W. Adorno* etwa habilitierte Anfang der 1930er Jahre bei *Paul Tillich*.

Wieder hält die Religion Ausschau nach einer Funktion im Geistesleben, und diesmal wird sie von der Funktion des Erkennens angezogen. Die der Religion eigentümliche Art der Erkenntnis – mythologische Phantasie oder mystische Schau – scheint ihr ein Heimatrecht zu verleihen. Wieder wird die Religion aufgenommen, aber sie muß sich der ,reinen Erkenntnis' unterordnen und wird nur für kurze Zeit geduldet. Erstarkt durch den ungeheuren Erfolg der wissenschaftlichen Arbeit, widerruft die ,reine Erkenntnis' bald ihre nur mit halbem Herzen vollzogene Aufnahme der Religion und erklärt, die Religion habe mit der Erkenntnis nichts zu schaffen.

Wiederum ist die Religion im menschlichen Geistesleben ohne Heimat. Sie sucht nach einer anderen Funktion des Geistes, der sie sich anschließen könnte. Sie findet sie in der ästhetischen Funktion. Warum sollte sie nicht innerhalb der künstlerisch-schöpferischen Produktivität des Menschen einen Platz finden? so fragt sich die Religion durch den Mund der Religionsphilosophen. Und durch den Mund vieler Künstler, toter und lebender, antwortet das Reich der Kunst mit einem begeisterten Ja; die Religion wird nicht nur eingeladen sich anzuschließen, sie soll darüber hinaus anerkennen, daß die Kunst Religion sei. Aber jetzt ist es die Religion, die zögert. Ist nicht die Kunst ein Ausdruck der Begegnung des Künstlers mit dem Seienden, während Religion das Seiende verwandeln will? Und lebt nicht alle Kunst im Bild frei von den Zwängen der alltäglich begegnenden Wirklichkeit? Die Religion entsinnt sich ihrer einstigen Beziehungen zum Reich der Ethik und Erkenntnis, zum Guten und Wahren, und sie widersteht der Versuchung, sich in Kunst aufzulösen.

Aber wohin könnte die Religion sich noch wenden? Das ganze Feld des Geisteslebens ist besetzt, und kein Teilgebiet will der Religion einen angemessenen Platz einräumen. So wendet sich die Religion zu dem, was jede Tätigkeit des Menschen und jede Funktion des Geisteslebens begleitet, zu dem, was man Gefühl nennt. Religion als Gefühl – das scheint ihrem Umherirren ein Ende zu setzen. Und dieses Ende wird von all denen beifällig begrüßt, die nicht wünschen, daß sich die Religion in das Reich der Ethik und der Erkenntnis einmischt. Ist die Religion in das Reich des bloßen Gefühls verbannt, dann hört sie auf, dem Denken und Handeln des Menschen gefährlich zu sein. Aber, muß ergänzt werden, sie verliert auch ihren Ernst, ihre Wahrheit und ihren letzten Sinn. In der Atmosphäre der reinen Subjektivität des Gefühls, ohne ein bestimmtes Objekt der Emotion, ohne einen letzten Inhalt geht die Religion zugrunde. Auf die Frage nach der Religion als einer Funktion des menschlichen Geistes ist also auch das keine Antwort."[6]

Tillich schildert eine Art Herbergssuche. Die Religion sucht nach einer Herberge. Wo gehört sie hin? Zunächst sucht sie Heimat in der Ethik, sodann in der kognitiven Erkenntnis. Auf ihrem weiteren Weg versucht sie es bei der Ästhetik und schließlich auch im Emotionalen und Affektiven. Manchmal wird sie hinausgeworfen, ein anderes Mal entscheidet sie sich selbst, zu gehen. Doch immer muss sie feststellen: Die anderen Dimensionen des Menschseins sind ihr zwar keineswegs völlig fremd. Religion hat sogar ungemein viel gemeinsam mit der Kenntnis und Erkenntnis, dem Gefühl und Empfinden, dem sinnlichen Wahrnehmen und Gestalten, dem verantwortlichen Handeln. Und – über *Tillich* hinaus – ist zu

---

6 *Tillich* (1964) 39f.

ergänzen: Religion birgt zudem viele Gemeinsamkeiten mit Körperlichkeit und aktivem Tun einerseits – und mit zwischenmenschlicher Verständigung andererseits. Doch nirgendwo ist sie völlig aufgehoben. Wo gehört sie also hin? Wie lässt sich das Besondere und Unterscheidende der Religion beschreiben?

3.2 Vier Grundtypen der Religionsdefinition

Wie bereits dargelegt, kennt die Frage nach dem unterscheidend Religiösen zahllose Antwortversuche. Nun steht der Versuch an, diese Vielzahl zu systematisieren. Abermals soll eine Grafik als Hilfestellung dienen. Auch nachfolgendes Schaubild besitzt experimentellen Charakter. Es ist ein Versuch, Ordnung herzustellen – nicht mehr und nicht weniger.

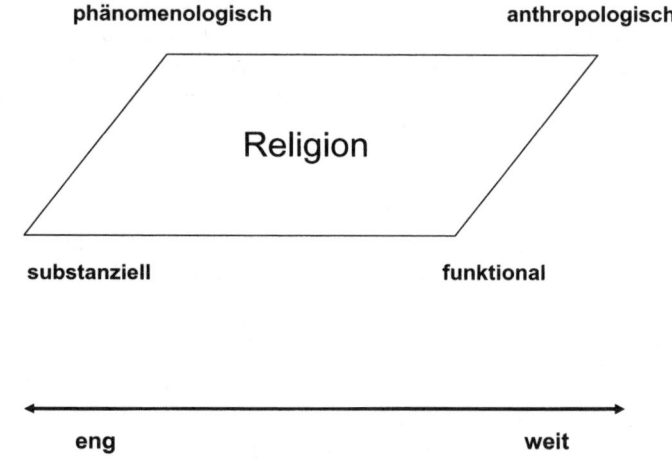

Abb. 6: Vier Grundtypen der Religionsdefinition

Ich unterscheide vier Grundtypen oder ‚Strickmuster' der Religionsdefinition. Sie sind entlang einer Achse angeordnet. Die Achse kennzeichnet die Enge oder Weite des jeweiligen Religionsverständnisses. Grundsätzlich lässt sich zunächst feststellen: Es gibt weite(re) und enge(re) Religionsbegriffe.

Die *weiten* Umschreibungen bieten den Vorzug, dass sie den Blick öffnen für Phänomene, die nicht durch fest geprägte religiöse Traditionen und Institutionen abgedeckt sind. Die weiten Definitionen bergen aber auch die Gefahr der Beliebigkeit. Sehr leicht kann es vorkommen, dass die Gegenstandsbeschreibung so allgemein ausfällt, dass alles Mögliche und Unmögliche als ‚religiös' identifiziert wird. Der Religionsbegriff löst sich dann auf ins Unverbindliche. Diese Gefahr umschreibt der italienische Religionssoziologe *Giancarlo Milanesi* überaus treffend mit der Wendung:

> „Quando tutto è religioso, nulla è religioso."[7]

Der Religionspädagoge *Günter Lange* bringt denselben Gedanken auf die Formulierung:

> „Wenn Religion ‚überall' sein soll, ist sie allzuleicht ‚nirgends'"[8].

Den weiten Religionsverständnissen stehen *enger* gefasste Umschreibungen gegenüber. Diese bieten den Vorzug, dass sich das Religiöse präziser abgrenzen lässt. Zugleich bergen sie aber das Risiko, sich bei der Eingrenzung des Religiösen auf Allzubekanntes zu beschränken. Die enger gefassten Definitionen müssen sich die Anfrage gefallen lassen, ob sie den Blick über den ‚Tellerrand' der klassischen Religionen ermöglichen. Würde der Religionsbegriff so eng gefasst, dass Neuerungen und Wandlungen des Religiösen von vornherein ausgeblendet werden, so taugt er nicht als Erkenntnisinstrument.

Die vier Grundtypen der Religionsdefinition, die in der Grafik markiert sind, sind nun je für sich zu charakterisieren und in ihrer religionspädagogischen Produktivität zu würdigen. Die Darlegung wird bei den weiter gefassten Religionsverständnissen einsetzen und schrittweise zu den engeren Definitionen voranschreiten.

3.3 Religion als grundmenschliches Potenzial: Anthropologische Definitionen

Das Wort ‚anthropologisch' lässt sich zurückführen auf zwei griechische Substantive, nämlich auf *ánthropos* = *Mensch* und *lógos* = *Wort, Lehre*. ‚Anthropologie' ist die wissenschaftliche Reflexion über die Frage, was den Menschen zum Menschen macht und als Menschen ausmacht.

Anthropologische Religionsdefinitionen beschreiben Religion in einem sehr weiten Sinne als ein allgemein menschliches, als ‚grundmenschliches' Phänomen. Religion wird hier betrachtet als ein elementarer Wesenszug des Menschen.

Aus anthropologischem Blickwinkel gehört Religion sozusagen zur unzerstörbaren Grundausstattung des Menschen. Man könnte sagen, Religion wird hier ontologisiert (von griech. *ón* = *das Seiende*).[9] Das bedeutet, Religion wird dem Seinskern des Menschen zugerechnet. Dieser gilt „von Natur aus [als] religiös"[10] (*Wolfhart*

---

7 *Giancarlo Milanesi* nach *Simon* (1978) 15.
8 *Lange* (1974) 735.
9 Vgl. insb. *Feifel* (1973) 39f., 44 und 46.
10 *Pannenberg* (1986) 23.

Pannenberg) oder sogar als „unheilbar religiös"[11] (*Helmut Thielicke*). Und zwar losgelöst davon, ob die konkrete Einzelperson solches will oder nicht. Und auch unabhängig davon, ob es der konkreten Einzelperson bewusst ist oder nicht. Das anthropologische Verständnis von Religion prägte die Religionspädagogik vor allem in den 1960er und 1970er Jahren.[12] Dies war die Zeit eines massiven Umbruchs gleichermaßen in der Theologie wie auch in der Religionspädagogik. Zur Bezeichnung dieses Umbruchs hat sich der Begriff ‚anthropologische Wende' eingebürgert. ‚Anthropologische Wende' meint eine doppelte Bewegung, nämlich eine Ab-Wendung und eine Hin-Wendung. Theologie und Religionspädagogik wendeten sich ab von vermeintlich ewigen Wahrheiten. Und sie wendeten sich hin zu den geschichtlichen Menschen, ohne die jegliche Wahrheit ortlos und damit unsinnig bleibt. Religionspädagogisch verdanken wir dieser Umbruchszeit der 1960er und 1970er Jahre maßgebliche Konzepte und Dokumente, die bis heute nachwirken.

Anthropologische Definitionen beschreiben Religion als einen Wesenszug des Menschseins. Dabei gehen sie stets nach einem vergleichbaren Argumentationsmuster vor. Zunächst identifizieren sie ein grundlegendes Wesensmerkmal des Menschen. Sodann belegen sie ebendieses Merkmal mit der Bezeichnung ‚religiös'. Drei Wesensmerkmale des Menschen werden bevorzugt als ‚religiös' tituliert[13]:

• der Mensch als Wesen der Transzendenz, das sich selbst und seinen eigenen Horizont beständig überschreitet;
• der Mensch als Wesen der Sinnsuche und Sinnfindung, das nach letzten Gründen und Begründungen ausgreift;
• der Mensch als Wesen unbedingter Betroffenheit, das bis zur Tiefe der eigenen Existenz vorzudringen vermag.

Transzendenz, Sinn, existenzielle Unbedingtheit. Je nachdem, welches dieser Merkmale ins Zentrum gerückt wird, wird die Religionsdefinition anders ausbuchstabiert. Zwei solcher anthropologischer Religionsdefinitionen sollen exemplarisch vorgestellt werden. Die erste stammt vom bereits erwähnten *Paul Tillich*. Sie lautet:

„Religion ist im weitesten und tiefsten Sinne des Wortes das, was uns unbedingt angeht."[14]

Religion als das, was uns in allem „unbedingt angeht". Immer und immer wieder findet sich diese Definition in der religionspädagogischen Literatur, zumeist sogar ohne Verfasserangabe. Die Umschreibung *Tillichs* wurde in der Religionspädagogik zur mit Abstand populärsten Formulierung eines weiten, anthropologischen und existenziellen Religionsverständnisses.

---

11 *Thielicke* (1978) 447; vgl. a. *King* (1987) 292.
12 Vgl. insb. *Feifel* (1973) 39f., 44 und 46; *Fox* (1979) 293; *Esser* (1993) 306.
13 Die nachfolgend angeführten drei Varianten, ‚Religion' ontologisierend zu bestimmen, werden eingehender und kritisch erörtert in *Porzelt* (1999) 39-43.
14 *Tillich* (1964) 40 [Kursiv im Original].

Religion wird hier verstanden als existenzielle „Tiefendimension"[15] des Menschseins. Religion ist somit ein Phänomen, das – zumindest der Möglichkeit nach – sämtliche Menschen betrifft. Für die katholische Religionspädagogik der 1960er und 1970er Jahre bot die *Tillichsche* Formel von dem, was uns in allem „unbedingt angeht", einen willkommenen Ankerpunkt. Schließlich war es dringend nötig, einen Religionsunterricht zu entwerfen, der sich in zweifacher Hinsicht öffnet. Nämlich nach außen hin auf Schüler/innen, die sich selbst kaum noch als Christ/innen verstehen. Und nach innen hin zu Themen, die weit über kirchliche Traditionen aus Bibel und Dogmatik hinausreichen. Ein weites, anthropologisches Religionsverständnis wurde zur Begründung herangezogen, um einen weiten, offenen Religionsunterricht zu prägen. Einen Unterricht also, der nicht vorrangig kirchliche Lehre weitergeben will, sondern die allgemeine Religiosität der Schüler/innen zu stärken und zu kultivieren beabsichtigt.

Vor diesem Hintergrund gelangte die Umschreibung von Religion als das, was „unbedingt angeht", auch und sogar in das bis heute maßgebliche Dokument der katholischen Kirche in Deutschland zum Religionsunterricht, den *Synodenbeschluss zum Religionsunterricht* von 1974. Dort heißt es:

> „Die ganze Tagesordnung der Welt kann [...] ‚unbedingt angehen' und bedingungslos herausfordern. Die ‚religiöse' Dimension solcher Situationen und Erfahrungen ausklammern hieße den Menschen verkümmern lassen. Will die Schule den ganzen Menschen fördern, so muß sie alle bedeutsamen menschlichen Erfahrungen zur Sprache bringen, also auch und vor allem die Grund- und Grenzsituationen des menschlichen Lebens. Nur dadurch kann der Schüler instandgesetzt werden, sein ganzes Leben zu bewältigen, die Veränderbarkeit vieler Mängel und Mißstände zu erkennen und das wirklich Unabänderliche anzunehmen, als Schicksal oder als Geschenk."[16]

In der religionspädagogischen *Tillich*-Rezeption wurde freilich in der Regel übersehen, dass dieser nicht nur und ausschließlich einen weiten Begriff von Religion vertritt. Immer wieder betont *Tillich*, dass Religion auch und wesentlich in einem „engeren [...] Sinne des Wortes"[17] zur Geltung kommt.[18] Nämlich „als eine besondere Sphäre neben anderen"[19] – als konkret fassbare und erlebbare „Religionen der Völker in ihrem Werden und Wandel, in ihren Symbolen und Kulturen"[20]. Treffend bringt *Tillich* diesen Doppelcharakter der Religion in folgender Reflexion zum Ausdruck:

---

15 Ebd.
16 *Gemeinsame Synode* (1976) 134.
17 *Tillich* (1964) 41.
18 Vgl. insb. *Fox* (1979) 295f. und 303.
19 *Tillich* (1964) 41.
20 *Ders.* (1967) 113.

„Wir können zwei Begriffe der Religion unterscheiden, einen weiteren und einen engeren. Religion im weiteren Sinne erscheint als Dimension des Unbedingten in den verschiedenen Funktionen des menschlichen Geistes. Sie ist – metaphorisch gesprochen – die Dimension der Tiefe, der unausschöpflichen Tiefe des Seins, die in diesen Funktionen indirekt erscheint. Direkt begegnen wir in diesen Bereichen etwas anderem, etwa der Wahrheit, dem moralischen Imperativ, der Gerechtigkeit oder der ästhetischen Ausdruckskraft. In diesen allen ist das Heilige gegenwärtig, aber indirekt, es ist im Profanen verborgen und wird durch die Strukturen des Profanen als heilig erfahren. Religion auf dieser Grundlage und in diesem universalen Sinn kann bezeichnet werden als das Ergriffensein von einem Unbedingten, das sich in verschiedenen Formen manifestiert. Diese Definition trifft auch auf den engeren Begriff der Religion zu. In ihr ist jedoch die Erfahrung des Heiligen eine direkte. Ich habe sie gewöhnlich als die Erfahrung des Heiligen in einer besonderen Verkörperung seiner selbst beschrieben, wie einem heiligen Ort oder einer heiligen Zeit, einer heiligen Person oder einem heiligen Buch, Bild oder Sakrament. Diese direkte Begegnung mit dem Heiligen findet meist innerhalb einer heiligen Gemeinschaft statt, die im Abendland durch eine Kirche, einen Orden oder eine religiöse Bewegung vertreten ist. Sie drückt den besonderen Charakter ihrer Erfahrung des Heiligen in gewissen Symbolen aus, in Bildern, im Kult und in Regeln für das moralische und soziale Leben der Gruppe. Dies ist Religion im engeren und traditionellen Sinn."[21]

Als Beispiel eines weiten, anthropologischen Verständnisses von Religion kann selbstverständlich nur die erste ‚Spielart' der *Tillichschen* Doppeldefinition dienen – nämlich die Bestimmung von Religion als „das, was uns unbedingt angeht"[22]. Die zweite ‚Spielart', die konkrete und spezifische Ausdrucksformen in den Blick nimmt, müsste dagegen unter die Rubrik der phänomenologischen Umschreibungen gefasst werden. Von ihnen wird noch die Rede sein.
Als zweites Beispiel für ein anthropologisches Religionsverständnis soll eine Definition des Religionsphilosophen *Heinz Robert Schlette* betrachtet werden. Sie lautet:

„Religion zeigt sich [...] als eine Weise menschlichen Existierens aus der Relation zu einem (nicht noch einmal zu überschreitenden und in diesem Verständnis ‚letzten') Sinn-Grund"[23].

Präzisierend fügt *Schlette* hinzu:

„Religion meint einen fundamentalen, das Dasein total prägenden Akt, ein nichts auslassendes Engagement"[24].

Wiederum wird erkennbar: Hier wird das Wort ‚Religion' auf einen grundsätzlichen Wesenszug der menschlichen Existenz gemünzt. Der Akzent ist dabei

---

21 *Ders.* (1996) 208.
22 *Ders.* (1964) 40.
23 *Schlette* (1963) 1165.
24 Ebd.

nur leicht anders gesetzt als bei *Tillich*. Erneut geht es um ein Unbedingtes und Letztes, dem sich der Mensch subjektiv verpflichtet fühlt. Allerdings bleibt dieser unbedingte Bezugspunkt nicht so unbestimmt wie bei *Tillich*. Er wird durch die Vokabel „Sinn-Grund" etwas genauer umrissen. Der Mensch wird in den Blick genommen als ein Wesen, das nach letztem Sinn sucht und solch letzten Sinn zu erfahren vermag. Als ein Wesen, das sich weder mit vorläufigen noch mit vorletzten Antworten zufrieden gibt. Der Mensch strebt nach einer Plausibilität, die sein ganzes Dasein umfasst.

Auch der Religionsbegriff von *Schlette* greift weit über das hinaus, was wir im positiven Sinne Religion zu nennen gewohnt wird. Wiederum wird jedem, wirklich jedem Menschen – zumindest der Möglichkeit nach – Religion zugeschrieben. Solche Verankerung in einem letzten Sinngrund kann sich zwar durchaus im Modus einer vorgeprägten Weltreligion ereignen – mit ihren besonderen Inhalten, Praktiken und Symbolen. Ebenso kann sich das „Existieren aus einem als ‚absolut' oder ‚unbedingt' geltend erfahrenen und angenommenen Sinn-Grund"[25] aber auch jenseits und außerhalb einer klassischen Religion vollziehen.

Wie bei *Tillich* auch bleibt es prinzipiell offen, wie der Bezugspunkt des Menschen inhaltlich gefasst wird. Um von ‚Religion' zu sprechen, kommt es einzig und allein auf die subjektive Qualität der Relation an. Im Klartext: Auch der geliebte Fußballclub oder die vergötterte Partnerin, eine politische Ideologie oder das Streben nach materiellem Erfolg kann diesem Verständnis zufolge als ‚Religion' bezeichnet werden.

Worin liegen nun der Nutzen und die Grenzen des anthropologischen Religionsbegriffs? Zugegebenermaßen tue ich mich nicht leicht mit diesem Grundtypus der Religionsdefinition. Gerade deswegen will ich versuchen, ein faires Resümee zu ziehen.

Die Stärke des anthropologischen Religionsverständnisses besteht darin, dass es den außerordentlichen Charakter und die besondere Qualität religiöser Vollzüge zu umschreiben sucht. Anders gesagt: Der anthropologische Religionsbegriff beleuchtet den existenziellen ‚Wurzelgrund' des Religiösen. Religion ist demnach nicht bloß irgendein Lebensvollzug neben anderen, sondern ein Lebensvollzug, der den Menschen in besonderer Weise, nämlich voll und ganz in Beschlag nimmt. Religiös ist der Mensch da, wo das Ganze auf dem Spiel steht – das Ganze der eigenen Welt, der eigenen Geschichte, der eigenen Identität. Religion ist gegeben, wo der Mensch sich selbst in einem letzten Grund verankert.

Aus anthropologischer Perspektive erscheint Religion als grundlegende Möglichkeit des Menschseins. Dies aber hat zur Folge, dass der entsprechende Religionsbegriff überaus unkonkret und unspezifisch bleibt. Diese Unbestimmtheit ist die große Schwäche des anthropologischen Religionsverständnisses. Wie ist der letzte Bezugspunkt des Menschen inhaltlich auszubuchstabieren? Welchen konkreten

---

25 Ebd.

Praktiken und Ausdrucksformen bedient sich der Mensch bei seinem Letztbezug? Worin sich der Mensch verankert und auf welche Weise er dies tut, bleibt völlig offen.

Der anthropologische Religionsbegriff alleine genügt somit keinesfalls, um eine sinnvolle und tragfähige Konzeption religiösen Lernens zu erarbeiten. Ihm fehlt es an inhaltlicher Trennschärfe und an empirischer Genauigkeit. Wenn alles und jedes, worin sich Menschen existenziell verankern, als ‚Religion‘ bezeichnet wird, dann wird ‚Religion‘ zum Allerweltsbegriff. Ein solcher liefert aber keine hinreichend klaren Kriterien und Bezugspunkte für spezifische Lernprozesse.

Die Problematik eines ausschließlich anthropologischen Religionsbegriffs wird besonders gut sichtbar, wenn man näher betrachtet, wie er mit den geschichtlich gewachsenen Religionen einerseits und mit weltlichen Sinndeutungen andererseits umgeht. Beide ‚Spielarten‘ des subjektiven Letztbezuges werden nämlich in einen Topf geworfen. Das entscheidende Kriterium, um menschliche Vollzüge als ‚religiös‘ zu identifizieren, ist schließlich deren Intensität und Radikalität. Damit bleibt aber gänzlich unberücksichtigt, ob und inwieweit die Betroffenen selbst ihren eigenen Letztbezug als religiös definieren. Phänomene wie Fankult, Starkult oder Erfolgskult, die von den Betroffenen niemals auch nur entfernt als religiös verstanden würden, werden mit Sinndeutungen gleichgestellt, die von den Betroffenen seit jeher ausdrücklich als religiös erfahren wurden. Die Folge ist somit einerseits, dass weltliche Letztbezüge religiös vereinnahmt werden – gemäß dem Muster: ‚Du bist religiös, obwohl Du selbst dies bestreitest!‘ Andererseits kommt es dazu, dass die Eigenart der überlieferten Religionen eingeebnet wird – gemäß dem Motto: ‚Ihr seid letztlich auch nichts anderes als weltliche Sinndeutungen!‘ *Detlef Pollack* bringt diese Problematik auf den Punkt, indem er schreibt:

> „Den Rang einer absoluten Größe kann für den einzelnen Menschen praktisch jeder Gegenstand einnehmen: Gott, die Kirche oder die Bibel ebenso wie ein geliebter Mensch, Besitz, Genuß oder Arbeit. Aber nicht jeder Gegenstand mit subjektiv empfundenen Unbedingtheitscharakter erfährt auch religiöse Verehrung."[26]

3.4 Religion als Mittel zum Zweck: Funktionale Definitionen

Zu einem zweiten Typus, wie sich ‚Religion‘ bestimmen lässt, nämlich zu den funktionalen Umschreibungen. Deren Platzierung entlang der Achse auf der Überblicksgrafik (Abb. 6) lässt erkennen: Auch die funktionalen Religionsdefinitionen sind sehr weit und offen gefasst. Allerdings fallen sie etwas präziser aus als jene des anthropologischen ‚Strickmusters‘, die zuvor betrachtet wurden.

---

26 *Pollack* (1995) 172.

Was ist das Besondere der funktionalen Religionsdefinitionen? Wie der Name sagt, heben sie ab auf Funktionen oder Leistungen. Und zwar auf jene Funktionen oder Leistungen, welche die Religion für die Einzelperson oder die Gesellschaft erbringt. Im Mittelpunkt steht die Frage, wofür Religion nützlich ist. *Detlef Pollack* fasst diese ‚innere Logik' des funktionalen Religionsverständnisses präzise zusammen:

> „Die funktionale Methode bezieht Religion auf ein *Problem*, das mit ihr gelöst ist, zum Beispiel auf das Problem des gesellschaftlichen Zusammenhalts, und bestimmt die Leistung, die die Religion zur Lösung dieses Problems erbringt."[27]

Dass sich der funktionale Ansatz auf individuelle wie kollektive Leistungen von Religion konzentriert, stellt der evangelische Religionspädagoge *Karl Ernst Nipkow* heraus:

> „Funktionalisierung heißt, den Glauben an Gott und die Rede von Gott unter dem Gesichtspunkt zu betrachten, was sie psychisch und gesellschaftlich leisten."[28]

Für zwei wissenschaftliche Disziplinen liegt es besonders nahe, die psychischen und sozialen Leistungen der Religion in den Blick zu rücken. Nämlich einerseits für die Religionspsychologie, die sich der intrapersonalen Entstehung und Rolle des Religiösen widmet. Und andererseits für die Religionssoziologie, die die gesellschaftliche Genese und Bedeutung von Religion untersucht. Im deutschen Sprachraum behauptet sich die Religionssoziologie seit Jahrzehnten als einflussreichste Humanwissenschaft mit Blick auf religiöse Phänomene. Für sie spielen funktionale Definitionen eine entscheidende Rolle. Es ist somit kein Zufall, dass beide Beispiele, die im Folgenden für das funktionale Religionsverständnis stehen, von Soziologen stammen.

Das erste Exempel stammt von *Niklas Luhmann*. Geboren 1927 und gestorben 1998 war er wahrhaft ein soziologischer Titan. Erst über Umwege ‚landete' er in der akademischen Soziologie, um schließlich eine höchst eigenständige und originelle Denkrichtung dieser Wissenschaft zu prägen, nämlich die – so bezeichnete – Systemtheorie. Seine systemtheoretischen Grundannahmen vermochte *Luhmann* für unterschiedlichste Teilbereiche und Themen der Soziologie fruchtbar zu machen – auch und besonders für die Religionssoziologie. Wer sich seine inhaltliche Originalität und Produktivität zu Gemüte führen will, stößt allerdings – wie bei anderen außergewöhnlichen Denkern auch[29] – auf einen zunächst nur schwer nachvollziehbaren Sprach- und Denkstil. In einer beinahe schon klassischen Um-

---

27 Ebd., 178.
28 *Nipkow* (1987) 244.
29 Man denke etwa an *Karl Rahner* (1904-1984), den herausragenden Erneuerer der katholischen Theologie im 20. Jahrhundert. Sein „Grundkurs des Glaubens" (*ders.* 1976) bspw. ist hochverdichtete theologische Kost und als „Einführung" (Untertitel) in die Theologie nahezu ungeeignet. Am besten erschließt sich *Rahners* Denken über dessen zahllose Gelegenheitsschriften.

schreibung definiert *Luhmann* ‚Religion' mit folgenden Worten:

> „Religion hat [...] für das Gesellschaftssystem die Funktion, die unbestimmbare, weil nach außen (Umwelt) und nach innen (System) hin unabschließbare Welt in eine bestimmbare zu transformieren"[30].

Ins Auge fällt sofort das Schlüsselwort „Funktion". Religion wird also umschrieben mit Blick auf eine spezifische Leistung, die sie erbringt. Wer profitiert von dieser Leistung? Wie unter soziologischer Perspektive nicht anders zu erwarten: „das Gesellschaftssystem". Worin besteht schließlich die besondere Leistung der Religion? In einer ‚Transformation', anders gesprochen einer Umwandlung. Um diese Transformation, welche *Luhmann* zufolge die besondere Leistung der Religion darstellt, näher zu umschreiben, gilt es, etwas weiter auszuholen.

Luhmann zufolge besteht das Problem, dem sich die Religion widmet, darin, dass die Gesellschaft als Ganze, die Teilsysteme der Gesellschaft und schließlich auch die Individuen beständig mit ‚Unbestimmtheit' konfrontiert sind. Einfacher gesagt: Ob wir es wollen oder nicht, wir müssen im Wandel der Zeiten handeln und entscheiden, ohne auch nur annähernd vollständig über die Bedingungen und Folgen unseres Handelns und Entscheidens Bescheid zu wissen!

Die besondere Leistung der Religion besteht nun für *Luhmann* darin, die beständige Unbestimmtheit, mit der wir leben müssen, kommunizierbar und handhabbar zu machen. Religion kann die Unbestimmtheit, die uns umgibt, zwar nicht auslöschen oder beseitigen. Religion vermag uns aber Vokabeln, Formeln und Praktiken an die Hand zu geben, welche die Unbestimmtheit der Wirklichkeit als erträglich, bearbeitbar und sinnvoll erscheinen lassen. Religion vermag somit – im Originalton *Luhmanns* – „die unbestimmbare [...] Welt in eine bestimmbare zu transformieren".

Das Problem, dessen Lösung *Luhmann* der Religion zuspricht, lässt sich in einem einzigen Wort zuspitzen. Dieses Wort kommt immer wieder ins Spiel, wenn Religion funktional umschrieben wird. Es lautet ‚Kontingenz'.

Das Substantiv ‚Kontingenz' lässt sich herleiten vom lateinischen Verbum *contingere = sich ereignen, zukommen*. ‚Kontingenz' bezeichnet also die auf uns ‚zukommende' Zufälligkeit des menschlichen Lebens. Kontingent ist all das, was uns ohne erkennbare Notwendigkeit begegnet. Formaler ausgedrückt:

> „Der Titel Kontingenz bezeichnet [...] etwas Wirkliches (einschließlich wirklich Möglichem), sofern es auch anders möglich ist."[31]

Die Pointe dieser Definition besteht in den drei Worten „auch anders möglich". Vieles, was Menschen begegnet, ist wie es ist, wäre aber auch anders möglich. Etwas komplizierter wird dieser Gedanke in der klassischen Definition des Kontin-

---

30 *Luhmann* (1982) 26.
31 Ebd., 187.

genzbegriffs zum Ausdruck gebracht. Sie stammt vom griechischen Philosophen *Aristoteles* (384-322 v.Chr.):

> Kontingenz bezeichnet den Fall, „dass etwas möglich ist zu sein, aber nicht ist, und daß etwas möglich ist, nicht zu sein, und doch ist"[32].

Beständig sind wir in unserem Leben mit kontingenten Sachverhalten konfrontiert: Warum bin ich diese Person und niemand anders? Warum bin ich in diese Zeit, Kultur und Familie hineingeboren? Warum bin ich diesen und keinen anderen Personen und Ereignissen begegnet, die mich geprägt haben? Warum habe ich diesen und keinen anderen Partner kennen- und liebengelernt? Warum erleide ich diese und jene Krankheit? Warum sterbe ich aus diesem und jenem Grund zu diesem bestimmten Zeitpunkt?

All die genannten Tatbestände sind keineswegs zwingend notwendig. Und dennoch müssen wir mit ihnen leben. Ihre Liste ließe sich unendlich fortsetzen. Beständig begegnen wir Umständen und Ereignissen, die zwar so sind, wie sie sind, die aber auch anders hätten eintreffen können. Die besondere Leistung der Religion besteht – *Luhmann* zufolge – darin, solche Kontingenz lebenspraktisch bewältigbar zu machen.

Dass Religion dazu verhilft, Kontingenz zu bewältigen, ist natürlich keineswegs die einzige Funktionszuweisung, die gängig und denkbar ist. Auch andere Funktionsbestimmungen werden wissenschaftlich diskutiert und vertreten. Nichtsdestoweniger steht die Kontingenzbewältigung derzeit in der ‚Hitliste' der funktionalen Zuschreibungen unangefochten an erster Stelle. Nicht nur *Niklas Luhmann* vertritt diese Konzeption, sondern auch zahlreiche und namhafte weitere Religionstheoretiker aus unterschiedlichsten Disziplinen.[33] Dabei ist besonders auf den Philosophen *Hermann Lübbe* hinzuweisen, der Religion glasklar als „Kontingenzbewältigungspraxis'"[34] ausweist.

Auch das zweite Exempel einer funktionalistischen Religionsdefinition zielt in eine ähnliche Richtung. Es stammt von *Peter L. Berger*, einem amerikanischen Soziologen. Ganz im Gegensatz zu *Luhmann* versteht es *Berger*, tiefgründige Gedanken auch in kurzweiliger Sprache darzubieten.[35] Seine Umschreibung von ‚Religion' lautet:

---

32 *Aristoteles* nach *Pollack* (1995) 184.

33 Vgl. insb. die Verweise in *van der Ven* (1994) 20 sowie in *Pollack* (1995) 184.

34 *Lübbe* (1986), 149, 150 und 160. Präzisierend stellt *Lübbe* heraus, dass Religion keine x-beliebigen Zufälle fokussiere, sondern jene letzte, „absolute Kontingenz unseres Daseins" (ebd., 156), die sich zwar jedem verändernden Handeln prinzipiell entzieht (ebd., 160ff.), wohl aber in Freiheit respektiert werden will (ebd., 166ff.). Kurz gefasst ist Religion für *Lübbe* „Kontingenzbewältigung durch Anerkennung unserer schlechthinnigen Abhängigkeiten'" (ebd., 174).

35 Wer eine Einführung in die Soziologie lesen will, die nicht im Theoriechinesisch erstickt, dem sei wärmstens ein Buch empfohlen, das *Peter L. Berger* gemeinsam mit seiner Frau *Brigitte Berger* verfasst hat (*dies.* (1981)). Der Titel lautet „Wir und die Gesellschaft". Obwohl vor fast vierzig Jahren erstmals erschienen, ist es nach wie vor höchst lesenswert.

„Religion ist das Unterfangen des Menschen, einen heiligen Kosmos zu errichten."[36]
„Der heilige Kosmos, der den Menschen übergreift und in seine Wirklichkeitsordnung einschließt, bietet ihm so den Schutz des Absoluten vor dem Grauen der Anomie [= Regellosigkeit]. Wer in der ,richtigen' Beziehung zum heiligen Kosmos lebt, weiß sich geschützt vor dem Nachtmahr des Chaos."[37]

Wiederum wird Religion über eine Leistung bestimmt, welche sie für die Menschen erbringt: Sie gewährleistet Ordnung und Verlässlichkeit in einem Meer an Unordnung und Unverlässlichkeit. *Berger* bewegt sich hier auf der Argumentationslinie eines der ,Urväter' der Soziologie, nämlich von *Emile Durkheim* (1858-1917). Schon *Durkheim* verstand Religion als eine „umfassende Wirklichkeitsanschauung"[38]. Als solche liefert sie einen verbindlichen und verlässlichen Bezugsrahmen, der individuelles und gemeinsames Handeln erst möglich macht. Religion verkörpert und verbürgt sozusagen eine letzte Ordnung. So sorgt sie für Sinnhaftigkeit und Kalkulierbarkeit menschlichen Lebens und Handelns.

Berger belässt es im vorgelegten Zitat allerdings nicht dabei, Religion einzig und allein über deren Funktion zu bestimmen. Indem er Religion als „heiligen Kosmos" – oder im englischen Originaltitel seines entsprechenden Werkes als „heiligen Baldachin" („sacred canopy") – umschreibt, bringt er über die Leistungen der Religion hinaus auch inhaltliche Gesichtspunkte ins Spiel. Der dazu verwendete Begriff des ,Heiligen' bleibt zwar immer noch recht vage.[39] Das Wort signalisiert aber immerhin deutlich, dass keineswegs jedwede Weltanschauung als Religion angesehen werden kann, sofern sie nur die Funktion erfüllt, verlässliches Handeln zu ermöglichen.

Bergers Definition bringt also nicht nur das funktionale Moment der Religion zur Geltung, welches an dieser Stelle des Buches fokussiert wird. Zumindest schemenhaft wird auch ein inhaltliches, ein substanzielles Moment greifbar.[40] Von der Eigenart substanzieller Religionsdefinitionen wird später noch die Rede sein.

Mit den Definitionen von *Luhmann* und *Berger* wurden zwei Beispiele präsentiert, wie sich Religion charakterisieren lässt, indem eine besondere Funktion in den Vordergrund gestellt wird. Ebenfalls denkbar ist es aber, Religion in der Weise funktional zu bestimmen, dass man gleich ein ganzes Bündel an Leistungen benennt. Ein bekanntes Beispiel für eine solche mehrfunktionale Bestimmung von Religion stammt vom Religionssoziologen *Franz-Xaver Kaufmann*. Er begnügt sich nicht damit, eine einzige Leistung von Religion herauszuheben, vielmehr benennt er gleich sechs Funktionen. Die Bezeichnung ,Religion' ist aus seiner Sicht

---

36 *Berger* (1988) 26 mit Bezug auf *Rudolf Otto* und *Mircea Eliade*.
37 Ebd., 27.
38 *Berger/Berger* (1981) 256, 257 und 260 mit Bezug auf *Emile Durkheim*.
39 Die Vagheit des Heiligkeitsbegriffs wird deutlich markiert in *Schlette* (1963) 1165 sowie *Pollack* (1995) 169.
40 *Berger* selbst kategorisiert die eigene Umschreibung der Religion als ,heiligen Kosmos' unzweideutig als „substantiale Definition" (*ders.* (1988) 166; vgl. a. ebd., 168)!

umso berechtigter, je mehr dieser Leistungen abgedeckt werden.[41] Im Einzelnen führt *Kaufmann* die folgenden Funktionen an:

1. *„Identitätsstiftung"* (85): Religion liefert den Einzelpersonen Hilfestellungen, sich als stabiles Ich zu verstehen – beispielsweise indem sie dazu beiträgt, mit Ängsten und Gefühlen umzugehen.
2. *„Handlungsführung im Außeralltäglichen"* (84): Religion gibt dem Handeln gerade in solchen Situationen eine Orientierung, die aus dem Alltag herausfallen und nicht durch Routinen und Gewohnheiten zu meistern sind.
3. *„Kontingenzbewältigung"* (85): Auf diese Funktion der Religion wurde ja bereits in Zusammenhang mit *Luhmann* näher eingegangen.
4. *„Sozialintegration"* (85): Religion dient als verbindender ‚Kitt' für Gemeinschaften und Gesellschaften, indem sie bestehende Ordnungen legitimiert.
5. *„Kosmisierung"* (85): Wie schon *Bergers* Definition erkennen ließ, vermag Religion einen letzten Deutungshorizont bereitzustellen, „der die Möglichkeit von Sinnlosigkeit und Chaos ausschließt." (85)
6. *„Weltdistanzierung"* (85): Schließlich und endlich ermöglicht Religion auch Abstand, Widerstand und Protest gegenüber bestehenden Ordnungen und Gemeinschaften. Dieser Aspekt wird zwar in der Religionssoziologie oft vernachlässigt, für die prophetischen Traditionen ist er jedoch entscheidend.

Nach dem Streifzug durch unterschiedliche funktionale Religionsdefinitionen steht nun die entscheidende Frage zu klären, was das funktionale ‚Strickmuster', Religion zu verstehen, für ein Konzept religiösen Lernens hergibt. Wo liegen die Vorzüge, aber auch die Klippen des funktionalen Religionsbegriffs – gerade mit Blick auf das religiöse Lernen?

Zunächst ist der funktionale Ansatz grundsätzlich einzuordnen. Wird er der Religion und den Religionen gerecht? Ja und nein könnte man sagen. Ja, insofern der Religion und den Religionen zweifellos ein funktionales Element innewohnt. Und nein, insofern sich Religion und Religionen keinesfalls auf ihren funktionalen Aspekt reduzieren lassen.

Die Feststellung, dass Religion gewisse Leistungen für die Einzelnen wie für die Gemeinschaft erbringt, ist wohl angesichts der betrachteten Funktionsbeschreibungen nicht zu leugnen. Zweifellos vermag Religion individuellen und sozialen Nutzen zu stiften. Aber erschöpft sie sich in diesem Nutzen? Ich bezweifle dies aus mehreren Gründen.

Zum einen ist zu beachten und zu bedenken, dass Religion nicht nur förderliche, sondern auch schädliche Auswirkungen entfalten kann. Man denke nur an lähmende, knechtende und neurotisierende Gottesbilder. Oder an geschichtliche Ausformungen von Religion, in denen Gewalt, Unterdrückung und Diskrimini-

---

41 Vgl. *Kaufmann* (1989) 88. In nachfolgender Auflistung angeführte Seitenzahlen verweisen auf diesen Aufsatz.

rung geschürt, stabilisiert und verherrlicht wurden. *Paul Tillich* hat diese „Doppelwirkung der Religion"[42] treffend umschrieben:

> „Religion kann [...] der Entmenschlichung ebenso dienen wie der Rettung des Menschlichen."[43]

Ein zweiter Einwurf: Es wäre zwar – wie schon gesagt – abwegig, die Tatsache zu leugnen, dass die Religion für die Einzelnen wie für die Gesellschaft gewisse problemlösende Leistungen erbringt. Ebenso gilt es aber darauf hinzuweisen, dass Religion ganz wesentlich auch zweckfreie Momente beinhaltet. Der niederländische Theologe *Johannes A. van der Ven* ruft diesen funktionsfreien Kern der Religion sehr anschaulich ins Bewusstsein:

> „Betrachtet man die Religion anhand ihres Höhepunktes, dem Gebet, dann hat Religion keine Funktion. Es dient zu nichts. Beten ist ein Akt von Leerheit, es ist ‚verschwendete Zeit', es verweist auf Gott selbst, der ‚nicht in Kategorien wie nützlich oder nutzlos zu fassen ist', wie [*Gustavo*] *Gutiérrez* sagt. Gott ist nicht nötig, er fällt nicht unter die Kategorie von Bedürfnis, sondern von Verlangen. Gott ist reine Gratuität [= Grundlosigkeit, Freiwilligkeit]. So sagt [*Edward*] *Schillebeeckx*: ‚So wie wenn jemand uns einen Blumenstrauß gibt, und wir aufrecht antworten: ‚Das wäre nicht nötig gewesen'; und doch ist das der echte Überfluß des Lebens.' Diese Gratuität ist übrigens nicht auf die Religion beschränkt. Man fragt doch auch nicht, warum jemand an einem schönen Sommerabend ein kühles Glas weißen Bordeaux trinkt, ein Tennismatch macht, ein Gedicht von *Gerard Reve* liest, eine Fuge aus *Bachs* ‚Wohltemperierten Klavier' spielt oder im Centre Pompidou ein Bild von *Rouault* betrachtet. Spiel, Eros und Kunst beinhalten einen intrinsischen Wert. So ist es auch mit der Religion. Sie repräsentiert einen intrinsischen Wert"[44].

Ein dritter Einwand: Wird das funktionale Religionsverständnis absolut gesehen, dann reduziert sich Religion auf ihre Funktionen. Anders gesprochen: Religion wird funktional ‚weg-erklärt'. Dies hätte in mehrfacher Hinsicht fatale Folgen. Ein ausschließlich funktionales Religionsverständnis würde sämtliche konstitutive Momente von Religion ausblenden, die nicht ihre problemlösende Leistung betreffen. Die besonderen und kennzeichnenden Inhalte und Ausdrucksformen der religiösen Sphäre fielen unter den Tisch. Damit entstünde jedoch ein Zerrbild von Religion, das einzig eine angeblich wissenschaftliche Außenperspektive auf die Religion berücksichtigt. Die religiöse Innenperspektive hingegen bliebe außen vor. Zu Recht bemängelt deshalb *Karl Ernst Nipkow*, dass unter einer rein funktionalen Fragestellung die religiösen Subjekte zum Verschwinden gebracht werden[45] – jene Menschen also, die religiös leben, denken, feiern und handeln. Aus einer

---

42 *Tillich* (1967) 112.
43 Ebd.
44 *Van der Ven* (1994) 17. Vgl. insb. *Schillebeeckx* (2006) 86.
45 *Nipkow* (1994) 113; vgl. a. *Pollack* (1995) 180.

rein funktionalistischen Sichtweise erübrigt sich zudem auch jede Frage „nach dem Sachgehalt und der Sachwahrheit"[46] der Religionen und ihrer Überlieferungen. Es sind ja nur die Leistungen und Auswirkungen der Religion von Interesse. Ob die Aussagen der Religionen über ihre Effekte hinaus inhaltlich ernstgenommen werden können und müssten, bleibt völlig außerhalb der Reichweite des funktionalistischen Blickwinkels.

Schließlich und endlich krankt ein rein funktionalistischer Religionsbegriff auch an der Weite und Unbestimmtheit dessen, was unter ‚Religion' verstanden wird. Dieses Problem stellt sich ganz ähnlich wie beim anthropologischen Religionsverständnis. Funktionalistisch gesehen ist all das als Religion zu bezeichnen, was vergleichbare Wirkungen zeitigt wie die klassischen religiösen Traditionen. Damit öffnet sich jedoch ein unendlich weites Feld an Phänomenen, die als religiös definiert werden. Welche Inhalte und Praktiken können nicht alles dazu beitragen, dass sich Menschen eine verlässliche Ordnung schaffen, die ihnen Sicherheit gibt? Welche Vorstellungen und Vollzüge können nicht alles mithelfen, um mit der Zufälligkeit des Daseins zurechtzukommen? Subsumiert man all das unter ‚Religion', was solcherart Wirkungen zeitigt, dann verliert der Religionsbegriff sein Unterscheidungspotenzial. Ein Begriff, der nicht mehr dazu taugt, Phänomene zu unterscheiden, wird aber unbrauchbar. *Detlef Pollack* resümiert diesen Kritikpunkt wie folgt:

> „Die konstruierte Funktion der Religion braucht gar nicht durch Religion erfüllt zu werden, sondern kann auch durch Vorstellungen und Handlungen ohne spezifisch religiösen Gehalt bedient werden. Damit aber setzt sich die funktionale Definition einer Beliebigkeit aus, die den von ihr bestimmten Gegenstand austauschbar macht."[47]

Der Philosoph *Eberhard Tiefensee* umschreibt die Problematik eines rein funktionalen Religionsbegriffs noch drastischer, wobei er die soziореligiöse Lage Ostdeutschlands vor Augen hat, wo überlieferte Religionen nur mehr ein Schattendasein fristen:

> „Religionssoziologen, die funktionalistische Religionsbegriffe bevorzugen, neigen dazu, das Problem [der weitverbreiteten Areligiosität in Ostdeutschland] terminologisch zu entschärfen, indem bestimmte Handlungen wie Jugendweihefeiern oder der Einkaufsbummel in den modernen Wohlstandstempeln als ‚eigentlich religiös' apostrophiert werden. Abgesehen davon, dass die meisten Ostdeutschen eine solche Interpretation als Beleidigung zurückweisen würden: Er führt zu substanziellen Entleerungen des Religionsbegriffs (Beispiel ‚Kochen als religiöse Praxis') und zum Verwischen der Grenze zwischen Ersatzreligion und Religionsersatz."[48]

---

46 *Nipkow* (1987) 250.
47 *Pollack* (1995) 180.
48 *Tiefensee* (2000) 93.

Nun wurde eine gehörige Portion an Kritik gegenüber dem funktionalen Religionsbegriff zusammengetragen. Dabei dürfte klar geworden sein, dass eine funktionale Bestimmung alleine nicht ausreicht, um die Sphäre des Religiösen einigermaßen angemessen zu charakterisieren.

Dies bedeutet aber keinesfalls, dass eine funktionale Sicht der Religion – im Verbund mit anderen Perspektiven – nicht auch sehr wichtige, nützliche und hilfreiche Impulse in sich birgt. Die funktionale Sicht sensibilisiert nämlich für die Wirkungen von Religion. Sie führt klar vor Augen, dass ein wesentlicher Sinn und Wert von Religion darin besteht, den Menschen nützlich zu sein[49] – in dem Sinne, dass Religion dazu verhelfen können sollte, das Leben zu bewältigen, sei es im gewöhnlichen Alltag oder an besonderen Wendepunkten der Biographie. Solch positiver Effekt wohnt der Religion freilich nicht automatisch inne, sie kann diesen Anspruch durchaus auch verfehlen. Und Religion genießt keineswegs ein Monopol darauf, solcherart lebensförderliche Wirkung zu entfalten. Religion muss sich jedoch stets an der Forderung messen lassen, den Menschen zu dienen. Und das heißt im Horizont des funktionalen Religionsverständnisses konkret, ihnen zu ermöglichen, Ichstand, Handlungsfähigkeit, Orientierung, Geborgenheit und Widerstandskraft zu gewinnen – auch und gerade angesichts all der Kontingenzen unseres Lebens.[50] Dabei gilt grundsätzlich: Durch Funktionen alleine lässt sich Religion nicht definieren. Ohne problemlösende Leistungen ist Religion aber nicht denkbar.

Aus christlicher Sicht ist diese Forderung, Religion an ihren (Aus)Wirkungen auf die Menschen zu messen, bestens fundiert. Man denke besonders an das bei *Matthäus* (und ähnlich auch bei *Lukas*) überlieferte Jesuswort „An ihren Früchten werdet ihr sie erkennen." (Mt 7,16.20[51])

Was bedeutet dies alles für das religiöse Lernen? Ganz knapp formuliert: Religiöses Lernen kann sich keinesfalls von der kritischen Frage nach den lebensförderlichen, aber auch lebenshemmenden Wirkungen der Religion dispensieren. Auf dem Prüfstand steht beim religiösen Lernen stets, welcherart Religion im Lerngeschehen zur Wirksamkeit gelangt. Nicht jeder Lernprozess, der eine lebensförderliche Wirksamkeit entfaltet, ist deswegen schon ein religiöser Lernprozess. Umgekehrt gilt aber: Damit sich ein Lernprozess mit Fug und Recht als religiös ausweisen kann, muss er zwingend lebensförderliche Wirksamkeit entfalten. Und sei dies auch in allerkleinsten Schritten! Und auf lange, lange Sicht!

---

49 Im Gegensatz zur antifunktionalen Polemik von *Matthias Scharer* (2003), demzufolge die christliche Religionspädagogik einer als rundweg ‚totalitär' (39; vgl. insb. 47) gebrandmarkten Gegenwartskultur im Modus einer „Abgrenzungs- und Verweigerungsperspektive" (44; vgl. a. 46) entgegentreten soll.

50 Vgl. die oben angeführten Funktionsbeschreibungen nach *Franz-Xaver Kaufmann*.

51 par Lk 6,44; vgl. a. Mt 3,10 par Lk 3,9 sowie Mt 12,33.

3.5 Religion als beobachtbares Geschehnis: Phänomenologische Definitionen

Phänomenologische Definitionen sind die dritte grundsätzliche Möglichkeit, Religion zu umschreiben.

Dem Attribut ‚phänomenologisch' liegen zwei griechische Worte zu Grunde, nämlich einerseits das – bereits bekannte – Substantiv *lógos* = *Wort, Lehre* und andererseits das Verbum *phaínesthai* = *erscheinen, sichtbar werden, sich zeigen*.[52] Wörtlich übersetzt bedeutet ‚Phänomenologie' die Lehre von den Erscheinungen – die Lehre also von dem, was sich zeigt und was wahrnehmbar wird.

In der modernen Philosophie spielt die phänomenologische Methode eine wichtige Rolle. Geprägt wurde sie durch *Edmund Husserl* (1859-1938). Für ihn ist die Wirklichkeit, wie sie dem Menschen erscheint, d.h. wie er sie subjektiv erfährt, Angelpunkt der Philosophie. Von dieser subjektiv wahrgenommenen Wirklichkeit aus sucht *Husserl* zum Kern oder Wesen der Wirklichkeit vorzudringen.[53]

Im Kontext unserer Fragestellung nach einer tragfähigen Umschreibung von ‚Religion' ist das Wort ‚phänomenologisch' jedoch schlichter gefasst. Als ‚phänomenologisch' gelten hier jene Definitionen, welche die äußerlich wahrnehmbaren Erscheinungsweisen des Religiösen in den Mittelpunkt stellen. Die ‚innere Logik' einer solchen phänomenologischen Herangehensweise an die Religion lässt sich in drei Schritten darstellen:

1. Der Gegenstandsbereich, den phänomenologische Zugänge ins Visier nehmen, ist – verglichen mit der anthropologischen und der funktionalen Perspektive – enger gesteckt (vgl. Abb. 6). In den Blick genommen werden ausschließlich Religionen, die im landläufigen Sinne als solche gelten. Genauer gesprochen: Phänomenologische Definitionen konzentrieren sich auf geschichtlich geprägte Religionen unterschiedlichster Art. Dies können Stammes-, Volks- oder auch Weltreligionen sein.[54]
2. Die Religionen (im Plural!) werden nun auf gemeinsame Merkmale untersucht – und zwar auf Merkmale, die äußerlich wahrnehmbar sind.
3. Diese äußerlich wahrnehmbaren Gemeinsamkeiten wiederum bilden schließlich die Einzelelemente oder ‚Bausteine', um zu umschreiben, was mit dem Wort ‚Religion' gemeint ist.

Phänomenologische Religionsdefinitionen widmen sich der Ausdrucksgestalt des Religiösen. Im Mittelpunkt steht die Suche nach verbindenden Grundformen im

---

52 Aus dem Passivum *phaínesthai* wiederum geht das Substantiv *phainómenon* = *das Erscheinende, sinnlich Wahrnehmbare* hervor.
53 Vgl. *Anzenbacher* (1992) 134-137.
54 Zur Unterscheidung von Volks- und Universalreligionen vgl. insb. *Schlette* (1963) 1167.

Leben der Religionen.[55] Der phänomenologische Ansatz lässt sich somit unter das Motto stellen: ‚Gelebte Religionen wahrnehmen und auf grundlegende Gemeinsamkeiten hin durchleuchten!‘[56]

Äußerste Zurückhaltung übt der phänomenologische Zugriff auf Religion, was die besonderen Inhalte der Religionen anbetrifft. Das Augenmerk richtet sich vielmehr zuallererst auf formale Merkmale der Religionen, die über die besondere Sprache und Inhaltlichkeit der einzelnen Religionen hinweg von außen beschrieben werden können.

Das erste Exempel einer phänomenologischen Religionsdefinition stammt vom amerikanischen Religionspsychologen *Charles Y. Glock*. Er unternahm in den 1960er Jahren den Versuch, kennzeichnende Dimensionen menschlicher Religiosität herauszuarbeiten. *Glock* zieht den stärker auf die Einzelperson gemünzten Begriff der ‚Religiosität‘ dem der ‚Religion‘ vor. Trotz dieser Akzentsetzung gelangt er in der Sache zu einer phänomenologischen Definition von ‚Religion‘.

Glocks Unterfangen, Religion zu charakterisieren, indem er kennzeichnende Dimensionen herausarbeitet, wirkte bahnbrechend.[57] Zwar wurde die von ihm benannte Fünfzahl an Dimensionen in der Folgezeit immer wieder von anderen Wissenschaftler/innen hinterfragt, verändert, gekürzt oder erweitert.[58] Seine Grundidee jedoch, das Besondere von Religion im Modus von ‚Dimensionen‘ zu erfassen, hat sich bis heute als außerordentlich fruchtbar erwiesen. Gerade jene Forscher/innen, die Religion empirisch zu erforschen suchen, greifen sehr gerne auf diesen dimensionalen Ansatz zurück. So orientiert sich ein aktuelles Modell des Religionspsychologen *Stefan Huber* an ebenjenen Dimensionen, die *Glock* bereits vor vierzig Jahren herausgearbeitet hat.[59]

Im ‚Originalton‘ äußert sich *Glock* wie folgt:

> „Wenn wir die verschiedenen uns bekannten Weltreligionen betrachten, wird sofort deutlich, wie sehr sie in ihren religiösen Ausdrucksformen variieren. [...] Trotz derartiger Unterschiede besteht jedoch eine gewisse Übereinstimmung zwischen den Weltreligio-

---

55 Vgl. den Titel von *Emile Durkheims* epochemachendem Werk: „Le formes élémentaires de la vie religieuse“ von 1912. Vgl. insb. *Pollack* (1995) 176: „Schon vor knapp hundert Jahren benutzte *Durkheim* zur Begriffsbestimmung von Religion die Unterscheidung zwischen Ritus und Glaube und meinte, daß beide dazu dienen, die Anhänger der Religion in einer moralischen Gemeinschaft oder Kirche zu vereinigen. Gemeinschaft, Ritus und Mythos seien die drei Charakteristika der Religion.“

56 Vgl. *Failing/Heimbrock* (1998).

57 Vgl. *Pollack* (1995) 176.

58 Vgl. ebd., 176f.

59 *Huber* (2003). *Stefan Hubers* empirisches Instrumentarium unterscheidet sich in drei Punkten gravierend vom ‚klassischen‘ (vgl. ebd., 95) Modell von *Charles Y. Glock*. In Einklang mit späteren Arbeiten von *Glock* und *Rodney Stark* wird „die Konsequenzdimension [...] aus der inneren Struktur ausgegliedert“ (ebd., 114) und die Ritualdimension in Gebet und Gottesdienst „ausdifferenziert“ (ebd.). Die Dimension des religiösen Wissens schließlich sucht *Huber* ‚indirekt‘ (ebd., 134) durch Erfassung kognitiven Interesses zu erschließen.

nen über mehr allgemeine Dimensionen, in denen sich Religiosität ausdrücken sollte. [...] In diesem Sinne [...] unterscheiden wir die Dimension der religiösen Erfahrung (*experiential dimension*), die ritualistische Dimension (*ritualistic dimension*), die ideologische [= bekenntnishafte] Dimension (*ideological dimension*), die intellektuelle Dimension (*intellectual dimension*) und die Dimension der Konsequenzen aus religiösen Überzeugungen (*consequential dimension*)."[60]

Die ersten Sätze dieser Umschreibung bündeln noch einmal die grundsätzliche Vorgehensweise der phänomenologischen Religionsdefinitionen.

Zunächst wird der Gegenstandsbereich markiert, den phänomenologisch orientierte Religionswissenschaftler/innen in den Blick nehmen. *Glock* umschreibt diesen Objektbereich als „die verschiedenen uns bekannten Weltreligionen". Um das Kennzeichnende von Religion (im Singular!) herauszuschälen, werden – wie bereits festgestellt – konkrete, geschichtlich geprägte Religionen (im Plural!) analysiert.

Im nächsten Schritt wird der Zielpunkt der phänomenologischen Religionsdefinitionen herausgestellt, die „religiösen Ausdrucksformen". Religion wird betrachtet mit Blick auf ihre Ausdrucksgestalt. Die äußerlich wahrnehmbare Struktur von Religion steht im Zentrum des Interesses.

Glock skizziert eine grundsätzliche Schwierigkeit, die eine solche Konzentration auf die religiöse Ausdrucksgestalt mit sich bringt. Die konkreten, geschichtlichen Religionen sind nämlich keineswegs identisch strukturiert. Sie unterscheiden sich beträchtlich, sie „variieren" in ihrer Ausdrucksgestalt. Mit einer exemplarischen Gegenüberstellung von Christentum und Islam verdeutlicht *Glock* diese Unterschiedlichkeit oder Variationsbreite der Religionen:

> „So wird etwa von Katholiken wie von Protestanten erwartet, daß sie regelmäßig an der christlichen sakramentalen Handlung der heiligen Kommunion oder des Abendmahls partizipieren. Dem Moslem ist diese Übung unbekannt. Umgekehrt findet das Gebot, daß jeder Moslem im Laufe seines Lebens eine Pilgerfahrt nach Mekka unternehmen solle, keine Entsprechung in der christlichen Religion." (151)

Die angesprochene Unterschiedlichkeit oder Variationsbreite der Religionen ist aus Sicht der Religionsphänomenologen keineswegs zu ignorieren. Viel wichtiger ist aus ihrer Sicht jedoch ein gegenteiliger Befund. Und zwar die Beobachtung, dass „trotz derartiger Unterschiede [...] eine gewisse Übereinstimmung zwischen den Weltreligionen" besteht. Auf diese „Übereinstimmung" in grundsätzlichen Ausdrucksmerkmalen hebt das phänomenologische Religionsverständnis ab. Das wahrnehmbar Verbindende zwischen den Religionen wird zum Schlüssel, um näher zu bestimmen, was ‚Religion' als solche kennzeichnet.

---

60 *Glock* (1969) 151. Im nachfolgenden Haupttext angeführte Seitenzahlen verweisen auf diesen Aufsatz.

Glock führt nun seine besondere Idee ein, das Verbindende zwischen den Religionen im Modus ‚allgemeiner Dimensionen' zu erfassen. Und er benennt fünf solcher „Kerndimensionen der Religiosität" (151). Inhaltlich kommt er somit ‚zur Sache'. Ausgehend von einer grafischen Übersicht sollen die *Glockschen* Einzeldimensionen nun knapp charakterisiert werden.

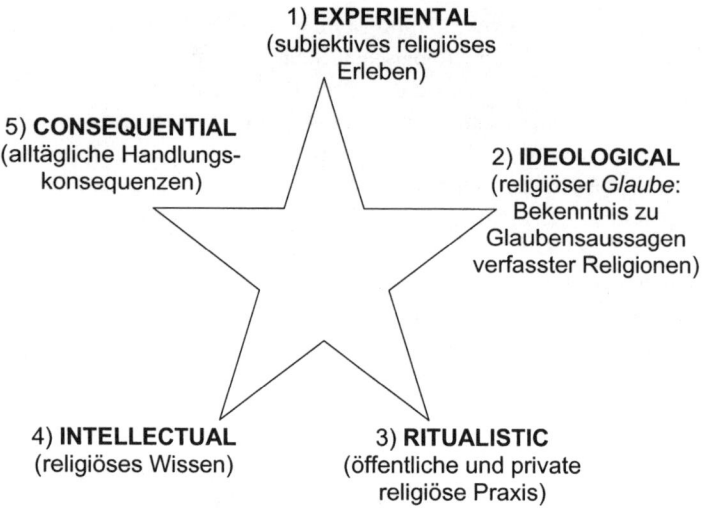

Abb. 7: „Kerndimensionen der Religiosität" nach *Charles Y. Glock*

Die *„experiental dimension"* umschreibt die subjektive Erlebniskomponente der Religion. Religion ist undenkbar ohne Momente persönlichen Erlebens und emotionaler Ergriffenheit. Dabei sind keineswegs nur Extremformen religiöser Erfahrung im Blick wie etwa das Erleben persönlicher Bekehrung oder unmittelbarer Erleuchtung (vgl. 161), sondern auch alltäglichere Erlebnismodi und Gefühlszustände wie Demut, Reue, Dankbarkeit, innere Gelassenheit und erlebte Gemeinschaft in Bezug auf eine letzte, als heilig oder göttlich betrachtete Wirklichkeit (vgl. 151 und 161).

Die *„ideological dimension"* charakterisiert die Bekenntniskomponente der Religion. Religion umfasst also stets ein Element grundsätzlicher Bejahung. Sie birgt bestimmte Glaubensaussagen, denen die Gläubigen mit innerer Überzeugung zustimmen sollten.

Die *„ritualistic dimension"* bezeichnet die Praxiskomponente der Religion. Religion ist nicht vorstellbar ohne besondere und sich vom weltlichen Leben unterscheidende Handlungsvollzüge. Exemplarisch genannt seien Gottesdienste, Gebete, Fasten oder Feiern.

Die *„intellectual dimension"* benennt die Inhalts- und Wissenskomponente der Religion. Religion birgt also stets einen besonderen Wissensbestand. Dieser Wissensbestand will angeeignet und bedacht werden. Zumindest in seinem Kern sollte er den Gläubigen „bekannt und vertraut" (152) sein. Religiöse Inhaltlichkeit kommt in Ausdrucksformen unterschiedlicher Komplexität zur Geltung. Diese Palette inhaltlicher Ausdrucksformen reicht von überschaubaren Sprichwörtern, Bildern und Erzählungen bis hin zu abstrakten Reflexionen und Spekulationen. Zwischen der intellektuellen Dimension und der Bekenntniskomponente besteht ein enger Zusammenhang. Beide sind aber keineswegs identisch. Wer sich zu einer bestimmten Religion bekennt, bedarf zwingend eines gewissen Wissens über den Inhalt seiner Identifikation. Umgekehrt ist es jedoch ohne weiteres möglich, über eine Religion sehr viel zu wissen, ohne sich mit ihr bekennend zu identifizieren (vgl. insb. 152).

Genau dieser Fall des bekenntnislosen Wissens ist beispielsweise typisch für die heutige Situation der Schüler/innen im schulischen Religionsunterricht. In der Regel fehlt es ihnen an zustimmender Überzeugung zu jenen religiösen Inhalten, die im Religionsunterricht thematisiert werden. Und glücklicherweise ist der Religionsunterricht als Fach der öffentlichen Schule nicht befugt, ein solches Bekenntnis einzufordern.

Die *„consequential dimension"* erfasst die Alltagskomponente der Religion. Mit dieser Dimension wird die eigentlich religiöse Sphäre überschritten. Schließlich zielt Religion immer maßgeblich auf Konsequenzen auch außerhalb des religiösen Binnenraums, auf Konsequenzen für das rechte Handeln gegenüber den Mitmenschen und gegenüber der Natur. Damit alltäglichen Handlungen allerdings eine religiöse Motivation unterstellt werden kann, müssen sich Bezüge zu den zuvor genannten Dimensionen aufweisen lassen (vgl. 153 und 165) – also zur experientellen, bekenntnishaften, rituellen und intellektuellen Dimension von Religion.

Wie angesprochen, stieß das phänomenologische Dimensionsmodell von *Charles Y. Glock* eine breite wissenschaftliche Diskussion an. Diese zu referieren, lohnt hier nicht. Einen einzigen Hinweis will ich jedoch anbringen. Anzufragen wäre nämlich, ob im *Glockschen* Modell nicht eine wesentliche Dimension fehlt. Und zwar die Verbundenheit mit oder Bindung an eine konkrete religiöse Gemeinschaft. Die deutsche Soziologin *Ursula Boos-Nünning* hat in einer Vergleichsstudie festgestellt, dass die Bindung an eine Gemeinde oder Gemeinschaft im Geflecht der religiösen Komponenten einen sehr hohen Stellenwert einnimmt.[61]

Ungeachtet dieser Anfrage hat sich die phänomenologische Religionsdefinition von *Glock* über Jahrzehnte hinweg sowohl als Erkenntnishilfe als auch als Forschungsinstrument bewährt. Im Kontext der hiesigen Überlegungen zum religiösen Lernen ist besonders interessant, dass *Glocks* Dimensionen auch religions-

---

61 Vgl. *Pollack* (1995) 177 mit Bezug auf *Ursula Boos-Nünning*.

pädagogisch rezipiert wurden, nämlich durch *Ulrich Hemel* und *Rudolf Englert*.[62] Mit der der Frage, was religiöse Lernprozesse denn nun kennzeichnend ausmacht, widmeten sich diese beide Autoren ebenjenem Problem, dem auch wir ‚auf der Spur' sind.

Das zweite Exempel einer phänomenologischen Religionsdefinition stammt vom amerikanischen Religionswissenschaftler *Winston L. King* (1907-2000). Für die sechzehnbändige (!) „Encyclopedia of Religion" von 1987 verfasste er den Artikel über ‚Religion'. Sein Beitrag mündet in einer ausführlichen phänomenologischen Umschreibung. Zunächst aber umreißt er im prägnanter Weise seine begriffliche Vorentscheidung. Er schreibt:

> „Religion ist die Gestaltung des Lebens rund um die Tiefendimensionen der Erfahrung – je nach der umgebenden Kultur unterschiedlich in Form, Vollständigkeit und Klarheit."[63]

Im diesem Satz klingt erkennbar ein anthropologisches Religionsverständnis an. Von „Tiefendimensionen der Erfahrung" ist die Rede. Doch kommt neben dem anthropologischen Moment ein anderer, zweiter Gesichtspunkt ins Spiel: die ‚umgebende Kultur'. Anthropologisches Moment einerseits und kulturelles Moment andererseits müssen sich nun keineswegs widersprechen. Sie können sich vielmehr ergänzen.

‚Nährboden' von Religion ist wohl die Tatsache, dass im Wesen des Menschen – zumindest der Möglichkeit nach! – so etwas wie eine Begabung oder Anlage zum Religiösen vorfindbar ist. Oder – anders gesagt – eine religiöse Ansprechbarkeit. Doch eine solche anthropologische Disposition alleine würde keinesfalls genügen, damit Religion in der persönlichen wie in der gemeinschaftlichen Geschichte Gestalt annehmen kann. Historisch entfalten kann sich Religion nur dadurch, dass sie von einer „Kultur" getragen wird. Und zwar von einer „Kultur" im Sinne der Pflege durch geschichtliche Gruppen und Gemeinschaften.[64]

King versteht Religion als eine spezifische „Gestaltung des Lebens". Wie herausgearbeitet wurde, wurzelt diese „Gestaltung des Lebens" in einer anthropologischen Disposition, um sich in kulturellen Bezügen zu entfalten. Die Formulierung „Gestaltung des Lebens" lenkt die Aufmerksamkeit im phänomenologischen Sinne auf die wahrnehmbaren Ausdrucksformen des Religiösen. Ähnlich wie bereits *Glock* stellt auch *King* im Blick auf diese Ausdrucksformen fest, dass sie sich von Kultur zu Kultur erheblich unterscheiden. Der phänomenologische Ansatz setzt grundsätzlich voraus, dass es trotz dieser großen Unterschiedlichkeit gelingen kann, kulturübergreifende Gemeinsamkeiten im religiösen Ausdruck ausfindig zu

---

62 Vgl. *Hemel* (1986) 54-71 und *Englert* (1997) 136-138.
63 *King* (1987) 286.
64 Vgl. die Herkunft des Substantivs ‚Kultur' von lat. *cultura = Pflege. Landbau*. Eine differenzierte Erörterung des Kulturbegriffs liefert *Hejl* (1998).

machen. Diesen Optimismus, zu verbindenden Merkmalen vorstoßen zu können, umschreibt *King* mit folgenden Worten:

> „Wir können ungeachtet dieser Vielfalt bestimmte charakteristische Elemente und Strukturmerkmale unterscheiden, die kennzeichnend religiös sind."[65]

Im Unterschied zu *Glock* spricht *King* nicht von ‚Dimensionen' der Religiosität. Die verbindenden Merkmale zwischen den Religionen, die er aufzuspüren sucht und die eine Definition von Religion ermöglichen, belegt er mit einer anderen Bezeichnung. Er benennt sie – weniger markant als *Glock* – als „Charakteristika und Strukturen religiösen Lebens". Diese abweichende Bezeichnung ändert jedoch nichts daran, dass seine Vorgehensweise, zu einer Definition von Religion zu gelangen, der von *Glock* prinzipiell entspricht. Erneut werden unterschiedlichste Religionen (im Plural!) einer vergleichenden Analyse unterzogen. Ziel dieser Analyse ist es, verbindende Grundformen im Leben dieser Religionen ausfindig zu machen. Die entzifferten gemeinsamen Merkmale ermöglichen es dann, Religion (im Singular!) phänomenologisch zu definieren.

Ich will die Ausführungen zu *Winston L. King* nicht im ‚luftleeren Raum' belassen und es nicht bei der Darstellung bewenden lassen, welcher Erkenntnislogik er sich bedient, um zu einer Religionsdefinition zu gelangen. Ein Blick auf jene „Charakteristika und Strukturen" von Religion, die er herausarbeitet, soll die Betrachtung seines Ansatzes verlebendigen.

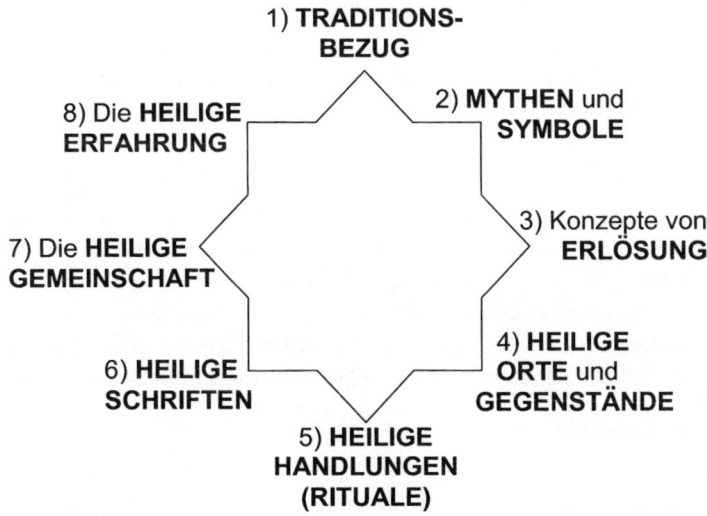

Abb. 8: „Charakteristika und Strukturen des religiösen Lebens" nach *Winston L. King*

---

65 *King* (1987) 286.

Wie in der Abbildung aufgeführt, lässt sich für *King* an acht Merkmalen ablesen, was Religion ausmacht. Diese Charakteristika sollen nun sukzessive vorgestellt und erörtert werden.

(1) ‚Traditionsbezug‘[66]

Dieses Merkmal bringt zum Ausdruck, dass Religionen aus einer intensiven und deutlich erkennbaren Beziehung zur Vergangenheit schöpfen. Sie verorten sich ausdrücklich und betont im Strom einer bestimmten, abgrenzbaren Überlieferung. *King* bringt diese Traditionskomponente auf den Punkt, indem er schreibt:

> „Gegenwärtige Formen religiöser Aktivität scheinen stets zurückzublicken auf Ursprünge, wegweisende Beispiele und ererbte Maßstäbe.“[67]

(2) ‚Mythen und Symbole‘

Religionen befassen sich mit uranfänglichen und allerletzten Wirklichkeiten.[68] Sie beschäftigen sich also mit den äußersten Grenzzonen des Daseins. Um diese Grenzzonen thematisieren zu können, bedarf es einer eigenen, einer besonderen Sprache, und zwar der Sprache von Mythos und Symbol.[69] Dass Symbol und Religion engstens miteinander verwandt sind, ist die Grundannahme jeglicher Symboldidaktik. Lange bevor die Bedeutung des Symbols in der Religionspädagogik entdeckt und bedacht wurde, verwies bereits *Paul Tillich* mit folgenden prägnanten Worten auf die Affinität der symbolischen und religiösen Sphäre. Er schrieb:

> „Das was den Menschen unbedingt angeht, muß symbolisch ausgedrückt werden, weil allein die Symbolsprache das Unbedingte auszudrücken vermag.“[70] „Nichts Geringeres als Symbole und Mythen kann das zum Ausdruck bringen, was uns unbedingt angeht.“[71]

Was mit ‚Mythos‘ und ‚Symbol‘ gemeint ist, füllt ganze Bibliotheken. Es wäre völlig unmöglich, diese beiden Begriffe nebenher mit wenigen Worten auch nur einigermaßen angemessen zu würdigen. So viel sei aber gesagt:
Mythen sind – ganz knapp erklärt – ‚große Erzählungen‘. Und zwar phantasiereiche Erzählungen zur Erklärung und Deutung der Wirklichkeit.[72]
In weitaus umfassenderem Sinne wird das Wort ‚Symbol‘ gebraucht. Was ein Symbol ist, lässt sich mit der paradoxen Formulierung umschreiben, dass es eine

---

66 *King* selbst verwendet das Wort „traditionalism" (ebd.).
67 Ebd., 287.
68 Ebd.
69 Vgl. bspw. *Tillich* (1970) 139, 141, 142, 145, 146 und 148; *Halbfas* (1982) 110; *ders.* (2002) 456, 457 und 458.
70 *Tillich* (1970) 139.
71 Ebd., 148.
72 Vgl. *Simonis* (1998) 390.

außer seiner liegende Wirklichkeit *in* sich trägt. In Symbolen verbinden sich zwei widersprüchliche Aspekte: Einerseits unterscheiden sie sich von dem, was sie bezeichnen. Andererseits stehen sie nicht bloß willkürlich, zufällig und beliebig ,neben' der symbolisierten Wirklichkeit. Symbole sind Zeichen, die auf das Allerengste mit dem von ihnen Bezeichneten verknüpft sind, ohne selbst in diesem Bezeichneten aufzugehen.

Damit ein Zeichen symbolische Qualität gewinnen kann, bedarf es stets einer besonderer Rezeption.[73] Ein Zeichen kann nur dann zum Symbol werden, wenn es konkrete Menschen gibt, die dieses Zeichen im individuellen und gemeinschaftlichen, im überlieferten und gegenwärtigen ,Gebrauch' zum Symbol werden lassen.[74] Ist solcher ,Gebrauch' unzugänglich, so bleibt ein symbolisches Verständnis verwehrt[75] – beispielsweise wenn Menschen keinen blassen Dunst davon haben, dass andere Menschen das Kreuz als Inbegriff ihrer Hoffnung auf unverdankte Überwindung jeglichen Leides erfahren und verehren.

Zwei Beispiele sollen die eigentümliche und einzigartige Gleichzeitigkeit von Abstand und Nähe verdeutlichen, die das Verhältnis zwischen Symbol und symbolisierter Wirklichkeit ausmacht. Gerade weil dabei zwei gegenständliche Symbole fokussiert werden, ist unbedingt darauf hinzuweisen, dass keineswegs nur Gegenstände, sondern gleichermaßen auch Worte und Handlungen symbolische Qualität gewinnen können.[76] Werfen wir zunächst einen Blick auf das Symbol ,*Brot*'.

---

73 ,Rezeption' (von lat. *recipere* = *aufnehmen*) bezeichnet die aktive Herstellung von Bedeutung im Zeichengebrauch. Kommunikation gestaltet sich in solchem Verständnis nicht als bloße Übertragung eindeutigen Sinnes, sondern als schöpferische Leistung in Begegnung mit fremden Äußerungen. Prägnant dargestellt werden Grundgedanken der Rezeptionsästhetik in *Antor* (1998).

74 *Michael Meyer-Blanck* (2002, insb. 93-105 und 122-131) kommt das Verdienst zu, diese pragmatische Verwurzelung des Symbols in konkreten „Gebrauchs-Situationen" (ebd., 103) dezidiert herausgearbeitet zu haben – im Gegensatz zu einem ungeschichtlichen Symbolverständnis, wie es besonders für *Carl Gustav Jung* (1875-1961) typisch ist: „Der symbolische Modus ist eine Modalität des *Gebrauchs* von Texten." (ebd., 95)

75 Vgl. bereits *Feifel* (1977 A) 23: „Glaubenssymbole müßten in dem Augenblick ihren Sinn verlieren, in dem sie keinen erkennbaren Hinweis mehr enthielten auf real gelebte Erfahrungen."

76 Vgl. bspw. *Bitter* (1984) 12.

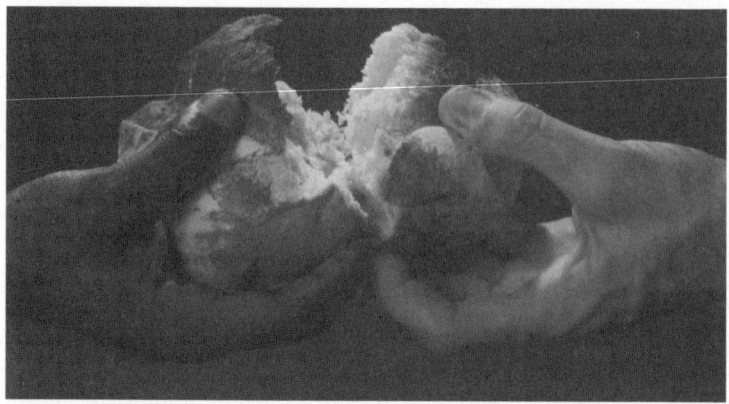

Abb. 9.1 und 9.2: Fotos ‚*Brot teilen*‘[77]

---

77 Abb. 9.1: Fotografie von *Hans Jürgen Rau*, in: *Bamming/Trendelkamp* (1989) 129; Abb. 9.2: Fotografie von *Hartmut Vogler*, in: ebd., 123.

In unterschiedlichen Kulturen und Religionen symbolisiert das Brot Gemeinschaft. Was aber bedeutet solches Symbolisieren? Zum einen ist festzustellen: Das Symbol ‚Brot‘ ist sicherlich nicht identisch mit der durch das Brot symbolisierten Gemeinschaft. Das Brot verweist auf eine Wirklichkeit, die außerhalb seiner selbst liegt. Zugleich aber gilt auch: Im Symbol des Brotes kann das Miteinander von Menschen, kann Gemeinschaft auf höchst unmittelbare, auf außerordentlich verdichtete Weise gegenwärtig, spürbar und erkennbar werden. Das Brot vermag zwischenmenschliche Gemeinschaft konzentriert aufscheinen und erlebbar werden lassen, obwohl ‚Brot‘ zweifellos etwas ganz anderes ist als Gemeinschaft. Ähnliches gilt für den *Baum* als Symbol für das menschliche Leben.

Abb. 10: Foto ‚*Baum*‘[78]

Abermals gilt hier das Motto ‚Symbole tragen eine außer ihnen liegende Wirklichkeit in sich.‘ Auch der *Baum* verweist auf eine Realität, die mit ihm selbst keineswegs identisch ist. Einem Menschen, der sich in intensiver, durchaus erlernter Weise auf die Gestalt des *Baumes* einlässt, vermag darin nichtsdestotrotz die Wirklichkeit des Lebens(laufs) unmittelbar einleuchtend aufzuscheinen. In inniger Weise kann das Symbol ‚*Baum*‘ das menschliche Leben vergegenwärtigen und verkörpern. Zwischen Symbol und symbolisierter Wirklichkeit besteht dann eine Beziehung, die grundlegende Differenz gleichermaßen einschließt wie außerordentliche Nähe.

---

78 Fotografie von *Lorenz Schönmann*, in: *Bamming/Trendelkamp* (1993) 26.

(3) ‚Konzepte von Erlösung'

Mit dem Merkmal der ‚Erlösung' überschreitet *King* das Terrain formaler Aus-
drucksmerkmale. Er bringt ein inhaltliches, ein substanzielles Kriterium ins Spiel.
Dieses inhaltliche Kriterium lässt sich seiner Überzeugung nach für sämtliche
Religionen aussagen, ungeachtet ihrer enormen Unterschiedlichkeit. Religionen
befassen sich stets mit der Rettung des Menschen. *King* pointiert dies, indem er
Religion und Erlösung sogar verbal gleichsetzt: „Salvation is but another name for
religion"[79], schreibt er: „Erlösung ist nur ein anderer Name für Religion."

(4) ‚Heilige Orte und Gegenstände'

Phänomenologisch gesehen erscheint dieses Merkmal unmittelbar einsichtig.
Es betrifft die räumliche Komponente der Religion. Religionen schaffen sich
besondere Orte und Gegenstände, abgegrenzt von der profanen Umwelt. *King*
umschreibt diese räumliche Absonderung mit den Worten: „Bezirke, Kirchen,
Moscheen, Synagogen und Schreine sind höchst sichtbare Manifestationen des
religiösen Abstands von der umgebenden Welt."[80]

Zur Kennzeichnung der besonderen Räume der Religionen verwendet *King* abermals eine inhaltliche Kategorie, die als solche dem substanziellen Religionsverständnis nahesteht – nämlich das Attribut ‚heilig'. Keines der weiteren, noch vor-
zustellenden Merkmale von Religion, die er nennt, kommt ohne dieses Attribut
aus. Der Heiligkeitsbegriff spielt bei der Religionsdefinition, die *King* vorlegt, eine
entscheidende Rolle. Wissenschaftsgeschichtlich kommt dies keineswegs von ungefähr.

Betrachtet man die klassische Religionswissenschaft, in deren Tradition sich *King*
einordnen lässt, kann man sagen: Die Kategorie des ‚Heiligen' ist das Lieblings-
wort dieser Forschungsrichtung.[81] Besonders genannt seien hier drei Klassiker der
Religionswissenschaft: *Rudolf Otto* (1869-1937), *Gustav Mensching* (1901-1978),
aber auch *Mircea Eliade* (1907-1986). Alle drei identifizieren die Begegnung mit
dem Heiligen als den Kern der Religion. Dieser Rückgriff auf das Wort ‚heilig'
zur Definition von Religion erscheint durchaus nachvollziehbar und naheliegend.
Nichtsdestoweniger birgt eine Religionsdefinition mit Hilfe des Attributes ‚heilig'
doch auch erhebliche Probleme und Fallstricke.

Grundsätzlich stellt sich nämlich die Frage: Was berechtigt eigentlich dazu, ein
bestimmtes Phänomen als ‚heilig' zu benennen? Und einem anderen Phänomen
die Bezeichnung als ‚heilig' zu verweigern? An diesem Punkte sind wir letztlich auf
das inhaltliche Selbstverständnis der konkreten Religionen verwiesen![82] Es gilt, die

---

79 *King* (1987) 287.
80 Ebd., 288.
81 Vgl. *Stockmeier* (1984) 160.
82 Vgl. insb. *Pollack* (1995) 169: „Was heilig ist, hängt vom Selbstverständnis des jeweiligen Religi-
onsangehörigen ab."

inhaltliche ‚Eigenlogik' der Religionen kennenlernen, um abschätzen zu können, wo die Benennung ‚heilig' sinnvoll und wo sie sinnlos ist. Mit rein formalen, also inhaltsleer vergleichenden Mitteln ist hier kein Weiterkommen. Alleine phänomenologisch gelingt es nicht, die Bedeutung von ‚Heiligkeit' angemessen zu bestimmen.

(5) ‚Heilige Handlungen (Rituale)'

Analog zur räumlich-gegenständlichen Komponente identifiziert *King* auch eine aktionale Komponente der Religion. Konkret spricht er von ‚heiligen Handlungen' bzw. von Ritualen, die für Religionen und Religion kennzeichnend sind. Auch *Glock* hatte diesen Aspekt der Religion berücksichtigt und als ‚ritualistic dimension' benannt. Was versteht nun aber *King* unter ‚Ritualen' im Allgemeinen – und unter ‚heiligen Ritualen' im Besonderen?

Rituale im Allgemeinen sind – *King* zufolge – sorgsam festgelegte[83] und genau zu beachtende[84] Abfolgen von Einzelhandlungen. Als heilige Rituale vermitteln sie den Beteiligten Vertrautheit und Verbundenheit mit der eigenen religiösen Tradition.[85] Das letzte und wichtigste Ziel solcher ‚heiliger Rituale' besteht jedoch darin, das Heilige selbst erfahrbar werden zu lassen.[86]

(6) ‚Heilige Schriften'

Dieses Merkmal ruft ins Bewusstsein, dass Religionen maßgebliche Worte der entscheidenden Personen der je eigenen Tradition in schriftlicher Form festhalten und weitergeben. Allerdings ist die Bezeichnung ‚heilige Schriften' insofern missverständlich, als es ja auch vorliterarische Kulturen und Religionen gibt, die sich ausschließlich mündlicher Überlieferungswege bedienen. Nichtsdestotrotz: Im einen wie im anderen Falle spielt die sorgsame Überlieferung maßgeblicher Worte der Vergangenheit eine zentrale Rolle. Und zugleich stellt sich die Aufgabe, diese Worte der Vergangenheit durch Interpretation immer wieder neu sinnvoll und angemessen auf die Gegenwart zu beziehen![87]

---

83 Vgl. *King* (1987) 289: „Several features are prominent in most rituals. One is the element of order. Indeed, an established ritual pattern is the ordered performance of sacred actions under the direction of a leader."

84 Vgl. ebd., 290: „Rigidity of pattern, requiring the utmost care and precision in use of word, action, and material, points to another feature of ritual [...] more or less present in all fixed rituals: meticoulous [= sorgfältig, exakt] performance."

85 Vgl. ebd.: „Ritual uniformity [...] has the practical advantage of giving the worshiper or user a sense of familiarity and ease as well as identity with a given tradition and group."

86 Vgl. ebd.: „Ritual and symbol bring the real presence of the religious depth-dimension into the lives of its experients and in so doing become incredibly precious."

87 Vgl. insb. ebd.: "When scriptures exist, interpreters must also exist. Succesive intepretations vare greatly, for interpreters are caught between their desires to be faithful to the original sacred word and to make its exposition relevant and meaningful to their own age." Dass religiöse Überlieferung stets neu auf aktualisierende Interpretation angewiesen ist, wird markant herausgestellt in *Stall-*

(7) ‚Die heilige Gemeinschaft'

Religion ist nie bloß eine Sache der einzelnen Gläubigen, sondern grundsätzlich gemeinschaftlich strukturiert.[88] Dabei ist keinesfalls nur an dauerhafte Gemeinschaftsformen zu denken. Auch kurzzeitige Gruppierungen sind denkbar, die mit konkreten Situationen entstehen und vergehen. Überdies realisiert sich die ‚heilige Gemeinschaft' in Gruppen ganz unterschiedlicher Struktur. Beispielsweise in weiten und unspezifischen Sozialgebilden wie Stämmen, Völkern, christlichen Kirchen oder der islamischen ‚Umma'[89]. Ebenso aber in überschaubaren Gemeinden und Kleingruppen mit unmittelbarer zwischenmenschlicher Verbundenheit. Und schließlich auch in spezialisierten Sozialgebilden wie Ordensgemeinschaften, Meditationszirkeln oder caritativen Vereinigungen.

(8) ‚Die heilige Erfahrung'

Wie bereits *Glock*, der von der ‚experiental dimension' sprach, rechnet auch *King* eine subjektive Erlebnis- und Erfahrungskomponente unverzichtbar zur Religion. Und wie schon *Glock* legt auch *King* Wert darauf, dass die von ihm als ‚heilig' umschriebene Erfahrung keinesfalls nur außergewöhnliche Ausprägungen umfasst, die einigen wenigen ausgewählten Personen widerfahren. Sondern auch alltäglichere Erlebnismodi wie Demut, Freude oder innerer Friede, die den gewöhnlichen Gläubigen begegnen können.

Schon im Zusammenhang mit den Worten ‚Erlösung' und ‚Heiligkeit' habe ich darauf aufmerksam gemacht, dass sich *King* nicht damit begnügt, äußerlich wahrnehmbare Gesichtspunkte heranzuziehen, um Religion zu definieren. Vielmehr überschreitet er den phänomenologischen Religionsbegriff, indem er auch inhaltliche Kriterien einbezieht, die nur aus der ‚inneren Logik' der konkreten Religionen ableitbar sind. Dieser substanzielle Zug seines Religionsverständnisses begegnet nun erneut. *King* stellt nämlich klar heraus, dass er nur solche Erfahrungen als religiös verstanden wissen will, die „innerhalb eines ausdrücklich religiösen Kontextes begegnen"[90]. Als religiös werden somit ausschließlich solche Erfahrungen eingeordnet, die sich inhaltlich einer religiösen Tradition zuordnen lassen.

Auch was den phänomenologischen Religionsbegriff angeht, gilt es nun Bilanz zu ziehen. Wo liegen seine Stärken und Grenzen – ganz besonders mit Blick auf das religiöse Lernen?
Zunächst zu den Stärken: Das phänomenologische Verständnis von Religion besticht im positiven Sinne dadurch, dass es den Blick zu weiten vermag. Erkennbar und greifbar werden eine Vielfalt und Vielgestalt konkreter Ausdrucksformen, in denen Religion zu Tage tritt.

---

mann (1958) 37 und 44 sowie *Zirker* (1979) 44.
88 Vgl. *King* (1987) 290.
89 Vgl. insb. *VELKD/EKD* (1996) 27 und 90.
90 *King* (1987) 291.

Religiöses Lernen, das dem Bezugspunkt der Religion gerecht werden will, muss dieser Vielfalt und Vielgestalt der Erscheinungsformen von Religion zwingend gerecht werden. Religiöses Lernen verdient somit seinen Namen nicht, wenn es lediglich einigen wenigen oder gar nur einem einzigen Aspekt des Religiösen Aufmerksamkeit schenkt. Sämtliche Dimensionen oder Komponenten der Religion wollen gewürdigt sein. Natürlich darf dies weder überhastet noch unreflektiert geschehen, sondern mit langem Atem und wohl überlegt.

Die unterschiedlichen Dimensionen oder Komponenten, in denen Religion zum Ausdruck kommt, können zudem nicht über den Kamm einer einzigen Lernform geschoren werden. Religiöses Erleben etwa ist anders ins Spiel zu bringen als religiöses Wissen, heilige Handlungen bedürfen anderer Zugangsweisen als heilige Schriften.

Was bedeutet dies für religiöse Lernprozesse beispielsweise im schulischen Religionsunterricht? Dort geschieht religiöses Lernen ja nicht selbstläufig und nebenbei, sondern in geplanter und organisierter Art und Weise. Religiöses Lernen wird hier didaktisch zu inszenieren versucht. Das phänomenologische Religionsverständnis legt dafür eine vielgestaltige und konkrete Didaktik nahe.

Eine vielgestaltige Didaktik ist geboten, insofern die unterschiedlichen Erscheinungsweisen von Religion je eigene und andere Methoden, Medien und Interaktionsweisen angezeigt sein lassen. Eine konkrete Didaktik ist erforderlich, insofern die erkennbar gewordenen Dimensionen und Komponenten der Religion ja real praktizierte Ausdrucksgestalten der Religion darstellen – Ausdrucksgestalten also, die in ‚gelebtem Leben' vorfindbar sind und in ihrer Konkretheit wahrgenommen, verstanden und bedacht sein wollen.[91]

Phänomenologische Religionsdefinitionen können sich als Einladung und Wegweiser erweisen, sich der konkreten Ausdrücklichkeit religiösen Lebens und Erlebens zu öffnen. Dies lässt einen Religionsunterricht aufscheinen, der alles andere als langweilig ist. Einen Religionsunterricht, der nicht mit dürren Begriffen und blutleeren Vorstellungen überfrachtet ist, sondern sich immer wieder der ‚gelebten Religion' zuwendet.

Deutlichst ist dabei herauszustellen, dass es nicht Ziel und Aufgabe schulischen Religionsunterrichts sein kann, zur tatkräftigen Bejahung der Religion zu erziehen. Am Lernort ‚Schule' stellt sich vielmehr die Aufgabe, für die besondere Sphäre des Religiösen Verständnis zu wecken.[92] Verständnis aber setzt immer wesentlich auch Wissen und Kenntnisse voraus.

---

91 Der religionsdidaktische Stellenwert gelebter Religion wird im Bischofswort „*Der Religionsunterricht vor neuen Herausforderungen*" von 2005 nachdrücklich herausgearbeitet. Dieser Thematik ist sogar ein eigenes Teilkapitel gewidmet (*Deutsche Bischofskonferenz* (2005) 23-27). Wie sich unterrichtliche Bezüge „zum gelebten Glauben" (ebd., 24) herstellen lassen, ohne die identifikatorische Selbstbeschränkung schulischer Lehr- und Lernprozesse zu missachten, wird allerdings nur ansatzhaft deutlich.

92 Vgl. insb. *Theißen* (2003) 110, 112, 115 und 264 mit Blick auf den biblischen Unterricht.

Der phänomenologische Blickwinkel öffnet den Blick für die Vielfalt und Vielgestalt religiöser Ausdrucksformen. Für den Religionsunterricht bergen diese Vielfalt und Vielgestalt nicht nur Chancen, sondern auch ein Risiko. Nämlich die Gefahr, dass die Mannigfaltigkeit religiöser Phänomene in wahllose Beliebigkeit umschlägt – gemäß dem Motto ‚Hier ein bisschen jüdische Riten, da eine Prise buddhistischer Meditation und dort eine Portion christlicher Ethik!‘. Religionspädagogisch stellt sich die Herausforderung, der Eigenart des Religiösen gerecht zu werden, ohne sich in der Mannigfaltigkeit religiöser Phänomene zu verlieren. Gefragt ist im Religionsunterricht ein ‚roter Faden‘, kein wirres Durcheinander. Der Theologe *Hans Zirker* umreißt diese Herausforderung treffend, indem er schreibt:

> Die Religionspädagogik „muss [...] die Vielheit von Religion um der Lebbarkeit und Verantwortbarkeit willen reduzieren. Verschiedene Religionen können nicht gleichermaßen ihre Sache sein. [...] Schon gar nicht kann sie alles gelten lassen, was sich selbst als Religion ausgibt."[93]

Gefragt ist also im Religionsunterricht zweierlei. Einerseits gilt es, die grundlegenden Modi religiösen Ausdrucks – wie sie beispielhaft bei *Glock* und *King* deutlich wurden – in ihrer eigenen, besonderen Logik verstehbar zu machen. Gerade deswegen aber ist es notwendig, ganz gezielt und sehr sorgsam auszuwählen, was die einzelnen Zeugnisse und Beispiele betrifft, die im Unterricht zur Geltung kommen sollen. Der Religionsunterricht lebt nämlich von konkreten Zeugnissen und Beispielen gelebter, erlebter und bedachter Religion. Sie haben die Aufgabe, die ‚Eigenlogik‘ des Religiösen sachgerecht und schülergemäß zu verdichten und zu veranschaulichen.

Dem Religionsunterricht obliegt also eine doppelte Konzentration: einmal auf das Grundlegende oder Elementare, zum anderen auf das Beispielhafte oder Exemplarische. Ziel ist es, das Grundlegende der Religion in exemplarischer Weise anschaulich und begreifbar werden zu lassen. Diesen Grundgedanken, dass das Grundlegende der Religion erst im Konkreten sichtbar und nachvollziehbar wird, umschreibt *Hans Schmid* mit dem Satz:

> „Gerade im sachgerecht erschlossenen Detail vermag das Ganze, im Konkreten das Allgemeine zugänglich zu werden."[94]

Damit die angesprochene doppelte Konzentration auf das Grundlegende wie Exemplarische überhaupt möglich wird, plädiert *Hans Zirker* dafür, im Unterricht eine klare Schwerpunktsetzung zugunsten einer einzigen religiösen Tradition vorzunehmen, wobei andere Religionen keineswegs gänzlich ausgeblendet werden sollen. Für diesen Gedanken einer Schwerpunktsetzung zugunsten einer bestimm-

---

93 *Zirker* (2001) 1677f.
94 *Schmid* (1997) 73.

ten – und zwar im katholischen, evangelischen oder ökumenischen Religionsunterricht der christlichen – Tradition sprechen folgende gewichtige Argumente:

- Das Christentum ist – geschichtlich gesehen – die prägende religiöse Tradition unseres Kulturkreises.[95]
- Das Christentum ist – immer noch – das dominierende religiöse Bekenntnis hierzulande.
- Das Christentum ist schließlich und endlich auch jene religiöse Tradition, in welcher christliche Religionslehrer/innen mit theologischem Studium am kundigsten Rede und Antwort stehen können.

Mit guten Gründen lässt sich somit für unseren Kulturraum ein Religionsunterricht vertreten, der die christliche Tradition in den Mittelpunkt stellt. Ein solcher
Unterricht ermöglicht, in exemplarischer Weise die innere Logik einer bestimmten, und zwar der nach wie vor prägenden Religion kennen- und verstehenzuler-
nen. Dadurch wehrt er der Gefahr, oberflächlich zwischen unterschiedlichsten
Religionen hin- und herzuspringen.

Wie steht es aber um die langfristige Zukunft eines solchen Religionsunterrichts,
der die christliche Tradition in den Mittelpunkt stellt? In diesem Punkt ist eine
gehörige Portion Skepsis angebracht – und zwar angesichts zweier Trends, deren Ende nicht absehbar ist. Nämlich des Bedeutungsverlusts der Religion einerseits und der voranschreitenden Multireligiosität andererseits. Sollten sich beide
Entwicklungen weiterhin verstärken – und nichts spricht gegen diese Prognose!
–, dann wird es wohl unvermeidlich sein, umzudenken.[96] Neben einem auf das
Christentum konzentrierten Religionsunterricht müssten auch andere Modelle
angedacht werden, die gleichfalls daran zu messen sind, ob sie Religion in einer
Weise zur Geltung bringen, die das Elementare mit dem Exemplarischen, das
Grundlegende mit dem Konkreten verbindet. Die Notwendigkeit, über einen
durch die christliche Tradition bestimmten Religionsunterricht hinauszudenken,
ist nicht bloß reine Zukunftsmusik. An vielerlei Orten, wo sich das Christentum
heute schon in eine Randposition versetzt sieht, stellt sie sich bereits jetzt.[97] Man
denke nur an die ostdeutschen Bundesländer mit der dort dominanten Areligiosität oder an islamisch oder säkular geprägte Gegenden und Stadtviertel in West-
deutschland, Österreich, der Schweiz oder den Niederlanden.

---

95 Hieran anknüpfend formulierte der *Synodenbeschluss zum Religionsunterricht* von 1974 – neben der anthropologischen und ideologiekritischen – eine kulturgeschichtliche Legitimation des Schulfaches Religion(slehre). Da unsere Kultur durchwoben ist von christlichen Bezügen (vom Kalender über Kunst und Architektur bis hin zu Sprach- und Denkfiguren), schließt ein kundiges Verständnis dieser Kultur zwingend ein, deren christliches Kolorit sachgerecht entschlüsseln zu können (*Gemeinsame Synode* (1976) 133 und 135; vgl. a. *König* (1995) 351f.).

96 Statt – wie *EKD* (2006) – stereotype Behauptungen zum Religionsunterricht zu rekapitulieren, wären kritische Anfragen an das Fach – wie *Hurrelmann* (2008) – in der Sache auf- und ernstzunehmen!

97 Vgl. insb. *Bitter* (1995) sowie *Mette* (2007) 17-19.

Nun aber zu Grenzen und Klippen des phänomenologischen Religionsverständnisses. Wie zuvor erkennbar wurde, neigen phänomenologisch orientierte Autoren dazu, auf inhaltliche, substanzielle Definitionskriterien auszugreifen. Für das Modell von *King* etwa war der inhaltliche Gesichtspunkt des ‚Heiligen‘ entscheidend. Die Begründung für solche Neigung zum Substanzialisieren ist meines Erachtens simpel. Der phänomenologische Ansatz alleine genügt nicht, um Religion angemessen zu charakterisieren. Isoliert betrachtet, ist er nicht tragfähig. Dies liegt schlicht daran, dass es einer äußerlich vergleichenden Betrachtung des Religiösen an Trennschärfe fehlt.

Sicherlich ist es nützlich, festzustellen, dass Religion unterschiedliche Momente wie Handeln, Erleben, Wissen und Bekennen umfasst. Die Schlüsselfrage bleibt aber, *welcherart* Handeln, Erleben, Wissen und Bekennen denn nun mit Fug und Recht als religiös zu bezeichnen ist. Hier muss der phänomenologische Ansatz passen. Er vermag die vielfältige Palette religiöser Ausdrucksformen zwar eindrucksvoll aufzufächern. Was diese Palette als religiös qualifiziert, muss er jedoch offenlassen. Der phänomenologische Zugang setzt einfach voraus, dass es Religionen gibt. Was Religion zu Religion macht, vermag er nicht zu beantworten. Um dies zu tun, bedarf es inhaltlicher Kriterien.

Der phänomenologische Ansatz drängt somit auf substanzielle Füllungen und Präzisierungen. Wir werden somit auf die vierte und letzte ‚Spielart‘ des Religionsbegriffs verwiesen, die auf der Überblicksskizze (Abb. 6) angeführt ist. In den Blick kommt der substanzielle Religionsbegriff. Ihm gilt es sich nun zuzuwenden.

3.6 Religion als eigenartige Deutung der Wirklichkeit: Substanzielle Definitionen

Ein Blick auf die Überblicksgrafik (Abb. 6) verdeutlicht: Das substanzielle Religionsverständnis ist die am engsten gefasste ‚Spielart‘, Religion zu umschreiben.

Hinter dem Attribut ‚substanziell‘ steht das lateinische Substantiv *substantia* = *Bestand, Beschaffenheit, Wesen*.

In der Geschichte der Philosophie spielte ebendieser Begriff der ‚Substanz‘ eine entscheidende Rolle. ‚Substanz‘ bezeichnete hier das, was „„in sich selbst steht‘ [...] und sich im Wandel der Bestimmungen durchhält und gleichbleibt.“[98] Anders gesprochen: ‚Substanz‘ im philosophischen Sinne zeichnet sich aus durch Beharrlichkeit und Stabilität. Das Gegenteil markiert der Begriff ‚Akzidenz‘[99]. ‚Akzidenz‘ bezeichnet philosophisch das, was ‚nicht in sich selbst steht‘ und den wechselvollen Wandlungen der Zeiten und Zufälle ausgeliefert ist.

---

98 *Anzenbacher* (1992) 66.

99 Von lat. *accidere = sich ereignen, widerfahren.*

Diese philosophische Bedeutung von ‚Substanz' ist nicht gemeint, wenn im Folgenden von substanziellen Religionsdefinitionen gesprochen wird. Im hiesigen Kontext meint ‚substanziell' etwas viel Schlichteres, nämlich so viel wie ‚inhaltlich'. Wer Religion substanziell bestimmt, trifft eine Aussage über jene Inhalte, die für Religion kennzeichnend sind. Substanzielle Religionsdefinitionen fixieren somit weder die allgemein-menschliche Basis noch die problemlösende Funktion noch die wahrnehmbare Ausdrucksgestalt von Religion, sondern das, womit sich Religion ausdrücklich befasst. Substanzielle Religionsdefinitionen heben ab auf die ausdrückliche Inhaltlichkeit von Religion. Man kann sie deswegen auch als explizite, sprich ausdrückliche Definitionen des Religiösen bezeichnen. Substanzielle Religionsdefinitionen stellen die expliziten Botschaften, Mitteilungen und Anliegen der Religion ins Zentrum.

Wie können wir uns eine substanzielle oder explizite Religionsdefinition nun näher vorstellen? Im ersten Textbeispiel, das ich als Beleg für den substanziellen Religionsbegriff anführen will, kommt ein Autor zu Wort, der – zeitlich gesehen – extrem herausfällt. Während ich mit Blick auf die exemplarisch betrachteten Religionsdefinitionen sonst ausschließlich Autoren zitiere, die in die jüngere und jüngste Vergangenheit zu rechnen sind, lebte *Thomas von Aquin* im 13. Jahrhundert. Geboren wurde er etwa im Jahre 1225, gestorben ist er 1274.

Kurz zu seiner Person: *Thomas von Aquin* lebte im Hochmittelalter.[100] Er war Mitglied des eben erst gegründeten Dominikanerordens. Ähnlich wie die Franziskaner, die zur selben Zeit entstanden, besannen sich auch die Dominikaner vor dem Hintergrund der mittelalterlichen Armutsbewegung auf einen einfachen Lebensstil. Überragendes Gewicht erlangte *Thomas* als theologischer Denker und Schriftsteller. Als solcher galt er in seiner Epoche und weit darüber hinaus als bahnbrechend.[101] Sicherlich ist es nur schwer möglich, das umfangreiche und enorm facettenreiche Werk des *Thomas* unter einem Leitgedanken zu ordnen. Versucht man dies doch, dann lässt sich vielleicht am ehesten sagen: *Thomas* widmete sich der Aufgabe, Vernunft und Glauben miteinander zu versöhnen. Ein Glaube, der sich von der Vernunft ablöst, ist ihm unvorstellbar! *Thomas* ist in diesem Sinne ein Rationalist, ein Kämpfer für die Vernunft. Dies kommt gerade auch darin zum Ausdruck, dass er die damals wieder entdeckte Philosophie des *Aristoteles* in sein theologisches Denken integrierte. Natur und Gnade, Vernunft und Glaube sind aus Sicht des *Thomas* nicht auseinanderzudividieren, sondern aufs engste aufeinander bezogen.

Natürlich findet sich in der Unmenge des von *Thomas* Geschriebenen viel Zeitbedingtes, was wir heute anders sehen müssen[102], ebenso aber auch überraschend

---

100 Zur Periodisierung vgl. *Andresen/Denzler* (1984) 405.
101 Vgl. etwa *Jaspers* (1983) 120f.
102 Etwa *Thomas'* Aussagen zur minderwertigen Natur der Frau (vgl. *Pesch* (1995) 208-227).

aktuelle Fundstücke.[103] Die zentrale Botschaft des *Thomas* jedenfalls, den Glauben nicht ins Außervernünftige, Irrationale abzudrängen, sondern ihn im Lichte der Vernunft zu verantworten, diese Maxime hat nichts, aber auch gar nichts an Wichtigkeit und Dringlichkeit verloren. Dies gilt gerade für die heutige Zeit, in der esoterische Scharlatanerie fröhlichste Urständ feiert.

Nun aber zum ausgewählten Textstück. Es stammt aus dem bedeutendsten Werk des *Thomas*, der ‚Summa Theologiae'. Mit folgenden Worten umschreibt *Thomas* dort, was Religion ausmacht und kennzeichnet:

> „Religion ist, was Gott die geschuldete Verehrung verschafft. Zweierlei wird also bei der Religion bedacht: einmal das, was sie Gott darbringt [...], zum anderen aber, wem es verschafft wird, nämlich Gott."[104]

Das Wort ‚Gott' ist Dreh- und Angelpunkt dieser Definition. ‚Gott' wird markiert und identifiziert als entscheidendes Thema, bestimmender Inhalt und ausschlaggebender Referenzpunkt[105] der Religion. Diese wird bestimmt *auf Gott hin* – „was sie Gott darbringt" – und *von Gott her* – „wem es verschafft wird, nämlich Gott". In einer knappen Wendung ausgedrückt, die ebenfalls von *Thomas* stammt, erscheint Religion als ‚ordo ad Deum'[106], als „Hinordnung des Menschen auf Gott"[107].

Wer das Wort ‚Gott' ins Zentrum des Religionsverständnisses stellt, lenkt die Aufmerksamkeit in zweifache Richtung: nämlich einerseits auf die äußere Gestalt dieses Wortes und andererseits auf den inneren Gehalt, der in diesem Wort zum Ausdruck kommt. Die Sprachwissenschaft bezeichnet die äußere Gestalt unseres Sprechens als Syntaktik und dessen inneren Gehalt als Semantik.[108] Das Wort ‚Gott' birgt also eine syntaktische Außenseite und eine semantische Innenseite. Beide sind – wie in unserem Sprechen überhaupt – untrennbar miteinander verbunden.

---

103 Man denke insbesondere an seine Aussage: „Das Erkannte ist im Erkennenden der Weise des Erkennenden gemäß." – „Dicendum quod cognita sunt in cognoscente secundum modum cognoscentis." (STh II-II 1,2 c.)

104 *Thomas von Aquin* nach *Waldenfels* (1985) 71. Im Original: „Religio est quae Deo debitum cultum affert. Duo igitur in religione considerantur. Unum quidem quod religio Deo affert [...]. Aliud autem est id cui affertur, scilicet Deus." (STh II-II 81,5 c.)

105 *Detlef Pollack* (1995) 169 spricht in diesem Zusammenhang vom „Bezugsgegenstand der Religion" (vgl. a. ebd., 168 und 171), *Hans Zirker* (1999) 1035 von der „letzten Bezugsgröße religiöser Akte".

106 „Religio proprie importat ordinem ad Deum." (STh II-II 81,1 c.)

107 *Rahner/Vorgrimler* (1985) 360f.; vgl. a. *Fox* (1979) 294.

108 Syntaktische Gestalt und semantischer Gehalt sprachlicher Zeichen werden geprägt und beeinflusst durch den pragmatischen Gebrauch ebendieser Zeichen in Biographie, Gesellschaft, Kultur und Geschichte. Als persönliche wie gemeinschaftliche Aneignung religiöser Zeichen ist religiöses Lernen selbst stets ein sprach*pragmatisches* Geschehen!

Was bedeutet dies für religiöses Lernen? Religion hat wesentlich mit Sprache zu tun. Und zwar mit einer Sprache, die das Besondere des religiösen Bezuges zum Ausdruck zu bringen sucht. Das Wort ,Gott' ist der Kulminations- oder Gipfelpunkt dieser besonderen Sprache.[109] Die religiöse Sprache kennt aber auch andere Begriffe, um das unsagbar Letzte des religiösen Bezuges ins Wort zu heben. Religiöses Lernen jedenfalls umfasst stets ein Lernen der besonderen religiösen Sprache in ihrer syntaktischen und semantischen Dimension – jener Sprache also, in welcher der Bezugspunkt der Religion ins Wort gesetzt wird. Religiöses Lernen impliziert ein Vertrautwerden gleichermaßen mit den Bezeichnungen wie mit dem Bezeichneten der Religion.

Das in der substanziellen Religionsdefinition Bezeichnete birgt allerdings eine gewichtige Schwierigkeit. Der Fundamentaltheologe *Hans Waldenfels* umschreibt dieses Urproblem mit folgenden Worten:

> „Wer die Frage ,Was ist Religion?' beantworten will, muß sich der Tatsache bewußt bleiben, daß eine Definition von Religion im strengen Sinne deshalb nicht möglich ist, weil der Bezugspunkt – Gott, das Heilige, der absolute Sinngrund u.ä. – unverfügbar und daher undefinierbar bleibt."[110]

Inhaltliche Definitionen, die sich zur Bestimmung der Religion auf deren bestimmenden Referenzpunkt beziehen – im Falle der *thomasischen* Umschreibung auf Gott –, verweisen letztlich auf ein Undefinierbares, Unverfügbares, Unsagbares. Anders gesprochen: Substanzielle Religionsdefinitionen stellen ein letztlich nicht aussagbares Geheimnis in den Mittelpunkt.[111]

Dieser Sachverhalt spricht eher für denn gegen die substanziellen Umschreibungen. Gerade weil sich der substanzielle Religionsbegriff nicht scheut, das Unsagbare zu sagen, zieht er sich nicht einfach billig aus der Affäre. Vielmehr bringt er etwas zum Ausdruck, das konstitutiv zu Religion gehört, nämlich die letzte Unbestimmbarkeit des religiösen Bezugspunktes. Religion steht – so gesehen – grundsätzlich in einer paradoxen Situation. Immer wieder neu ringt sie darum, ihren letzten Bezugspunkt ins Wort zu setzen. Zugleich aber weiß sie, dass sich dieser Bezugspunkt überhaupt nie angemessen ins Wort setzen lässt. In klassischer Weise wurde ebendiese Widersprüchlichkeit vor rund 800 Jahren für die christliche Tradition umschrieben. Das *IV. Laterankonzil* von 1215 formulierte:

> „Denn vom Schöpfer und vom Geschöpf kann keine Ähnlichkeit ausgesagt werden, ohne daß sie eine je größere Unähnlichkeit einschlösse."[112]

---

109 Vgl. insb. *Tillich* (1970) 142f. sowie *ders.* (1964 A) 206f.

110 *Waldenfels* (1985) 73.

111 In unvergleichlicher Eindrücklichkeit markierte *Karl Rahner* das „unumfaßbare, unsagbare Geheimnis" (*ders.* (1972) 134) als Kristallisationspunkt angemessener Gottesrede. Vgl. insb. *ders.* (1970) 167 und 171.

112 *IV. Laterankonzil* nach *Rahner/Vorgrimler* (1985) 19f.

Unterschiedlichste religiöse Traditionen kennen vergleichbare Eingeständnisse und Einschärfungen, sowohl in der religiösen Rede als auch in der religiösen Praxis stets die Unverfügbarkeit des Bezugspunktes zu respektieren. Von herausragender Bedeutung ist das Bilderverbot des ersttestamentlichen *Dekaloges*. Es lautet bekanntlich:

> „Du sollst Dir kein Gottesbildnis machen, das irgend etwas darstellt am Himmel droben, auf der Erde unten oder im Wasser unter der Erde." (Dtn 5,8[113])

Historisch wandte sich dieses Weisung primär gegen heidnische Kultbilder. Sie wäre gründlich missverstanden, wenn sie als Aufforderung interpretiert würde, jeglicher positiver Gottesvorstellung grundsätzlich zu entsagen.[114] Allerdings schärft das biblische Bilderverbot ein, dass sich die Jenseitigkeit oder Transzendenz des letzten religiösen Bezugspunktes niemals auch nur annähernd in die Diesseitigkeit oder Immanenz unserer Welt übersetzen lässt. In diesem Sinne ruft das Bilderverbot bleibend in Erinnerung, dass menschliches Sprechen zu, von und über Gott stets fragmentarisch ist und zwingend „Stückwerk" (1 Kor 13,9) bleibt. Die Unverzichtbarkeit dieser Mahnung markiert der Alttestamentler *Christoph Dohmen* mit den Worten:

> „Von seiner Funktion her könnte man das Bilderverbot ,*Wächter der Theologie*' nennen. Ihm geht es um eine Verhältnisbestimmung zwischen Gott und Mensch. Voraussetzung dazu ist aber der Unterschied zwischen Gott und Mensch, und somit wahrt das Bilderverbot die Transzendenz Gottes, ruft aber gleichzeitig nach einer Vermittlung in die Immanenz."[115]

Wie dargelegt ist die religiöse Hinordnung oder Hinwendung auf einen letzten Bezugspunkt, den viele Religionen ,Gott' nennen, gekennzeichnet durch eine grundsätzliche Widersprüchlichkeit oder Ambivalenz. Dem substanziellen Zugang gelingt gerade dadurch, dass er den inhaltlichen Fixpunkt der Religionen ins Zentrum stellt, eine Annäherung, die das Unterscheidende und Charakteristische der Religion zu erfassen vermag. Der Fundamentaltheologe *Siegfried Wiedenhofer* fasst diese widersprüchliche Eigenart, welche die Religion und die Religionen inhaltlich prägt und bestimmt, präzise zusammen:

> „Religiöser Glaube ist [...] einerseits die Fähigkeit, zum Zeichen und Zeugnis des Göttlichen werden zu können, mit Gott und von Gott reden zu können, das Zeugnis von der Nähe Gottes weitergeben zu können; er ist andererseits die Fähigkeit, die Differenz zwischen dem Göttlichen/Heiligen auf der einen Seite und den Erscheinungen der irdischen Welt aufrechtzuerhalten. Insofern verhält sich das religiöse Bewusstsein kritisch zu allem Weltlichen, optiert und revoltiert gegen jede Verabsolutierung und Vergötzung endlicher

---

113 Vgl. Ex 20,4.
114 Vgl. insb. *Hanisch* (1996) 20 mit Bezug auf *Silvia Schroer*.
115 *Dohmen* (1987) 22.

Erscheinungen. Dieses Zeugnis von der Transzendenz und Heiligkeit des Göttlichen impliziert außerdem eine vehemente Selbstkritik. Denn auch das religiöse Bewusstsein und die religiösen Institutionen und Traditionen bleiben immer noch Teil der irdischen, endlichen Welt und stehen daher ebenfalls unter dem Zeichen der Vorläufigkeit und Unzulänglichkeit."[116]

Wer Religion angemessen umschreiben will, kommt nicht umhin, die inhaltliche Eigenart und Besonderheit der religiösen Sphäre zu berücksichtigen. Hier stellt sich allerdings eine äußerst gewichtige Frage, nämlich ob das Wort ‚Gott' geeignet ist, die substanzielle Eigenart und Besonderheit von Religion hinreichend präzise zu bestimmen. *Thomas* etwa hatte ja Religion als ‚Hinordnung auf Gott' definiert. Gegen eine Religionsdefinition mit Hilfe der Gottesvokabel wird aber eingewandt, dass sie nicht allen religiösen Traditionen gleichermaßen gerecht werde. Besonders die *buddhistische* Tradition bereitet hier Kopfzerbrechen.[117] Zu maßgeblichen Teilen kennt der Buddhismus überhaupt nichts, was sich als Gottesvorstellung identifizieren lässt.

Um möglichst sämtliche Religionen im substanziellen Verständnis zu berücksichtigen, wird der inhaltliche Referenzpunkt der Religion häufig mit Worten umschrieben, die weiter gefasst sind als der Terminus ‚Gott'. Wie bereits aufgezeigt, bevorzugt die klassische Religionswissenschaft anstelle des Wortes ‚Gott' die Vokabel des ‚Heiligen'. Religion wird verstanden als Begegnung mit dem Heiligen; religiöse Phänomene werden – wie bei *Winston L. King* – etikettiert durch das Attribut ‚heilig'. Doch mag diese Wortwahl nicht wirklich zu überzeugen. Das Wort ‚heilig' birgt nämlich drei gewichtige ‚Tücken':

- Der Begriff des ‚Heiligen' ist in seiner inhaltlichen Bedeutung im Vergleich zur Gottesvokabel sehr vage und unscharf.
- Die Vokabel des ‚Heiligen' ist vergleichsweise weit entfernt vom inhaltlichen Selbstverständnis vieler Religionen. Zwar stammt das Wort ursprünglich aus der religiösen Sprache und wurde von dort in die Religionswissenschaften ‚importiert'. In den meisten Religionen selbst spielt das Wort ‚heilig' jedoch im Vergleich zum Gottesbegriff eine bescheidene Nebenrolle.
- Schließlich und endlich schwingt im Heiligkeitsbegriff eine Zweiteilung mit. Nämlich die Trennung zwischen einem gesonderten religiösen Bereich mit spezifischen Handlungen und Gegenständen einerseits und einer als ‚weltlich' oder ‚profan' angesehenen Umwelt andererseits. Dieses Auseinanderreißen von ‚heilig' und ‚profan' wird aber gerade jenen Religionen überhaupt nicht gerecht, für welche sich die Wirksamkeit Gottes mitten in die weltliche Geschichte hinein

---

116 *Wiedenhofer* (2002) 238f.
117 Vgl. *Schlette* (1963) 1165 und 1167 (Hinayana-Buddhismus), *Kehrer* (1985) 81 (Theravada-Buddhismus), *Pollack* (1995) 168 und 169 (‚früher Buddhismus') und *Zirker* (2001) 1674 („Teile des Buddhismus"). *Pollack* (1995) 168 nennt darüber hinaus auch die „Riten des jungpalöolithischen höheren Jägertums" als Beleg für eine Religion ohne Gottesvorstellung.

erstreckt. Dies ist besonders für die drei abrahamitischen Religionen der Fall, für Judentum, Christentum und Islam.

Die angeführten Einwände verdeutlichen, dass der Vorteil inhaltlicher Weite, welchen der Begriff des ‚Heiligen‘ zweifellos in sich birgt, durch gewichtige Nachteile mehr als übertrumpft wird. Die Gottesvokabel dagegen mag zwar nicht auf sämtliche religiöse Traditionen in gleicher Weise zutreffen. Für die überwiegende Mehrheit der Religionen trifft der Gottesbegriff aber das Mark ihres Selbstverständnisses. Deshalb halte ich ihn für am besten geeignet, Religion in substanzieller Hinsicht auf den Punkt zu bringen.[118]

Eine sinnvolle Ergänzung findet die Gottesvokabel im neutralisierten Begriff des ‚Göttlichen‘. Dieser ist etwas weiter gefasst, weil er expressis verbis über eine personalisierte Gottesvorstellung hinausreicht, ohne diese auszuschließen. Schon der Religionspsychologe *William James* griff in seinem 1902 erstmals veröffentlichten Klassiker „Die Vielfalt religiöser Erfahrung“[119] auf das Wort ‚Göttliches‘ zurück, um Religion zu umschreiben. Er definierte Religion als *„Beziehung zum Göttlichen“*[120]. Als Psychologe beschränkte er sich freilich bei der Untersuchung dieser ‚Beziehung zum Göttlichen‘ streng auf subjektive Erfahrungen einzelner Personen.

Das zweite Exempel einer substanziellen Religionsdefinition stammt von *Edward Schillebeeckx*, einem gebürtigen Belgier, der in den Niederlanden lehrte und lebt – inzwischen über 90 Jahre alt (geboren 1914). Zweifellos ist *Schillebeeckx* einer der bedeutendsten Systematischen Theologen der Gegenwart. Er gehört zu den wenigen, denen es überzeugend gelingt, eine Theologie zu formulieren, die scharfsichtig ist für die Herausforderungen und Entwicklungen der Gegenwart – bei gleichzeitiger tiefer Verbundenheit zur christlichen Tradition. Mit den Dominikanern gehört er derselben Ordensgemeinschaft an, welcher *Thomas von Aquin* bereits vor 750 Jahren verbunden war. Folgende Sätze vermögen *Schillebeeckx'* Religionsverständnis treffend zu verdeutlichen:

> „Die Religionen sind der Ort, wo Menschen sich ausdrücklich des Heilshandelns Gottes in der Geschichte bewußt werden.“[121] „Unter ‚dem Religiösen‘ [...] verstehe ich alles, was [...] Gott selbst zum ausdrücklichen Objekt hat.“[122]

Beide Sätze stellen den ausdrücklichen, expliziten Bezug auf Gott als kennzeichnendes Merkmal von Religion heraus. Entscheidendes Kriterium, um sinnvoll

---

118 Vgl. insb. *Gensicke* (2007) 415: „Der Gottesbegriff ist der zentrale Begriff und Glaubensinhalt unserer religiösen Kultur und ist auch heute als Abgrenzungsbegriff der religionssoziologischen Analyse nötig.“

119 Das amerikanische Original trug den Titel „The Varieties of Religious Experience“.

120 *James* (1997) 64 [Kursiv im Original].

121 *Schillebeeckx* (1990) 35.

122 Ebd., 126f.

von einer Religion sprechen zu können, ist für *Schillebeeckx* der inhaltliche Rekurs auf Gott. Wie schon bei *Thomas* haben wir also eine substanzielle Religionsdefinition vor uns, welche die Gottesvokabel in ihrer äußeren, syntaktischen Gestalt wie in ihrem inneren, semantischen Gehalt ins Zentrum stellt.

Zu Unrecht könnte die Umschreibung von Religion als „Ort" menschlicher Gottesvergewisserung auf den ersten Blick allzu eingängig und damit kaum nachdenkenswert erscheinen. Um ihrem Gehalt auf den Grund zu gehen, ist sie in den Gesamthorizont von *Schillebeeckx'* Theologie zu rücken. So mag deutlich werden, dass gerade dieser Autor mit seiner Version eines substanziellen Religionsverständnisses entscheidenden Einfluss auf die heutige Religionspädagogik genommen hat. Diese Wirksamkeit gipfelt im theologischen wie religionspädagogischen Begriff der ‚Korrelation‘, dessen heutige Bedeutung maßgeblich durch *Schillebeeckx* geprägt wurde.

Wie dargelegt sieht *Schillebeeckx* Religion dort gegeben, „wo Menschen sich ausdrücklich" und erkennbar auf Gott beziehen. Dabei meint er aber nun keineswegs, dass jede auch nur noch so beiläufige und oberflächliche Rede von Gott den Namen ‚Religion‘ verdient. Religion im eigentlichen und strengen Sinne des Wortes ist vielmehr ausschließlich dort gegeben, wo Menschen ihr eigenes Dasein, ihre Geschichte und ihre Wirklichkeit mit Bezug auf Gott deuten. Um dies zu erläutern, ist der Begriff der ‚Erfahrung‘ in den Blick zu nehmen.

‚Erfahrung‘ ist ein viel gebrauchtes Alltagswort. Wir verwenden es ständig. Was aber geschieht bei genauerer Betrachtung, wenn wir Erfahrungen machen? Die nachfolgende Grafik fasst wesentliche Züge eines reflektierten Erfahrungsverständnisses zusammen.[123]

---

123 Zur im Folgenden entfalteten Erfahrungsphänomenologie vgl. insb. *Porzelt* (1999) 3-6.

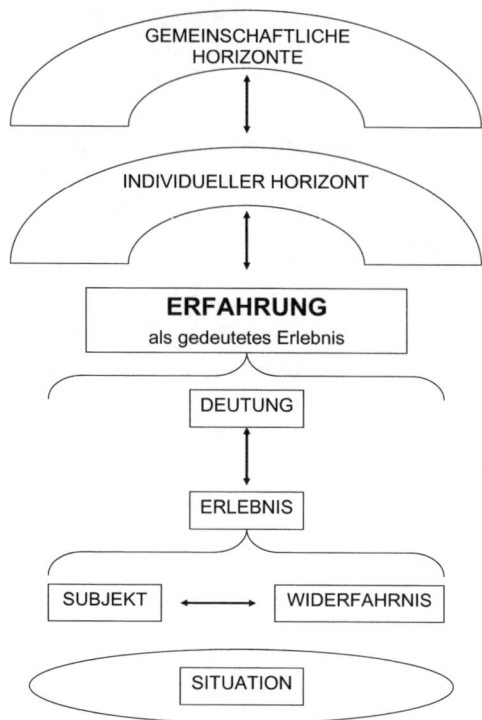

Abb. 11: Erfahrung als gedeutetes Erleben

Den Ursprung oder Keim jeglicher Erfahrung bildet die Begegnung zwischen Subjekt und Widerfahrnis. Das Ich begegnet einem Nicht-Ich, einem Ausschnitt der inneren und äußeren Welt. Aber keinesfalls jedes Erlebnis wird dem Subjekt zur Erfahrung. Zwar sind wir andauernd und unaufhörlich damit beschäftigt, Widerfahrnisse der inneren und äußeren Wirklichkeit aufzunehmen und spontan zu erfassen. Die allermeisten dieser Erlebnisse, die uns von Augenblick zu Augenblick begleiten, ‚filtern' wir jedoch rasch weg. Sie werden aufgesogen von der Selbstverständlichkeit des Alltags, sie versinken im Dunkel des Vergessens. Würde dies nicht geschehen, würde uns die Fülle der Eindrücke, denen wir beständig ausgeliefert sind, überrollen und überfordern.

Nur manche Erlebnisse stranden nicht im Einerlei der alltäglichen Routine oder im Strudel des Vergessens. Diese wenigen Erlebnisse werden zu Erfahrungen. Was bedeutet dies?

Zu Erfahrungen werden Erlebnisse dadurch, dass wir sie vergegenwärtigen und gedanklich verarbeiten. Ein Erlebnis wird also erst zur Erfahrung, indem wir es erinnern und deuten. Erfahrung ist somit gedeutetes Erleben! Diese Kernaussage findet sich vielfältig in unterschiedlichsten Wissenschaften – auch in der Theologie. Zwei Formulierungen des Religionspädagogen *Günter Biemer* seien exemplarisch angeführt:

> „Erlebnisse werden durch die Deutung in einem Verstehenszusammenhang zu Erfahrungen."[124] „Erst die geistige Erfassung und Verarbeitung (Deutung) macht das Erlebnis zur Erfahrung und speichert so die lebendige Erinnerung."[125]

Indem wir Erfahrungen machen, geben wir dem Erlebten rückblickend Sinn und Bedeutung. Wir ordnen das Erlebte ein. Dabei spielt die Sprache eine entscheidende Rolle. Erfahrung ist nämlich angewiesen auf Sprache. Sprache verhilft dazu, Erlebtes zu verstehen, zu ordnen und interpretierend auszulegen. Diesen unlösbaren Zusammenhang von Sprache und Erfahrung, der für ein substanzielles Religionsverständnis eminent wichtig ist, sollen zwei Zitate verdeutlichen. Das erste stammt von *Hubertus Halbfas*, einem Religionspädagogen, der nicht nur durch konzeptionell durchdachte Religionsbuchreihen für Grundschule und Sekundarstufe I hervorgetreten ist, sondern auch durch einflussreiche Überlegungen zum religiösen Lernen. Er schreibt:

> „Erfahrung ist nicht zuerst wortlos, um nachgehend das Wort zu suchen. Ohne Wort kommt sie nicht zu sich selbst, ist also nicht Erfahrung, sondern Widerfahrnis und Empfindung, ein unartikulierter Komplex, der sich dem reflektierenden Bewußtsein entzieht, und dem Denken unverfügbar bleibt. Erfahrung wächst in und mit der Sprache. Sprache gewinnen heißt, Erfahrung erschließen."[126]

Erfahrung findet zu sich selbst erst durch Sprache. Ebendies verdeutlicht auch *Erich Feifel* (1925-2003), ein Nestor der deutschsprachigen Religionspädagogik:

> „Wir können erst dann von Erfahrung sprechen, wenn die durch Empfindungen und Wahrnehmungen hervorgerufenen Eindrücke und inneren Vorstellungen durch die Sprache deutbar und auf dem Weg gegenseitiger Mitteilung mit der Erfahrung anderer Menschen vergleichbar werden."[127]

Die Zitate von *Halbfas* wie *Feifel* nehmen vorrangig die verbale Sprache in den Blick, also das gesprochene und geschriebene Wort. Ungeklärt bleibt, ob auch andere Äußerungsformen wie Symbol, Bild, Ritual oder Musik in der Lage sind, unseren Erlebnissen Sinn und Bedeutung zu verleihen. Allzu eng darf Sprache im Zusammenhang der Konstitution von Erfahrung sicherlich nicht gefasst werden. Wir müssen nonverbale Formen der Mitteilung mitbedenken. Dies schmälert aber nicht den einzigartigen und unverzichtbaren Stellenwert des gesprochenen

---

124 *Biemer* (1977) 47.
125 *Ders.* (1985) 51.
126 *Halbfas* (1968) 76.
127 *Feifel* (1973 A) 92.

und geschriebenen Wortes. Das Wort ist sicherlich nicht die einzige Form, Erlebtes zu deuten. Jede andere Form ist aber insofern auf das Wort hingeordnet, als sie nach verbaler Auslegung und Verständigung verlangt. Die Aussagekraft eines Symbols, eines Bildes, eines Rituals oder eines Musikstücks lässt sich zwar niemals voll und ganz durch das Wort einholen. Die nonverbale Sprache hat gegenüber der verbalen Sprache stets einen Bedeutungsüberschuss.[128] Symbole, Bilder, Rituale oder Musikstücke wollen jedoch mittels verbaler Sprache – also im Medium des Wortes – kommentiert und besprochen sein.[129] Nur so können wir sie bedenken und uns über sie verständigen.

Ich will zur Grafik (Abb. 11) zurückkehren, die aufzuzeigen sucht, was Erfahrungen ausmacht und prägt. Die bisherigen Überlegungen waren bis zur Erfahrung als vom Subjekt gedeutetem Erleben vorgedrungen. Noch unberücksichtigt blieb, dass interpretierendes Deuten niemals im luftleeren Raum stattfindet – in einem Vakuum sozusagen. Wenn wir Erlebnisse deuten, so geschieht dies stets innerhalb eines Koordinatensystems, das durch bisherige, vergangene Erfahrungen bestimmt ist. Bei näherer Betrachtung wird erkennbar, dass dieser Rahmen, in dem unser Erleben zum Erfahren wird, gleichermaßen persönlich wie gemeinschaftlich geprägt ist. Es lassen sich Erfahrungshorizonte unterschiedlicher Reichweite identifizieren.

Einerseits deuten wir unser Leben stets im Kontext unserer persönlichen Vorerfahrungen und Lebensgeschichte. Erfahren geschieht also innerhalb eines *individuellen* Deutungshorizontes – geprägt durch die konkrete Einzelperson. Jede Einzelperson wiederum ist beeinflusst durch gemeinschaftliche Kontexte – durch jene Geschichte, Kultur und Gesellschaft, in die sie hineingeboren wurde und in der sie lebt. Erfahrungen stehen und entstehen also stets auch innerhalb *gemeinschaftlicher* Deutungshorizonte. Religiöse Traditionen können einen solchen Erfahrungshorizont darstellen, der über das konkrete Individuum weit hinausreicht.

Die Horizonte, in denen wir Erlebnisse deutend zu Erfahrungen verarbeiten, sind niemals starr und unbeweglich. Vielmehr sind sie stetigem Wandel ausgesetzt. Jede neue Einzelerfahrung verändert das individuelle wie gemeinschaftliche Bezugssystem für spätere, für zukünftige Erfahrungen. Im dialektischen Wechselspiel von Erfahrung und Deutungshorizonten ereignet sich ein beständiger Lernprozess. Dieser Lernprozess betrifft einzelne Menschen gleichermaßen wie Gruppen, Gesellschaften, Kulturen und auch Religionen.

Nun ist die Brücke zu schlagen zum substanziellen Religionsverständnis von *Edward Schillebeeckx*. Religion ist – ihm zufolge – ein ganz bestimmter, ein spezifischer Interpretationshorizont für menschliche Erfahrungen. Charakteristisch für einen religiösen Erfahrungshorizont ist der inhaltliche Bezug auf Gott im Strom

---

128 Vgl. *Halbfas* (1982) 123f.
129 Vgl. ebd., 114–117.

einer Überlieferung. Im religiösen Horizont vermögen wir keine unbearbeiteten, gewissermaßen ‚rohen‘ Erlebnisse auszulegen, wohl aber vorinterpretierte Erfahrungen. Genannt seien etwa Erfahrungen des Glücks, Erfahrungen von Tod und Trauer, Erfahrungen von Unterdrückung oder aber von Gerechtigkeit. Niemand zwingt Menschen, solche Erfahrungen mit Gott oder dem Göttlichen in Verbindung zu bringen. Es gibt auch andere Deutungshorizonte! Grundsätzlich verfügen Menschen jedoch über die Möglichkeit, eigenen Erfahrungen Sinn und Bedeutung zu geben, indem sie diese ausdrücklich auf Gott beziehen.[130]

Die Pointe des expliziten Religionsverständnisses von *Schillebeeckx* besteht darin, dass Menschen im ausdrücklichen Bezug auf Gott oder das Göttliche eigenen negativen wie positiven Erfahrungen Sinn und Bedeutung zumessen können. Das Sprechen zu Gott und die Rede von Gott sind somit engstens verschränkt mit menschlichen Lebenserfahrungen. Zwei knappe Sätze pointieren diesen unlösbaren Zusammenhang:

> „Sinnvoll von Gott zu reden ist nur möglich aufgrund menschlicher Erfahrungen."[131]
> „Es gibt keine Begegnung mit Gott [...], die nicht durch eine Begegnung mit der Welt in ihrer eigenen Konsistenz vermittelt ist."[132]

Wie aus beiden Sätzen deutlich wird, entspringen die inhaltlichen Aussagen, die dem substanziellen Verständnis zufolge für Religion kennzeichnend sind, nicht zuvörderst den Kraftakten gedanklicher Spekulation. Zuallererst sind religiöse Inhalte vielmehr ein Schlüssel, um menschliches Leben und Erleben interpretierend zu deuten. Im Umkehrschluss bedeutet dies: Sprechen zu Gott und Reden von Gott müssen sich gegenüber menschlichen Alltags- und Lebenserfahrungen stets neu als schlüssig, als angemessen und stimmig erweisen. Die Erhellung der menschlichen Existenz ist der alles entscheidende Prüfstein für die Wahrheit und Echtheit religiöser Rede und Praxis.

Dass unsere Erfahrungen im ausdrücklichen Bezug auf Gott oder das Göttliche Sinn und Bedeutung erlangen können, bedeutet keinesfalls, wir sollten uns mit allem abfinden oder alles für gut heißen, was uns widerfährt. Im Gegenteil: Der ausdrückliche Bezug auf Gott fordert sogar dringend, bestimmten Erfahrungen mit einem entschiedenen Nein zu begegnen, mit Widerspruch und Widerstand. Dies gilt gerade für Erfahrungen des Leids, der Armut, von Unterdrückung und Unrecht.[133] Dies mitbedacht lässt sich zusammenfassen:

---

130 Erfahrungen im Lichte Gottes deuten zu können, ist ein urmenschliches Potenzial, das – in anthropologischem Sinne – als ‚Religiosität‘ bezeichnet wird. Vgl. insb. *Grom* (1985) 153: „Religiosität ist die Bereitschaft des Menschen, sich selbst, die Mitmenschen und die Welt [...] im Zusammenhang mit einem Übermenschlich-Göttlichen zu sehen und zu erleben."

131 *Schillebeeckx* (1990) 122.

132 Ebd., 127.

133 Solch zerstörerische Erfahrungen begrenzen *Schillebeeckx* zufolge die Plausibilität jeglicher Gottesreflexion, denn „für die menschliche Vernunft existiert immer der nicht in einer Theorie zu

Religion ist aus der Sicht von *Schillebeeckx* im Kern eine Deutung menschlichen Daseins mit Bezug auf Gott – und zwar im Kontext konkreter religiöser Überlieferungen. Im Horizont religiöser Worte, Bilder und Praktiken betrachten und beleuchten wir unser Leben und unsere Wirklichkeit auf eine ganz bestimmte Weise, wir beziehen sie auf Gott oder das Göttliche. *Schillebeeckx* selbst fasst dieses Religionsverständnis mit folgenden Worten zusammen:

> „Religion als solche ist thetisch [= behauptend], explizit, weil sie auf einer deutlich bestimmten Wirklichkeitsinterpretation gründet"[134].

Außerordentlich spannend erscheint die Theorie von *Schillebeeckx* nun, weil sich Religion – seiner Überzeugung nach – in einem spannungsreichen Gespräch verwirklicht. Religion – verstanden als ausdrückliche Hinwendung zu Gott – realisiert sich in einem beständigen Dialog von Erfahrungen.

Vereinfacht dargestellt umschließt dieser Dialog zwei Gesprächspartner. Nämlich einerseits die Glaubenserfahrungen der Vergangenheit. Und andererseits die Lebenserfahrungen der je neuen, heutigen Zeit. Religion hat sich also einerseits zu bewähren im Gespräch mit den religiösen Überlieferungen jener Vergangenheit, in der unsere Vorfahren ihr damaliges Leben mit Bezug auf Gott gedeutet haben. Religion muss sich andererseits bewähren im Gespräch mit den Wirklichkeitsinterpretationen der Gegenwart, die vielfach ganz und gar ohne einen Gottesbezug auskommen.

Angesichts dieser Bezugspunkte, auf die Religion bezogen ist, wäre es vollkommen verfehlt, sich religiöses Lernen als sture ‚Weitergabe' von fest stehenden Sätzen vorzustellen. Ein angemessenes Verständnis religiösen Lernens nimmt vielmehr zur Kenntnis: Die Gottesbotschaft, die aus der Vergangenheit ererbt wurde, muss sich stets wandeln und verändern, um neuen, gewandelten Gegebenheiten gerecht werden zu können. Die Gottesbotschaft unserer Vorfahren kann also nur sie selbst bleiben, wenn sie in anderen Zeiten je neu bedacht und ausgesagt wird. Kurz und bündig lässt sich dieser Zusammenhang mit der Sentenz umschreiben: ‚Nur wer sich ändert, bleibt sich treu!' Beide konstitutiven Züge religiösen Lernens sind in diesem Ausspruch vereint:

1. Religiöses Lernen erfordert Treue gegenüber jenen Gottesoffenbarungen der Vergangenheit, die in der religiösen Tradition aufgehoben sind. Religion wurzelt in Erfahrungen der Vergangenheit, in welchen es unseren Vorfahren zwingend und stimmig erschien, ihr Leben und Erleben als von Gott getragen und herausgefordert zu deuten. Diesen Deutungen gilt es treu zu bleiben.

---

erfassende Rest von Leiden und Sinnlosigkeit." (*ders.* (1980) 104) Angesichts vielfältiger Knechtungen des Menschen drängt der Gottesglaube – jenseits aller Worte! – zwingend auf eine tatkräftige Praxis wider Tod, Leid und Unterdrückung. Dies berücksichtigend gilt: „Von Gott sprechen steht unter dem Primat der Praxis." (*ders.* nach *Kennedy* (1994) 218)

134 *Schillebeeckx* (1971) 109.

2. Um diese Treue zur religiösen Überlieferung zu verwirklichen, müssen spätere Generationen den Mut haben, die alte, überlieferte Gottesbotschaft auf ihr Leben und Erleben zu beziehen, das sich von dem der Vorfahren vielfach unterscheidet. Der alte Glaube ist in Frage zu stellen und in einer Weise neu auszusagen, die dem veränderten Leben und Erleben der Nachfahren gerecht wird. Immer wieder ist der alte Glaube neu auszubuchstabieren – und zwar sowohl was seine äußere Gestalt als auch was seinen inneren Gehalt angeht.[135] Diese beständige Neuformulierung des Glaubens ist aber keineswegs willkürlich. Sie bewegt sich innerhalb gewisser Grenzen. Die gewichtigste dieser Grenzen ist der Gottesname selbst. Er lässt sich nicht beliebig ersetzen. Der Sprachwissenschaftler *Manfred Kaempfert* markiert diesen Umstand mit den Worten:

> „Es scheint [...] eine wesentliche Ausnahme von jener generellen Paraphrasierbarkeit [= Möglichkeit, Ausgesagtes neu und anders zu umschreiben] zu geben. Das sind die Eigennamen, d.h. Wörter, deren Denotat [= Bezeichnetes] immer nur ganz genau eine Person / Sache / Sachverhalt ist, in unserem Bereich also vor allem *Gott, Jesus (Christus), die Bibel.* [...] Daher ist es doch wohl ausgeschlossen, daß kirchliche Verkündigung (sofern sie sich nicht auf bloß marginale [= nebensächliche] oder propädeutische [= hinführende] Themen beschränkt oder ihre Aufgabe in einer Anwendung der christlichen Botschaft, nicht in dieser selbst sieht) z.B. den ‚Namen Gottes' verschweigen kann"[136].

Wie festgestellt vollzieht sich Religion für *Schillebeeckx* im Modus eines Dialoges, in dem sich Erfahrungen der Vergangenheit und der Gegenwart begegnen. Er selbst bezeichnet diesen Dialog als „Korrelation"[137]. Dieses Wort ‚Korrelation' meint nichts anderes als ein Gespräch, in welchem sich beide Partner gegenseitig bereichern und weiterbringen können, indem sie sich wechselseitig in Frage und auf die Probe stellen. Im korrelativen Gespräch kommen heutige, aktuelle Erfahrungen ebenso zur Geltung wie die Erfahrungen der religiösen Überlieferung. *Schillebeeckx* umschreibt diese Struktur mit den Worten:

> „Zeitgenössische Erfahrungen haben eine hermeneutische, kritische und produktive Kraft gegenüber den Erfahrungs- und Erkenntnisinhalten der christlichen Erfahrungstradition. Aber umgekehrt haben auch christliche Erfahrungen, falls eine Besinnung auf sie erfolgt, eine besondere ursprüngliche, kritische und produktive Erschließungskraft in bezug auf unsere allgemein-menschlichen Erfahrungen in der Welt."[138]

Religionspädagogisch hat der Gedanke einer wechselseitigen, kritischen und produktiven Korrelation Furore gemacht. Er bringt zum Ausdruck, dass religiös

---

135 Vgl. insb. *Kaempfert* (1974) 76.

136 Ebd., 76f.

137 „Autorität haben christliche Glaubenserfahrungen nur, wenn es zu einer *wechselseitigen theoretisch-kritischen und praktisch-kritischen Korrelation* zwischen den apostolischen Glaubenserfahrungen damals und unseren Erfahrungen heute kommt. Die dazwischenliegenden Epochen spielen dabei eine vermittelnde Rolle." (*Schillebeeckx* (1980 A) 89)

138 *Ders.* (1980) 94.

Lernende keineswegs leere Gefäße sind, in welche die christliche Überlieferung einfach ‚hineingegossen' werden könnte. Umgekehrt ist aber auch die christliche Tradition nicht bloß eine Leinwand, auf welcher religiös Lernende ihre eigenen Einstellungen, Gefühle und Gedanken lediglich wiederfänden. Dem Korrelationskonzept zufolge müssen die Erfahrungen der Schüler/innen und der Glaubenstradition gleichgewichtig ernstgenommen werden. Nur so können sich beide gegenseitig erhellen, aber auch korrigieren.

Zwei Textpassagen aus Rahmenlehrplänen für den Religionsunterricht vermögen diesen korrelativen Grundgedanken zu konkretisieren. Ein Rahmenlehrplan dient als Richtlinie für die Lehrpläne auf Länderebene, mit denen es Lehrer/innen im Berufsalltag zumeist zu tun haben.[139] Die religionspädagogische Entdeckung des Korrelationsgedankens vollzog ein Rahmenlehrplan für die Primarstufe, der inzwischen zwar nicht mehr in Geltung ist, aber bleibende historische Bedeutung besitzt – nämlich der *Zielfelderplan für die Grundschule* von 1977. Dort steht zur ‚Korrelation':

> „Korrelation heißt weder, daß die heutige Erfahrung zur Norm der Überlieferung erhoben, noch daß sie zum bloßen Aufhänger und austauschbaren Anschauungsmaterial degradiert wird. Vielmehr sollen überliefertes Glaubensverständnis und heutige Erfahrungen so einander gegenübergestellt werden und so miteinander ‚verknüpft' werden, daß sie in ihrer jeweiligen Besonderheit zur Geltung kommen und sich gegenseitig gerade nicht nur bestätigen oder ausschließen, sondern schöpferisch in Bewegung bringen."[140]

Ein anderer Rahmenlehrplan, nämlich der *Grundlagenplan für die Sekundarstufe I* von 1984, umschrieb die Grundlogik der Korrelation mit folgenden Worten:

> Es geht „im Religionsunterricht darum, eine kritische, produktive Wechselbeziehung herzustellen zwischen dem Geschehen, dem sich der überlieferte Glaube verdankt, und dem Geschehen, in dem Menschen heute – z.B. diese Schüler und ihre Lehrer – ihre Erfahrungen machen (*Korrelation als didaktisches Prinzip*).
> Die gegenseitige Wechselbeziehung wird kritisch genannt, weil in der Gegenüberstellung von Glaubensüberlieferung und Gegenwartserfahrung diese Gegenwartserfahrungen geprüft und verändert werden, und weil zugleich die Glaubensüberlieferung in einem neuen Licht erscheint. Produktiv ist diese Wechselbeziehung, weil einerseits die Glaubensüberlieferung neue Lebenserfahrungen anstößt und andererseits die gegenwärtigen Erfahrungen die Glaubensüberlieferung neu befragen.
> Korrelation ist also ein Interpretationsvorgang, in dem sich zeigt, daß Gegenwartserfahrung und Glaubensüberlieferung sich gegenseitig etwas zu sagen haben, sich befragen, sich anregen."[141]

In beiden Zitaten wird ‚Korrelation' als ein zweipolige Begegnung verstanden, und zwar als wechselseitiges, kritisches und produktives Gespräch: *Wechselseitige*

---

139 Vgl. *Zentralstelle Bildung* (1999) 6f.
140 *Dies.* (1977) 18.
141 *Dies.* (1985) 242f.

Korrelation bedeutet, dass beide Gesprächspartner aktiv beteiligt sind, die Gegenwartskultur ebenso wie die christliche Überlieferung: Korrelation ist keine Einbahnstraßenkommunikation, in der nur einer zu Wort kommt! *Kritische* Korrelation bezeichnet, dass sich beide Beteiligten auf die Probe stellen dürfen und sollen: Korrelation ist keine Belehrung, in der nur einer Recht hat! *Produktive* Korrelation schließlich besagt, dass in der Begegnung beide Dialogpartner etwas Neues und Bereicherndes für sich dazugewinnen können, ohne sich selbst aufzugeben.

Werfen wir einen genaueren Blick auf religiöse Lernprozesse, so scheint offenkundig, dass das Modell einer bloß zweipoligen Korrelation zwischen religiöser Überlieferung einerseits und heutigen Erfahrungen andererseits noch sehr grob gestrickt ist. Mit Hilfe einer Grafik will ich eine Präzisierung versuchen. Sie soll verdeutlichen, dass sich religiöses Lernen bei näherer Betrachtung in mehreren Dialogen vollzieht, die sich überlagern. Diese unterschiedlichen Dialoge machen das religiöse Lernen einerseits bunt, vielfältig und interessant, andererseits aber auch anspruchsvoll und schwierig. Ein Schema wie dieses zur vielgestaltigen Korrelation bildet natürlich niemals die Wirklichkeit ab, wie sie ist. Eine Kopie der Realität ist weder angestrebt noch wäre sie überhaupt erreichbar. Ziel ist vielmehr, die Komplexität religiösen Lernens ein wenig zu ordnen, um Inspirationen und Anregungen für das religionspädagogische ‚Alltagsgeschäft' zu erhalten.

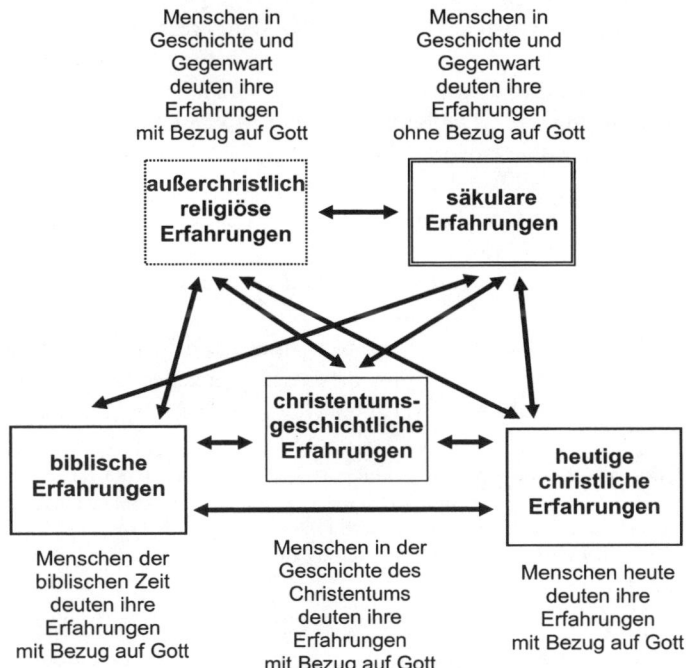

Abb. 12: Religiöses Lernen als wechselseitige, kritische und produktive Korrelation

In der Grafik wird religiöses Lernen vom Standpunkt einer bestimmten, nämlich der christlichen Religion aus nachgezeichnet. Wie aufgezeigt wurde, ist ein solcher Standpunkt für den substanziellen Religionsbegriff kennzeichnend. Diesem zufolge wird Religion verstanden als eine ganz bestimmte, eine sprachlich wie inhaltlich identifizierbare Interpretation der Wirklichkeit mit Bezug auf Gott oder das Göttliche.

Das Schaubild birgt eine ganze Reihe an Doppelpfeilen. Sie bezeichnen Korrelationen. Religiöses Lernen realisiert sich also in einer Vielzahl unterschiedlicher Erfahrungsdialoge.

Im Horizont der christlichen Religion kommt dem Gespräch mit den Erfahrungen der *biblischen* Zeit entscheidende Bedeutung für religiöses Lernen zu. Biblische Erfahrungszeugnisse sind in dieser Perspektive die identitätssichernde ‚Richtschnur‘[142] des korrelativen ‚Gesamtkonzerts‘, denn Christen sind (ebenso wie Juden) davon überzeugt, dass die Glaubenszeug/innen der Bibel „die Anwesenheit Gottes konzentrierter"[143] erfahren durften als Menschen anderer Epochen. Die Begegnung mit biblischen Erfahrungen ist somit grundlegend für religiöses Lernen im christlichen Sinne. Dass die in der Bibel sich widerspiegelnden Erfahrungen keineswegs einheitlich sind, sondern vielfältig und spannungsreich, versteht sich von selbst.[144]

Christlich-religiöses Lernen erschöpft sich aber keineswegs in der besonderen Begegnung mit biblischen Zeugnissen, es wird ergänzt und vervollständigt durch weitere Dialoge. Und zwar zunächst durch das Gespräch mit den Erfahrungen der *Christentumsgeschichte*. Die biblische Botschaft von Gott und Jesus Christus gelangte zu uns nur über eine mehrtausendjährige Wirkungsgeschichte. In dieser langen Zeit haben Menschen ihre Realität immer wieder neu und je anders auf den biblisch geoffenbarten Gott bezogen. Heutige Zeitgenoss/innen wiederum sind eingeladen, mit diesen christentumsgeschichtlichen Erfahrungen ins Gespräch zu kommen. Mit den Erfahrungen von Sündern und Heiligen, von Mächtigen und Ohnmächtigen. Mit Bildern und Gedichten, mit Gebeten und Erzählungen, mit Riten und theologischen Überlegungen, in denen die christliche Botschaft je neu ausgesagt wurde. Ohne Beachtung dieser facettenreichen Wirkungsgeschichte bliebe die christliche Religion unverständlich, dröge und inhaltlich blass.

---

142 Diese Maßgeblichkeit der biblischen Schriften verdeutlicht der Begriff ‚Kanon‘, der vom griech. *kanón = Richtschnur* bzw. hebr. *qanœ = Messrohr* herrührt und die Auswahl und Abgrenzung jener Texte kennzeichnet, in denen – aus christlicher Perspektive – „die Kirche [...] ihren Glauben konkret macht, wiedererkennt und dieser Objektivation sich selbst unterstellt" (*Rahner/Vorgrimler* (1985) 417).

143 *Schillebeeckx* (1978) 394.

144 *Thomas Rusters* Konstrukt eines einheitlichen ‚biblischen Wirklichkeitsverständnisses‘ (*ders.* (2000), insb. 195-200) ist angesichts der spannungsreichen Pluralität der biblischen Texte (vgl. *Päpstliche Bibelkommission* (1996) 79) nichts anderes als eine Fiktion, die der vielstimmigen Eigenart der Heiligen Schrift Gewalt antut!

Zwei weitere Dialogpartner sind zu nennen. Zum einen die Wirklichkeitsdeutungen *anderer Religionen*. Über Jahrhunderte hinweg hatte das Christentum in unseren Breiten eine Monopolstellung inne, was die letzte Interpretation der Wirklichkeit anbetraf. Diese Monopolstellung ist unwiderruflich erloschen. Ganz selbstverständlich und offensichtlich tritt zutage, dass Mitmenschen ihr eigenes Leben im Horizont fremder Religionen deuten. Verantwortetes religiöses Lernen wird sich dem Gespräch mit diesen außerchristlich religiösen Erfahrungen keinesfalls entziehen dürfen.

Zuletzt sei hingewiesen auf die *säkulare, weltliche* Variante, das eigene Leben zu interpretieren. Diese verzichtet gänzlich darauf, Gott oder das Göttliche ins Spiel zu bringen. Säkulare Deutungen des Lebens und der Welt sind die größte und bedeutsamste Herausforderung für heutiges religiöses Lernen. Für einen Gutteil unserer Zeitgenoss/innen besitzen sie fraglose Stimmigkeit und selbstverständliche Geltung.[145] Der glaubwürdige Dialog mit säkularen Erfahrungen ist somit entscheidend für die Zukunft religiösen Lernens. Nur insofern es nachvollziehbar gelingt, „daß man über weltliche Erfahrungen religiös sprechen kann – im Licht der christlichen Erfahrungstradition"[146] –, vermag die christliche Religion auf Zukunft hin kommunikabel zu bleiben.

Das vorgelegte Schaubild einer vielstimmigen Korrelation lässt sich mehrperspektivisch betrachten. Der Fixpunkt, auf den die durch Doppelpfeile symbolisierten Erfahrungsdialoge zulaufen, der Begegnungspunkt also, auf den sich unterschiedlichste Dialoge gemeinsam beziehen, verschiebt sich mit dem weltanschaulichen Standort der lernenden Subjekte. Der ‚Lebensglaube' heutiger Zeitgenoss/innen lässt sich nämlich keineswegs einheitlich bestimmen. Dem einen ist ein säkularer Standpunkt selbstverständlich, die andere versteht sich als Christin, der dritte adaptiert buddhistische Positionen. In Abhängigkeit von der je eigenen Verortung variiert die Nähe oder Fremdheit der im Schaubild zur Geltung kommenden Erfahrungshorizonte. Der Standpunkt heutiger Teilnehmer/innen am schulischen Religionsunterricht beispielsweise dürfte in aller Regel mehr oder weniger säku-

---

145 Am deutlichsten treten säkulare Wirklichkeitsdeutungen in Ostdeutschland zu Tage, wobei dezidiert *a*religiöse Menschen – entgegen gängiger Vor-Urteile – keineswegs unversöhnt den letzten Kontingenzen des Daseins entgegenblicken müssen, wie der in Leipzig tätige Jesuit *Bernd Knüfer* (2000, 420) anschaulich aufzeigt: „Der Club der Nachdenklichen findet im Rahmen der Volkshochschule statt. Da treffen sich überwiegend ältere Herrschaften und denken über das Leben nach und da bin ich dazugegangen. Überwiegend sind das alte PDS-Leute. Die wollen von christlicher Botschaft nun wirklich nichts wissen. Es ging z.B. einmal um das Leben nach dem Tod. Da saß eine ältere Frau, eine ganz ruhige, sympathische Dame. Und ich wagte dann nach einem längeren Diskussionsverlauf einzubringen: ‚Mir reicht dieses Leben einfach nicht. Das, was in mir an Sehnsucht nach Liebe, nach Wahrheit steckt, das kann doch mit dem Tod nicht alles gewesen sein!' Da sagte sie: ‚Mir reicht's!' Da kann man sagen: ‚Die ist zufriedener als ich!'"

146 *Schillebeeckx* (1980 A) 86.

lar geprägt sein.[147] Für diese Schüler/innen ist schon das aktuelle Christentum eine Welt, die fremd erscheint und in ihrer Eigenart entdeckt werden will. Doch finden sich im selben Religionsunterricht eben auch Schüler/innen, die aktuell im Christentum beheimatet sind. Oder andere, die sich einer fremden Religion zurechnen.

Bevor ich dazu übergehe, Stärken und Grenzen des substanziellen Religionsverständnisses zu bilanzieren, halte ich zwei abschließende Bemerkung zur Korrelation für dringlich.

Zuerst ist darauf zu verweisen, dass das Modell der Korrelation bei weitem nicht die einzige Möglichkeit darstellt, wie man Religion im substanziellen Sinne einordnen und verstehen kann. Es gibt vielerlei andere, darunter auch fundamentalistische[148] und zutiefst reaktionäre Fassungen des substanziellen Religionsbegriffs. Der Vorzug des korrelativen Modells liegt darin, dass es die Inhaltlichkeit der Religion radikal ernstnimmt, ohne an der Geschichtlichkeit und Autonomie des Menschen zu deuteln![149] Die Subjekte werden mit ihren ureigenen Erfahrungen für voll genommen, ohne den Wert und die Wahrheit des Gottesbezuges zu schmälern. Manch andere Lesart des expliziten Religionsbegriffs hingegen konstruiert einen unüberwindbaren Gegensatz zwischen der Wahrheit des Gottesbezuges einerseits und der Geschichtlichkeit und Mündigkeit der Subjekte andererseits.

---

147 Qualitative und quantitative Studien unterschiedlicher Provenienz untermauern die Einschätzung, dass es für die Mehrheit der Heranwachsenden verzichtbar geworden ist, zur Deutung ihrer (Lebens)Wirklichkeit auf *erkennbar religiös* geprägte Vokabeln, Vorstellungen und Vollzüge zurückzugreifen. Im Gegenzug gewinnen innerweltliche Interpretamente an Bedeutsamkeit. Vgl. bspw. *Wippermann* (1996), insb. 114-117; *Porzelt* (1999), insb. 256-258; *Fuchs-Heinritz* (2000), insb. 162 und 180; *Münchmeier* (2004) 379f.; *Oertel* (2004), insb. 365; *Gensicke* (2007), insb. 417 und 425; *Porzelt* (2008).

148 Der Anfang des 20. Jahrhunderts von konservativen Protestanten in den USA geprägte Begriff des ‚Fundamentalismus' bezeichnet Gruppierungen, die sich unter Leugnung jeglicher geschichtlich und sprachlich bedingter Interpretationsnotwendigkeit kategorial an einem fixen Bestand religiöser Aussagen orientieren (vgl. *Päpstliche Bibelkommission* (1996) 61-63; *Theißen* (2003) 22-24). Angesichts der Herausforderungen von Individualisierung, Pluralität und schwindender Kraft von Traditionen lässt sich Fundamentalismus als „Flucht [...] vor den Anforderungen eines selbstverantworteten Lebensentwurfs" (*Hornstein* (1990) 23) deuten. Theologisch ist Fundamentalismus insofern hochproblematisch, als er die Distanz all unserer religiösen Aussagen zum letztlich unfassbaren Gott „vergisst oder verdrängt" (*Wiedenhofer* (2002) 239): „Ein Glaube, der seine Symbole wörtlich versteht, wird zum Götzenglauben. Er nennt etwas unbedingt, was weniger ist als unbedingt. Der Glaube hingegen, der sich des symbolischen Charakters seiner Symbole bewußt ist, gibt Gott die Ehre, die ihm gebührt." (*Tillich* (1970) 147; vgl. *ders.* (1956) 9)

149 Obgleich die in den letzten Jahren erschienenen katholischen Dokumente zum Religionsunterricht das Wort ‚Korrelation' konsequent scheuen und stattdessen die Vokabeln ‚Dialog' oder ‚Gespräch' präferieren, halten sie – vom Bischofswort *„Die bildende Kraft des Religionsunterrichts"* von 1996 abgesehen – in der Sache durchaus an der Zielperspektive einer korrelativen Hermeneutik und Didaktik fest (vgl. insb. *Zentralstelle Bildung* (1998) 51f., 61-64, 66 oder *Deutsche Bischofskonferenz* (2005) 29).

Eine zweite Bemerkung zur Korrelation. Ich hatte mit Bezug auf dieses Wort aufzuzeigen versucht, dass Religion und religiöses Lernen dialogisch strukturiert sind. Dieser dialogische, korrelative Grundzug gilt keineswegs ausschließlich dort, wo religiöses Lernen ausdrücklich und bewusst einem korrelativen Konzept folgt, sondern – zumindest ansatzweise – für jedwedes religiöses Lernen inhaltlicher Prägung. Gerade auch Konzepte, die als starre ‚Weitergabe‘ einer als erfahrungslos und ungeschichtlich verstandenen Wahrheit gedacht sind, entpuppen sich bei näherer Betrachtung als durchaus kontextbedingte, zeitbezogene Auslegungsversuche der alten Botschaft. Der Theologe *Gotthard Fuchs* umschreibt diesen korrelativen Grundzug jedweden religiösen Lernens treffend. Zugleich wirft er die wichtige Frage auf, wozu es gerade heutzutage expliziter, ausformulierter korrelativer Konzepte bedarf, obgleich Korrelation in impliziter, untergründiger Weise sowieso schon zum religiösen Lernen gehört. *Fuchs* schreibt:

> „Korrelation meint [...] eine Sache und ein Verfahren, die existieren, solange es jüdisch-christlichen Glauben gibt. Ob man an die alttestamentlichen Propheten und Weisheitslehrer denkt, an Jesu Gleichnisse und Pauli Missionspredigt, an die Arbeit frühkirchlicher Apologeten und Katecheten – Übersetzung tat und tut not, um das Unwahrscheinliche des Glaubens zu vermitteln [...]. Ob dabei das Modell ‚natürliche Sehnsucht – übernatürliche Erfüllung‘ Pate stand oder das Modell ‚Anknüpfung im Widerspruch‘, ob ‚Analogie‘ [= Ähnlichkeit] oder ‚Paradox‘ [= Widersprüchlichkeit] – Korrelation war es allemal. So alt die Sache also ist, so hat es doch gute Gründe, neuerdings von Korrelationsmethoden zu sprechen [...]. Wo alles Überlieferte (und auch das Christliche) in Frage steht, verflacht oder unbekannt ist, da bedarf es der Klärung der Bedingungen und Möglichkeiten der Vermittlung, und es braucht [...] genaue Unterscheidungen um der Verständigung willen.“[150]

Es gilt nun, Bilanz zu ziehen mit Blick auf das substanzielle, explizite Religionsverständnis. Welchen Stellenwert hat es für religiöse Lernprozesse? Wo liegen die Stärken und die Grenzen eines Zugangs, der die inhaltlichen Aussagen der Religionen in ihrer besonderen sprachlichen Verfasstheit ins Zentrum stellt – jene Worte, Sätze und Symbole also, die sich letztlich auf eine unsagbare Realität beziehen, die zumeist mit der Vokabel ‚Gott‘ bezeichnet wird?

Der Stellenwert des substanziellen Religionsbegriffes lässt sich auf eine einfache Formel bringen. Sie lautet: ‚Der Inhalt ist keineswegs alles, ohne Inhalt jedoch ist alles nichts!‘ Sie gilt es kurz zu erläutern.

Der erste Teilsatz ‚Der Inhalt ist keineswegs alles‘ umschreibt, dass Religion einzig und alleine über inhaltliche Aussagen keinesfalls vollgültig zu begreifen ist. Das substanzielle Religionsverständnis ist offen für und angewiesen auf ergänzende Perspektiven. Jeder der zuvor erörterten Typen des Religionsverständnisses ist in diesem Sinne unverzichtbar. Der anthropologische Blickwinkel sucht im Mensch-

---

150 *Fuchs* (1985) 86.

sein des Menschen nach Wurzeln, die Religion ermöglichen. Die funktionale Sichtweise nimmt die problemlösenden Leistungen der Religion in den Blick. Der phänomenologische Zugang schließlich konzentriert sich auf die wahrnehmbare Ausdrucksgestalt der Religionen. All diese Perspektiven haben ihren eigenen, irreduziblen Wert. Dieser Wert wird durch das substanzielle Religionsverständnis keineswegs aufgehoben oder ersetzt. Der zweite Teilsatz 'Ohne Inhalt jedoch ist alles nichts' bringt zum Ausdruck, dass ein angemessenes Verstehen von Religion ohne Berücksichtigung ihrer spezifischen Inhalte ausgeschlossen bleibt. Wer nachvollziehen will, was Religion ausmacht und kennzeichnet, kann deren ureigene Aussagen, darf ihren ‚Originalton' nicht aussparen. Um Religion verstehen zu lernen, ist es unabdingbar, sich auf die besondere Sprache der Religion in ihrer äußeren Gestalt und in ihrem inneren Gehalt einzulassen.

In weitestem Sinne kann Religion begriffen werden als ein System von Zeichen, mit Hilfe derer Menschen ihr Leben und ihre Welt deuten.[151] Kennzeichnend für eine religiöse Grammatik ist der Bezug auf Gott oder Göttliches. Religion lässt sich somit in knappester Weise fassen als Zeichensystem zur Interpretation menschlicher Erfahrungen mit Bezug auf Gott. Der Neutestamentler *Gerd Theißen* formuliert treffend:

> „Religionen sind geschichtliche Zeichensysteme, Gebäude aus Zeichen, die Menschen erbaut haben, um Gott zu verehren."[152]

Macht man sich dieses weit gefasste, zeichenbezogene, semiotische[153] Verständnis von Religion zu eigen, erscheint offensichtlich, dass ein Zugang, welcher der Eigenart von Religion gerecht zu werden sucht, eine ernsthafte Beschäftigung mit jenen Zeichen zwingend voraussetzt, die für Religion kennzeichnend sind. Ziel ist es, die in den religiösen Zeichen zur Geltung kommenden Deutungen des Lebens und der Welt aufzuspüren. Wer Religion angemessen fassen und erfassen will, muss verstehen, *was* Religion selbst sagt und *wie* sie es sagt. Dabei ist zu beachten, dass die Sprache der Religion weit über das gesprochene und geschriebene Wort hinausreicht und wesentlich auch nonverbale Formen umfasst, etwa Symbol, Bild, Ritual oder Musik.

---

151 So fasst der Ethnologe *Clifford Geertz* (1926-2006) Religion als „System von Bedeutungen, die in symbolischer Gestalt auftreten" (*ders.* (1997) 46) und „dem einzelnen Menschen oder einer Gruppe von Menschen allgemeine und doch spezifische Auffassungen von der Welt, vom Selbst und von den Beziehungen zwischen Selbst und Welt [...] liefern – als Modell *von* etwas – wie auch darin, tiefverwurzelte, ebenso spezifische ‚geistige' Dispositionen [...] wecken – als Modell *für* etwas." (ebd., 92)

152 *Theißen* (2003) 122. Vgl. insb. ebd., 110: „Religion ist ein kulturelles Zeichensystem, das Lebensgewinn durch Entsprechung zu einer letztgültigen Wirklichkeit verheißt." Aufschlussreiche Umschreibungen finden sich überdies in ebd., 45, 46, 131 und 132f.

153 Das Wort ‚Semiotik' (von griech. *semeion* = Zeichen) bezeichnet die Wissenschaft von den (sprachlichen und nichtsprachlichen) Zeichen(prozessen), Vgl. insb. *Burkhard* (1993).

‚Verstehen, *was* Religion sagt und *wie* sie es sagt.' Wer dies anstrebt, um zur inneren Eigenart und Besonderheit der Religion vorzudringen, ist grundsätzlich verwiesen auf konkrete Traditionen und Gemeinschaften, auf religiöse Überlieferungen und Gruppierungen in ihrer Vielfalt, Unterschiedlichkeit und Geschichtlichkeit. Ein substanzielles Religionsverständnis ist nur sehr begrenzt mit dem Bestreben vereinbar, die verschiedensten Religionen auf einen gemeinsamen Nenner bringen zu wollen, wie dies etwa der phänomenologische Zugang versucht. Ein allgemeines und übergreifendes Konzept von Religion birgt nämlich keine Aussagen, die konkrete raumzeitliche Wirklichkeit zu deuten vermögen. ‚Religion im Allgemeinen' ist letztlich eine erfahrungsferne Abstraktion. Der evangelische Religionspädagoge *Bernhard Dressler* umschreibt diese Einsicht mit den Worten:

> „Außerhalb der Grenzen empirischer [= der Erfahrung zugänglicher] Religion" gibt es „keine allgemeine Religiosität [...], es sei denn als abstraktes religionswissenschaftliches Konstrukt. Religiöse Bildung ist nur im Hinblick auf die Gestalt einer empirischen Religion möglich."[154]

Bestimmbare Deutungen der Welt und des Lebens stammen stets von bestimmten, von geschichtlich benennbaren Traditionen und Gemeinschaften. Der Inhalt der Religion wird nur zugänglich im Vielklang und in der Vielfalt konkreter Überlieferungen und Gruppierungen.

Über Religion im Allgemeinen hingegen kann man letztendlich nur verallgemeinernd reden. Wollen wir zur besonderen Eigenart der religiösen Sphäre vordringen, so müssen wir uns mit real existierenden, mit gelebten Religionen beschäftigen und auseinandersetzen. Sehr prägnant hat dies der amerikanische Philosoph *George Santayana* zum Ausdruck gebracht, der von 1863 bis 1952 lebte. Er schreibt:

> „Der Versuch zu sprechen, ohne eine konkrete Sprache zu sprechen, ist ebenso zum Scheitern verurteilt wie der Versuch, ohne Bezug auf eine bestimmte Religion religiös zu sein."[155]

Santayana vergleicht die Religion mit der Sprache. Über Sprache im Allgemeinen lässt sich ohne Zweifel trefflich und sinnvoll nachdenken wie philosophieren. Wollen wir uns hingegen konkret äußern, wollen wir uns vernehmbar verständigen, dann vermögen wir dies ausschließlich vermittels bestimmter, geschichtlich gewachsener Einzelsprachen.

---

154 *Dressler* (2002) 14.
155 *George Santayana* nach *Geertz* (1997) 44; vgl. *Theißen* (2003) 50f. („Nur wenn man für eine der vielen religiösen Sprachen ein Verständnis gefunden hat, kann man die anderen verstehen – so wie man eine Muttersprache gelernt haben muss, um von ihr aus Zugang zu anderen Sprachen zu finden.") und 89 („Die Symbolsprache der Bibel ist eine besondere Sprache, die sich von der Symbolsprache aller anderen Religionen unterscheidet. Sie muss gelernt werden. Aber wenn man eine Muttersprache erlernt hat, kann man von ihr ausgehend andere lernen.")

Ähnlich ist es – *Santayana* zufolge – mit der Religion. Nur im Modus bestimmter, geschichtlich greifbarer Einzelreligionen vermögen Menschen ihm zufolge „religiös zu sein". Religion verwirklicht sich stets im Medium konkreter Religionen. Mit anderen Worten umschreibt dies der Religionspädagoge *Ulrich Hemel*:

> „Menschliche Religiosität [ist] ähnlich wie die menschliche Sprachlichkeit auf die Äußerung in geprägten Formen von ‚Religion' angewiesen"[156]. „Ebenso wie die Entfaltung der menschlichen Sprachfähigkeit nicht ohne die Vermittlung einer konkreten Sprache möglich ist und ohne entsprechende Förderung verkümmert, so bedarf auch die menschliche Religiosität konkreter Hilfestellungen, um sich zu entfalten statt zu verkümmern."[157]

Welchen Ertrag liefert der Vergleich zwischen Sprache und Religion für eine Theorie religiösen Lernens? Und zwar zugespitzt auf den schulischen Religionsunterricht!

Betrachten wir die Aussage *Santayanas*, dann ist mit Blick auf den Schulunterricht zunächst eine gewichtige Einschränkung vorzunehmen. *Santayana* spricht davon, dass der „Bezug auf eine bestimmte Religion" unabdingbar sei, um „religiös zu sein". Ebendies, nämlich „religiös zu sein", spiegelt aber nun keineswegs die vorrangige Zielsetzung unseres Religionsunterrichts an öffentlichen Schulen. Religiöses Lernen, wie es im Religionsunterricht angestrebt wird, zielt keineswegs primär darauf, dass die Schüler/innen selbst religiös werden. Religionsunterricht beabsichtigt also nicht, Schüler/innen zu Religion ‚hin-zuerziehen'! Vielmehr zielt das Schulfach ‚Religion(slehre)' darauf, dass sich die Schüler/innen in eigenständiger Weise gegenüber Religion verhalten können. Ihnen soll ermöglicht werden, einen begründeten Standpunkt zur Religion zu entwickeln und zu vertreten. Diese ihre eigene Position zur Religion kann ganz unterschiedlich sein. Sie kann in bejahender Identifikation mit einem religiösen Bekenntnis bestehen, aber auch in kritischer Distanz oder in verneinender Ablehnung.

Die Intention, im schulischen Religionsunterricht nicht zu Religion hinzuführen, sondern eine verantwortete Position gegenüber Religion zu ermöglichen, findet in der gegenwärtigen Religionspädagogik breite Zustimmung. Vielleicht am treffendsten wurde diese Zielsetzung in einem Dokument formuliert, das die Konzeption und die Legitimation des katholischen Religionsunterricht bis heute entscheidend prägt, nämlich im *Synodenbeschluss zum Religionsunterricht* von 1974. Dort heißt es:

> „Der Religionsunterricht soll zu verantwortlichem Denken und Verhalten im Hinblick auf Religion und Glaube befähigen"[158].

---

156 *Hemel* (1986) 53.
157 Ebd.
158 *Gemeinsame Synode* (1976) 139. Dass diese Zielformulierung im Bischofswort „*Der Religionsunterricht vor neuen Herausforderungen*" von 2005 gleich dreimal zitiert wird (ebd., 7, 18 und 27), unterstreicht deren ungebrochene Zentralität.

Schüler/innen „zu verantwortlichem Denken und Verhalten im Hinblick auf Religion und Glaube befähigen". Der springende Punkt und das entscheidend Neue dieser Umschreibung von 1974 werden deutlich, wenn man ein kirchenamtliches Dokument zum Vergleich heranzieht, das nur wenige Jahre vor dem *Synodenbeschluss* entstand, nämlich den *Rahmenplan für die Glaubensunterweisung* von 1967. Dieser schreibt dem Religionsunterricht eine ganz andere Zielsetzung zu. Sie lautet:

> „Die Katechese [ihr wird damals noch der Religionsunterricht zugerechnet!] soll die Gläubigen mit dem Mysterium [= Geheimnis] Jesu Christi und mit dem Leben der Kirche so vertraut machen, daß sie entsprechend ihren Voraussetzungen zu Jüngern Christi und Mitträgern des kirchlichen Lebens herangebildet werden."[159] „Das *Leben aus dem Glauben* ist das Ziel der Katechese."[160]

Der *Rahmenplan* von 1967 weist dem Religionsunterricht die Aufgabe zu, in den Glauben einzuüben. Ziel und Maßstab des Religionsunterrichts ist die aktive Bejahung der christlichen Religion, umschrieben als „Leben aus dem Glauben". Religionsunterricht dient letztlich der Eingliederung in eine ganz bestimmte Religionsgemeinschaft, in die katholische Kirche.

Meilen liegen zwischen dieser Zielbestimmung und jener des *Synodenbeschlusses*. Dem *Synodenbeschluss* zufolge ist es nämlich nicht entscheidend für den Religionsunterricht, dass sich die Schüler/innen eine bestimmte, nämlich die christliche Religion zu eigen machen. Ausschlaggebend ist vielmehr, dass die Schüler/innen „im Hinblick auf Religion und Glaube" begründete und verantwortliche Entscheidungen zu fällen vermögen. Das katholische Bischofswort „*Der Religionsunterricht vor neuen Herausforderungen*" von 2005 untermauert diese emanzipatorische[161], auf die Selbstständigkeit der Schüler/innen gerichtete Zielsetzung mit folgenden Worten:

> Der Religionsunterricht will die Schüler/innen „zur freien Entscheidung und Herausbildung eines eigenen Standpunktes befähigen"[162].

Die Aussagen des *Synodenbeschlusses* und des *Bischofswortes* spiegeln einen grundlegenden Perspektivenwechsel. Nicht mehr eine bestimmte Religion in ihrer inhaltlichen und sozialen Verfasstheit bestimmt den Zielhorizont religiösen Lernens, sondern das religiöse Subjekt, dem eine qualifizierte und eigenständige Position ermöglicht werden soll. Auf derselben Linie bewegt sich beispielsweise auch der Mainzer Religionspädagoge *Werner Simon*:

---

159 *Katholische Bischöfe Deutschlands* (1967) 8.
160 Ebd.
161 Von lat. *emancipare* (urspr.: *e manu (patris) capere*) = *loslassen, freilassen.*
162 *Deutsche Bischofskonferenz* (2005) 8; vgl. insb. ebd., 15.

> „Religiös erziehen heißt, junge Menschen zu begleiten, sie zu unterstützen, zu ermutigen, zu raten und zu helfen auf dem Weg zu einer persönlichen Entscheidungsfindung."[163]
> „Religiöse Erziehung begleitet auf einem Weg der Entscheidungsfindung."[164]

Ich will den Blick zurücklenken auf die Aussage von *George Santayana.* Im Religionsunterricht geht es nicht darum, „religiös zu sein", sondern darum, sich verantwortlich im Blick auf Religion zu verhalten. Insoweit besteht eine Differenz zwischen der Aufgabe des schulischen Religionsunterrichts und der Umschreibung *Santayanas.* Diese Differenz hebt jedoch die Stimmigkeit und Schlüssigkeit seines Vergleichs zwischen Sprache und Religion keineswegs aus den Angeln. Die Vergleichbarkeit von Sprache und Religion hat gewichtige Konsequenzen auch und gerade für einen Religionsunterricht, der religiöse Entscheidungsfähigkeit anstrebt.

Wie kann man, wie lässt sich lernen, sich verantwortlich im Blick auf Religion zu verhalten? Doch wohl nur, indem man den ‚Gegenstand', demgegenüber man sich verantwortlich verhalten soll, gründlich kennen und verstehen lernt. Auf den Punkt gebracht: Ein mündiges Verhalten zur Religion ist angewiesen auf eine kundige Vertrautheit mit Religion. Wovon ich nichts weiß und was ich nicht kenne, dazu kann ich mich nicht begründet und verantwortet verhalten![165] Damit der Religionsunterricht dem Ziel religiöser Mündigkeit gerecht werden kann, muss er also die Schüler/innen in kundiger Weise mit Religion vertraut machen. Und dies geschieht keineswegs im Sinne einer Missionierung, sondern mit der Absicht, den Schüler/innen eine eigene, eine informierte Entscheidung zu ermöglichen.

Die Schüler/innen in kundiger Weise mit Religion vertraut machen. Genau an dieser Stelle kommt der Vergleich *Santayanas* ins Spiel. Eine kundige Vertrautheit mit Religion im Allgemeinen ist nämlich gänzlich unmöglich. Hier trifft der Vergleich zur Sprache. Kennen und verstehen lernen kann man stets nur bestimmte, kann man nur konkrete, geschichtlich geprägte Religionen. Mit diesen muss der schulische Religionsunterricht die Schüler/innen konfrontieren, will er seiner Aufgabe gerecht werden. Und tut er dies, dann stößt er unversehens und zwangsläufig auf die besonderen Formen und die spezifischen Gehalte konkreter Einzelreligionen, auf jene Sprache und jene Inhaltlichkeit also, die – wie aufgezeigt – im Gottesnamen gipfelt.

Schulischer Religionsunterricht zielt auf einen besonderen Typus religiösen Lernens. Im Gegensatz zu anderen Feldern religiösen Lernens, der Katechese etwa, liegt dem Religionsunterricht weniger daran, zu einer bejahenden Identifikation mit dem Glauben zu motivieren. Vorrangig ist vielmehr, den Schüler/innen zu einer verantwortlichen und verantworteten Position gegenüber dem Glauben zu verhelfen. Gerade um dieser Aufgabe gerecht zu werden, muss sich der Religi-

---

163 *Simon* (1992) 296.
164 Ebd., 298.
165 Vgl. *Porzelt* (2007) 22-25.

onsunterricht den Inhalten konkreter Religion, den Inhalten ‚gelebter Religion‘ stellen.

Im Falle des katholischen, evangelischen oder ökumenischen Religionsunterrichts bedeutet dies, die jüdisch-christliche Tradition und Religion ins Blickfeld zu rücken. Religionslehrer/innen haben das Recht und die Pflicht, den Schüler/innen abzufordern, dass sie sich mit der Sprache und der Inhaltlichkeit des christlichen Glaubens beschäftigen und auseinandersetzen. Ihnen obliegt die Aufgabe, den Schüler/innen die besondere Sprache und Inhaltlichkeit des christlichen Glaubens nahezubringen und verstehbar zu machen. Religionsunterricht gestaltet sich – mit den Worten von *Erich Feifel* – als „Sprachschule des Glaubens"[166]. Die Schwierigkeit, aber auch der Reiz dieser Sprachschule liegt darin, dass das Christentum für die Mehrzahl der heutigen Schüler/innen eine fremde Sprache spricht, eine Fremdsprache, die oftmals Aussagen trifft, die heutigen Menschen neu und sperrig erscheinen.

Den Religionsunterricht als Einführung in eine fremde Sprache zu verstehen, darf keinesfalls bedeuten, die eigene Sprache der Schüler/innen geringzuschätzen oder in den Schatten stellen zu wollen.[167] Ziel ist vielmehr, dass die Fremdsprache der christlichen Religion und Tradition Kindern und Jugendlichen hilft, ihr eigenes Sprechen und Wahrnehmen, ihr eigenes Denken und Urteilen zu prüfen, zu weiten und zu vertiefen.

---

166 *Feifel* (1995) 100.

167 Auf ganz unterschiedliche Weise ist dies gleichermaßen bei *Ingo Baldermann* (bspw. 1996, 10, 34f. und 54) wie bei *Thomas Ruster* (bspw. 2000, 197) der Fall, deren Denken dualistisch geprägt ist. Beide unterstellen heutigen Schüler/innen pauschalisierend Defizite, um im Gegenzug die christliche Tradition als heilsam oder notwendig herauszustellen – ein apologetischer ‚Taschenspielertrick‘, der die Heterogenität überlieferter wie gegenwärtiger Daseinsdeutungen missachtet.

108|

4 Religionspädagogische Schlaglichter auf das religiöse Lernen

Zwei Drittel des Weges dieser problemorientierten Einführung in die Religionspädagogik sind nun bewältigt, ein Drittel der Strecke liegt noch vor uns. Dies bietet Gelegenheit, um innezuhalten, kurz zurückzublicken und einige Markierungen abzustecken, die dem Rest des Weges eine Richtung geben können.

Zwei Begriffe waren leitend für die bisherige Reflexion: einmal die Vokabel ‚Lernen‘, zum andern das Wort ‚Religion‘. Folgerichtig orientierte sich die erste Etappe des Buches an den Lernwissenschaften – besonders an der Pädagogik, der Psychologie und der Verbundwissenschaft beider, nämlich der Pädagogischen Psychologie. Das zweite Wegstück orientierte sich an jenen Wissenschaften, die aufzuklären suchen, was Religion ist, was sie soll und vermag. Zuvörderst war dies die Theologie. Aber auch andere Disziplinen kamen zur Geltung, etwa die Religionsphänomenologie, die Soziologie, die Religionspsychologie und die Philosophie. Je weiter wir voranschritten, umso häufiger und ausführlicher kamen Erkenntnisse und Überlegungen ins Spiel, die der Religionspädagogik entstammen, jener Wissenschaft also, deren ureigenster Gegenstand das religiöse Lernen darstellt. Dass das religiöse Lernen den zentralen Bezugspunkt der Religionspädagogik darstellt, spiegelt folgende Definition wider, die bereits zu Anfang des Buches zitiert wurde und aus dem *Neuen Handbuch religionspädagogischer Grundbegriffe* stammt:

> „Religionspädagogik befasst sich mit der wissenschaftlichen Reflexion und Orientierung religiöser Lernprozesse."[1]

Im Wegstück, das vor uns liegt, soll die Religionspädagogik ‚die erste Geige spielen‘. Sie soll zuvörderst zu Wort kommen. Dabei sind in der Fülle der Kenntnisse und Erkenntnisse zum religiösen Lernen gezielte ‚Schneisen‘ zu schlagen. Bevor dargestellt wird, was Religionspädagogik als Wissenschaft ausmacht (*Kap. 5*) und schließlich eine Typologie religiöser Lernorte skizziert wird (*Kap. 6*), sollen zwei Reflexionsgänge den Blick für die Vielfalt und Eigenart religiösen Lernens schärfen:

Zunächst will ich einen Versuch darstellen, grundlegende Konzepte religiösen Lernens zu umschreiben, die für die Geschichte des Christentums prägend waren

---

1 *Bitter/Englert/Miller/Nipkow* (2002) 14.

(*Kap. 4.1*). Der Rückblick auf die Vergangenheit konturiert Licht- und Schattenseiten religiösen Lehrens und Lernens in der Gegenwart.

In einem zweiten Schritt will ich mich der gleichermaßen umstrittenen wie entscheidenden Frage nähern, ob Glaube und Religion denn nun überhaupt lern- und lehrbar sind (*Kap. 4.2*). Mit der Beantwortung dieser Frage steht und fällt jede verantwortete Begründung religiöser Lehr- und Bildungsprozesse.

4.1 Epochentypische Formen religiösen Lernens

Bislang kam das Thema ‚religiöses Lernen‘ in einer Weise in den Blick, die kulturelle Veränderungen und geschichtliche Entwicklungen allenfalls beiläufig thematisierte. Als Fazit dieses Reflexionsprozesses lässt sich ‚religiöses Lernen‘ definieren als Begegnung zwischen Subjekten einerseits und religiösen Zeichensystemen andererseits. Im Zuge dieser Begegnung ereignet sich eine doppelte Anverwandlung. Die Subjekte verändern sich in der Begegnung mit dem Zeichenschatz der Religion. Zugleich verändert sich der religiöse Zeichenschatz in der Begegnung mit den Subjekten. Es geschieht also flexible Aneignung, nicht starre Übernahme. Wie erkennbar wird, ist religiöses Lernen ein eminent geschichtlicher Prozess. Es ereignet sich in Zeit und Raum. Je neue und besondere Situationen[2] drücken dem religiösen Lernen ihren Stempel auf. Religiöses Lernen ist stets situiert. Es findet statt im Kontext bestimmter Gesellschaften, Kulturen und Epochen. Würde man annehmen, dass die Form und Gestalt religiösen Lernens unbeeinflusst blieben von historischen, kulturellen und sozialen Gegebenheiten, wäre dies ein gravierender Irrtum. Das Gegenteil ist der Fall. Bestimmte Gesellschaften, Kulturen und Epochen korrespondieren mit charakteristischen Ausformungen religiösen Lernens.

Wie können wir uns solche Ausformungen religiösen Lernens nun materialiter, in der Sache also vorstellen? Der Religionspädagoge *Rudolf Englert* hat eine ebenso erhellende wie mutige Ausbuchstabierung gewagt, die sich auf die Geschichte des Christentums bezieht. Zugegebenermaßen bleibt die Phasenfolge, die er nachzeichnet, sehr grobkörnig. Der Sinn und Zweck seiner Rekonstruktion richtet sich aber auch gar nicht darauf, die geschichtliche Entwicklung des religiösen Lernens im Detail nachzuvollziehen. Ausführliche historische Forschungsarbeiten zur religiösen Erziehung wurden von anderen Wissenschaftlern vorgelegt, besonders genannt sei *Eugen Paul* (1932-1995).[3]

Das Schema von *Rudolf Englert* zielt darauf, grundlegende Muster religiösen Lernens in der Geschichte des Christentums sichtbar werden zu lassen. Er identifiziert

---

2 Pädagogisch gewendet sind Situationen (von lat. *situs* = *Lage, Stellung*) „räumlich-zeitlich geprägte Handlungseinheiten, in denen Aneignung stattfinden kann." (*Deinet* (1990) 65).

3 Vgl. insb. *Paul* (1993) und *ders.* (1995).

vier solcher Grundformen. Diese überschreibt er mit den Stichworten „Konversion", „Inkulturation", „Formation" und „Expedition".[4] Was genau ist gemeint?

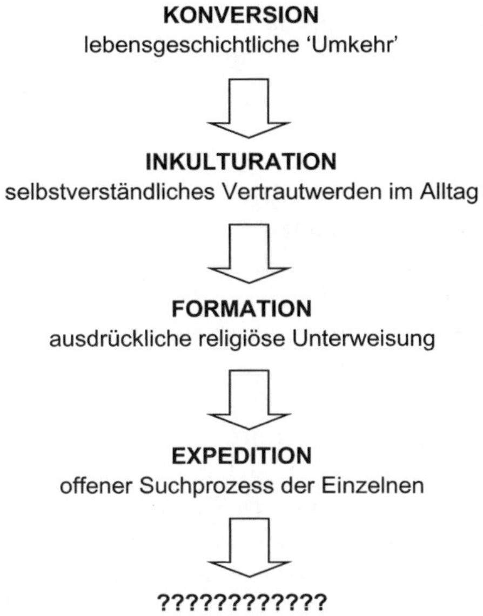

KONVERSION
lebensgeschichtliche 'Umkehr'

INKULTURATION
selbstverständliches Vertrautwerden im Alltag

FORMATION
ausdrückliche religiöse Unterweisung

EXPEDITION
offener Suchprozess der Einzelnen

???????????

Abb. 13: Epochaltypische Grundmuster religiösen Lernens nach *Rudolf Englert*

(1) Konversion

Die Anfänge des Christentums waren gekennzeichnet durch das Strukturmuster der ‚Konversion' (von lat. *convertere = umkehren*). Religiöses Lernen ereignete sich als lebensgeschichtliche Neuorientierung. Solche Umkehr vollzog sich als radikaler Bruch mit der alten Weltanschauung und als Hinwendung zur christlichen Religion.

Belege für dieses Strukturmuster gibt es gerade im *Neuen Testament* zuhauf. Man denke etwa an das *jesuanische* Leitwort aus Mk 1,15: „Erfüllt ist die Zeit, und nahegekommen ist das Königtum Gottes; kehrt um und glaubt an das Evangelium!" Oder an die *paulinische* Tauftheologie, wie sie in Röm 6,3f. zum Ausdruck kommt: „Wisst ihr denn nicht, daß wir alle, die wir auf Christus getauft wurden, auf seinen Tod getauft worden sind? Wir wurden mit ihm begraben durch die Taufe auf den Tod; und wie Christus durch die Herrlichkeit des Vaters von den Toten auferweckt wurde, so sollen auch wir als neue Menschen leben."

Zwar existiert das Strukturmuster der Konversion bis heute noch vereinzelt. Insgesamt gesehen verlor es seine prägende Bedeutung aber bereits, als das Christentum

---

4 Eingehender erläutert werden diese Begriffe in *Englert* (1997) 145-147.

zur Mehrheitsreligion heranwuchs. Als kirchengeschichtliche ‚Merkdaten‘ gelten hier das Mailänder Toleranzedikt von 313 und die Erhebung des Christentums zur Staatsreligion 380. Wer in eine christentümliche Gesellschaft hineingeboren wurde, musste sich zum Christentum nicht mehr bewusst hinwenden. Für eine persönliche Konversion bestand in einem solchen Kontext keinerlei Notwendigkeit.

(2) Inkulturation

Über weit mehr als ein Jahrtausend der Christentumsgeschichte vollzog sich religiöses Lernen vorrangig im Modus der „Inkulturation". Diese Vokabel meint hier (abweichend etwa vom Sprachgebrauch der Missionswissenschaften[5]) ein fragloses Hineinwachsen in eine christlich geprägte Alltagskultur. Religiöses Lernen vollzieht sich in einem solchen Kontext als selbstverständliche Begleiterscheinung des Alltagslebens, das von christlichen Bezügen durchwirkt ist.

Besonders deutlich wird dies an der christlichen Prägung der Zeit.[6] Der Tag wird gegliedert durch Gebete, die Woche ist ausgerichtet auf den Sonntag, das Jahr ordnet sich nach den Festen des liturgischen Kalenders, sogar die Gesamtbiographie des Einzelnen erhält Struktur durch Sakramente und Sakramentalien.

Alles in allem lässt sich feststellen: Im Modus der ‚Inkulturation‘ ergibt sich religiöses Lernen gewissermaßen von selbst. Es besteht kaum Anlass, religiöse Lernprozesse ausdrücklich anzuzielen und bewusst zu organisieren. Da christliche Symbole und Riten selbstverständlich zum gesellschaftlichen Leben gehören, ereignet sich religiöses Lernen qua Sozialisation.

(3) Formation

Ein Wendepunkt tritt mit der Reformationszeit ein, also im 16. Jahrhundert. Die Homogenität des westlichen Christentums zersplittert. Innerhalb des einen Christentums entstehen konkurrierende Konfessionen. Die Identifikation mit einem bestimmten konfessionellen Bekenntnis bedurfte jedoch der Stützung durch ausdrückliche und geplante Belehrung. Ziel solcher Unterweisung war der gezielte Aufbau, die ‚Formation‘ einer konfessionellen Identität.[7] Beiläufig sich ereignende

---

5 In der Regel bezeichnet ‚Inkulturation‘ die ‚Einwurzelung‘ des christlichen Glaubens in unterschiedliche Kulturen (vgl. *Päpstliche Bibelkommission* (1996) 104), die wiederum keineswegs nur einen äußerlichen Prozess darstellt, sondern – ähnlich der Korrelation! – ein wechselseitig prägendes Geschehen (vgl. insb. ebd., 105 und *Groome* (1996) 509).

6 Vgl. *Kaczynski* (1984).

7 Vgl. insb. *Schlüter* (2000) 86: „Auf Grund der Regelungen des Augsburger Friedens von 1555 entstanden in den verschiedenen Landesterritorien konfessionell gebundene und geschlossene Schulen. In Folge der reformatorischen Impulse für das Schulwesen und der vom Konzil von Trient zur Pflicht gemachten Christenlehre kam es zu einer Intensivierung der stark an der Glaubensauseinandersetzung orientierten und auf Sicherung des evangelischen oder katholischen Glaubens bedachten Unterweisung. Die Art und Weise des Religionsunterrichts und sein ausschließlich monokonfessio-

Inkulturation allein erwies sich als unzureichend, um dieses Ziel zu erreichen. Religiöse Lernprozesse wurden nun zunehmend institutionalisiert und strukturiert. Religiöses Lernen wird somit zu einem Spezialgebiet kirchlicher Praxis mit eigenen Fachleuten und allmählich entstehender wissenschaftlicher Reflexion. ‚Formation' zielt auf die bewusste Bejahung eines bestimmten Glaubensbekenntnisses in Abgrenzung zu anderen. Die Inhalte des Glaubens treten somit in den Vordergrund. Nicht umsonst ist die reformatorische und nachreformatorische Zeit die Blütezeit der Katechismen, der systematischen Lehrbücher im Glauben.

Die gezielte und systematische Unterweisung im Glauben erwies sich bis weit in das 20. Jahrhundert hinein als dominantes Strukturmuster religiösen Lernens. Nicht nur angesichts der innerchristlichen Entzweiungen, sondern auch in den entstehenden Konflikten zwischen Christentum und Säkularität erwies sich die ausdrückliche Belehrung als tragfähiger und wirksamer Modus religiösen Lernens. Im Zuge der Entstehung öffentlicher Schulen etablierte sich die christliche Belehrung sogar zum eigenständigen Unterrichtsfach, dem Religionsunterricht.[8]

Nicht vergessen werden darf allerdings, dass die gezielte ‚Formation' einer konfessionellen Identität kaum isoliert vonstatten ging. Sie fand ihren Grund und ihre Basis darin, dass das ‚inkulturierende' Lernmuster vielfach ungebrochen fortbestand.[9] Das nebenher erfolgende Vertrautwerden mit dem Glauben im Alltag hatte sich zwar von der Gesamtgesellschaft auf konfessionell homogene Regionen und Milieus verlagert. Der Wucht und Wirksamkeit des ‚inkulturierenden' Lernmodus tat dies jedoch keinen Abbruch.

(4) Expedition

Selbstredend gestaltet es sich am schwierigsten, die eigene Epoche zu typisieren. Zu dicht sind wir mit ihr verwoben. *Englert* jedenfalls charakterisiert das für unsere Zeitsituation typische Muster religiöser Erziehung als „Expedition". Abermals nämlich ist ein grundlegender sozioreligiöser Wandel zu verzeichnen. Weltanschauliche Milieus haben sich weitgehend aufgelöst. Deutungssysteme, die der menschlichen Existenz Grund, Halt und Orientierung zu geben vermögen, besitzen kaum mehr fraglose Verbindlichkeit. Verschiedenste Welt- und Lebensdeutungen stehen – scheinbar ‚gleich-gültig' – nebeneinander.[10] Je mehr dies der Fall ist, desto dringlicher stehen die Einzelnen als Einzelne vor der Aufgabe, sich im Markt der religiösen und weltanschaulichen Möglichkeiten zu orientieren.

---

neller Inhalt dienten dem Aufbau, der Vertiefung und der Verfestigung der konfessionellen Identität, die sich aus dem Gegensatz und als Gegensatz zu anderen bestimmte."

8 „Mit der Einführung der allgemeinen Schulpflicht im 18. Jhd. formte sich unter Betonung konfessioneller Abgrenzung und abhebend auf Eingewöhnung in tradierte christliche Lebensführung ein eigenständiges Unterrichtsfach ‚Religionsunterricht' aus." (*Feifel* (1986) 199).

9 *Rudolf Englert* (1997) 148 etwa diagnostiziert mit Blick auf den inkulturierenden und formativen Lernmodus „eine zweifellos sehr wirkungsstarke Koalition zweier Lernformen".

10 Zum Gesamtphänomen religiöser Individualisierung vgl. *Porzelt* (2002 A).

Religiöses Lernen gestaltet sich somit zunehmend als individueller Suchprozess – als „Expedition", die qualifizierter Unterstützung und Begleitung bedarf. *Englert* selbst umschreibt dieses aktuelle Muster religiösen Lernens wie folgt:

> „In dem Maße, in dem sich ein Individuum aufgerufen fühlt, sich auch in religiöser Hinsicht nicht einfach einem vermeintlichen Schicksal zu überlassen, sondern im Durchbrechen oder mindestens in der kreativen Anverwandlung vorgegebener religiöser Stile und Glaubensformen seinen eigenen Weg zu suchen, erhält religiöses Lernen insgesamt den Charakter einer Expedition in ‚offenes Land'. [...] In Zeiten gesellschaftlicher Individualisierung ist ein als offener Suchprozeß angelegtes religiöses Lernen in gewisser Weise zum Normalfall geworden. Der damit in den Vordergrund tretende Typus religiöser Lernprozesse ist gekennzeichnet durch hochgradig individualisierte Verlaufsmuster, wechselnde religiöse Referenzsysteme und ein hohes Maß an Selektivität [= Auswahl] im Umgang mit religiösen Traditionen und Institutionalisierungsformen."[11]

Noch einmal sei darauf verwiesen, dass die hier vorgestellten Strukturmuster religiösen Lernens idealtypischen Charakter besitzen. Ihr Ziel ist es, grundlegende Merkmale religiösen Lernens hervortreten zu lassen, die in bestimmten Etappen der Christentumsgeschichte dominant waren.

Ein zweiter Hinweis ist anzufügen. Für die ‚Konversion', ‚Inkulturation', ‚Formation' und ‚Expedition' mag es jeweils eine besondere Zeit geben, in welcher gerade dieses besondere Muster die Gestalt religiösen Lernens bestimmend prägte. Dies bedeutet aber keineswegs, dass ein einzelnes Grundmuster nur innerhalb seiner Epoche existierte und außerhalb seiner Zeit völlig zum Verstummen gekommen wäre. Im Prinzip lässt sich sagen, dass jedes der Grundmuster in allen Epochen aufzufinden ist, oftmals aber lediglich mit randständiger, geringfügiger Bedeutung. Man denke etwa an die Seltenheit regelrechter Konversionen in unseren Tagen – oder an die Ungewöhnlichkeit offener ‚Expeditionen' in Zeiten einer fraglosen Volkskirchlichkeit.

Was ist nun der Nutzen der vorgestellten Phasenfolge? Welcher religionspädagogische Ertrag lässt sich erkennen? Wie lässt sich der Rückblick in die Geschichte religiösen Lernens für die Gestaltung zukünftiger Lernprozesse nutzbar machen? Zunächst ist festzustellen: Jedes der vorgestellten Grundmuster weist sowohl Stärken als auch Schwächen auf.[12] Keine der Lernformen kann pauschal verdammt oder aber rundum glorifiziert werden. Teilt man diese Einschätzung, dann ist in jeder Epoche neu zu fragen: Was sind die besonderen Vorzüge, aber auch die ‚blinden Flecken' der momentan vorherrschenden Aneignungsweise?

Mit *Englert* lässt sich das gegenwartsprägende Strukturmuster religiösen Lernens als ‚*Expedition*' identifizieren. Nicht von ungefähr hat sich gerade dieses Muster, dem religiösen Zeichenschatz zu begegnen, für die aktuelle Situation als außer-

---

11 *Englert* (1997) 147.
12 Ebd., 148.

ordentlich wertvoll und stimmig erwiesen, für eine Zeit also, in der kaum allgemein verbindliche Sinnvorgaben existieren. In unserer Zeit darf und muss sich das einzelne Subjekt in religiösen und weltanschaulichen Belangen eigenständig zurechtfinden und verorten.

Das große Plus des Lerntyps der ‚Expedition‘ besteht darin, dass die Eigenständigkeit der Subjekte ebenso wie die Pluralität der Sinnangebote als unhintergehbare Ausgangspunkte religiösen Lernens ernstgenommen werden. Im Gewimmel der Sinn-Alternativen wird die christliche Tradition und Religion als ernsthafter „Vorschlag"[13] ins Gespräch zu bringen versucht. Das Wort ‚Vorschlag‘ kommt nicht von ungefähr. Es entstammt einem programmatischen Dokument, in dem die *katholischen Bischöfe Frankreichs* um Wege ringen, den christlichen Glauben in zeitgerechter Weise verständlich und lebenswirksam werden zu lassen. Der Lerntypus der Expedition zielt darauf, die christliche Tradition und Religion als ernsthaften ‚Vorschlag‘ ins Gespräch zu bringen, der von den Einzelnen kennengelernt, geprüft und möglicherweise ins eigene Lebenskonzept integriert oder aber verworfen werden kann. Nicht eine als unwidersprechbar wahr vorgegebene Lehre oder ein fraglos ererbtes Glaubensleben bilden den Angelpunkt des religiösen Lernprozesses. Sondern das einzelne Subjekt – mit seinen Möglichkeiten und Grenzen.

Das Konzept der ‚Expedition‘ ist angesichts unserer Zeitumstände zweifelsohne alternativlos. Selbst wer dies wollte (und solcherart Kräfte existieren tatsächlich!), könnte gar nicht zur ‚Konversion‘, ‚Inkulturation‘ oder ‚Formation‘ zurückkehren. Als vorrangige Lernmuster ließen sie sich in der heutigen sozioreligiösen Situation weder durchsetzen noch plausibel machen.

Trotzdem bleiben aber auch Anfragen an das Konzept der ‚Expedition‘. Es birgt nicht nur Vorzüge, sondern auch kritische Punkte. Um diese ‚blinden Flecken‘ zu verdeutlichen, will ich genauer unter die Lupe nehmen, worin denn die besondere Stärke jener Lerntypen bestand, die in früheren Zeiten eine beherrschende Stellung einnahmen. Ohne in Zweifel zu ziehen, dass die ‚große Zeit‘ dieser Grundmuster verstrichen ist, gilt es zu prüfen, was wir heute noch von der ‚Konversion‘, der ‚Inkulturation‘ und der ‚Formation‘ lernen können.

Die besondere Stärke des Lernmusters ‚*Konversion*‘ besteht im Grad seiner existenziellen Verbindlichkeit. Wer lebensgeschichtlich umkehrt, wer sich einer neuen Lebensorientierung zuwendet, der trifft eine existenzielle Entscheidung. Eine

---

13 *Katholische Bischöfe Frankreichs* (2000). Der Titel „Proposer la foi dans la société actuelle" wird in der offiziellen Übersetzung verzerrt wiedergegeben, da statt des nüchternen Wortes „vorschlagen" der Terminus „anbieten" gebraucht wird, der marktökonomische Assoziationen wachruft. „In einer Gesprächssituation ist ein Vorschlag ein Akt, mit dem ich meine Gesprächspartner auf eine neue Möglichkeit hinweise, die zu realisieren oder abzulehnen sie frei sind. Einen Vorschlag machen heißt nichts anderes, als einen Anfang setzen und diesen Anfang der Freiheit anderer Menschen aussetzen." (*Müller* (2004) 42)

Entscheidung, die ihn (oder sie) ‚mit Haut und Haar' in Beschlag nimmt. Mit Blick auf die Konversion stellt sich somit die kritische Frage: Inwieweit birgt unser gegenwärtiges Lernmuster der offenen Suche die Gefahr und das Risiko, dass der *existenzielle Anspruch* von Religion ausgeblendet wird? Oder mit *Englerts* Worten gefragt:

> „Wie läßt sich vermeiden, daß eine Religion, die man sehr behutsam als ein ‚Angebot' ins Spiel zu bringen versucht, als eine ‚Religion ohne Anspruch' behandelt [...] wird?"[14]

Die kennzeichnende Eigenart des Lerntypus ‚*Inkulturation*' besteht darin, dass Religion die praktischen Vollzüge des Alltags durchwirkt. Religiöses Lernen ist hier ganz selbstverständlicher Bestandteil des alltäglichen Lebens. Man kann auch sagen: Religiöses Lernen schenkt ‚alltagsweltliche Beheimatung'[15]. Nun wurde mit dem Begriff der ‚Beheimatung' in den letzten Jahren reichlich Schindluder getrieben. ‚Beheimatung' avancierte zum Kampfbegriff einer restaurativen Religionspädagogik, welche die Rahmenbedingungen heutigen Religionsunterrichts leugnet. Offiziellen Ausdruck fand diese restaurative Linie im katholischen Bischofswort *„Die bildende Kraft des Religionsunterrichts"* von 1996. Dieses Dokument, das maßgeblich vom Religionspädagogen *Hermann Pius Siller* formuliert wurde, umschreibt die Zielsetzung des Religionsunterrichts wie folgt:

> „Die konfessionelle Prägung des schulischen Religionsunterrichtes ist [...] ein konkreter Ausdruck für die Verwurzelung und Beheimatung des Glaubens in einer erfahrbaren und anschaulichen religiösen Lebenswelt, die gerade für Kinder und Jugendliche im Sinne einer Hinführung zum Glauben unaufgebbar ist."[16]

Religionsunterricht als „Hinführung zum Glauben": Hier wird ein ähnliches Verständnis des Religionsunterrichts deutlich, wie es rund dreißig Jahre zuvor im *„Rahmenplan für die Glaubensunterweisung"* von 1967 zur Geltung kam. In jenem *Rahmenplan*, der längst überholt ist durch die religionspädagogische Hinwendung zu den Schüler/innen als zu eigener Verantwortung befähigten Subjekten religiösen Denkens und Handelns. Nicht umsonst formulierte der *Synodenbeschluss* bereits 1974:

> „Bei fortschreitender Entkirchlichung der Gesellschaft ist ein positives Verhältnis aller Schüler zum Glauben und zur Kirche immer weniger vorauszusetzen. Vielen Schülern fehlt vom Elternhaus her die lebendige Beziehung zum christlichen Glauben und zur konkreten Gemeinde und damit der notwendige Erfahrungs- und Verständnishorizont für einen Religionsunterricht, der sich als Einübung in den Glauben versteht."[17]

---

14 *Englert* (1997) 148.
15 Ebd.
16 *Deutsche Bischofskonferenz* (1996) 76.
17 *Gemeinsame Synode* (1976) 130.

Es wäre ebenso unsinnig wie aussichtslos, würde man den Religionsunterricht ‚zurückbeamen' wollen in jene Zeit, in der er eingebettet war in eine fraglose Volkskirchlichkeit.[18] Dennoch wirft der Blick auf die Lernform der Inkulturation die kritische Frage auf: Inwieweit birgt unser gegenwärtiges Lernmuster der offenen Suche die Gefahr und das Risiko, dass der *Alltags- und Handlungsbezug* von Religion in Vergessenheit gerät? Religion im eigentlichen Sinne ist schließlich stets gelebte Religion. Als „Lebensstil"[19] ist sie konstitutiv verankert in persönlicher wie gemeinschaftlicher Praxis, in Beten und Feiern, Bekennen und Bezeugen durch Tat und Wort. Der subjektorientierte Lernmodus der ‚Expedition' könnte Religion auf ein Tableau, eine ‚Speisekarte' gedanklicher Konstruktionen schrumpfen lassen. Religion lebt aber nicht nur auf den Gipfeln hypothetischer Spekulation, sondern auch in den Ebenen alltäglicher Praxis.

Die Stärke des Lerntypus ‚*Formation*' besteht zweifelsohne darin, dass die Inhalte der Religion deutlich vernehmbar zur Sprache kommen. Im Mittelpunkt des formativen Lerntypus steht die Botschaft der Religion. Durch Unterweisung und Belehrung gilt es, diese Botschaft möglichst vollständig und vollgültig ins Bewusstsein zu bringen. Auf die heutige Situation gewendet, wirft dies die kritische Frage auf: Inwieweit birgt unser gegenwärtiges Lernmuster der offenen Suche die Gefahr und das Risiko, dass *religiöse Inhalte* nur ‚halbiert' zur Geltung kommen? Ein Lernmodus, der das Subjekt (zu Recht!) hochschätzt, steht in der Gefahr, sperrige und befremdliche Inhalte der religiösen Überlieferung auszusparen, die diesem Subjekt vermeintlich nicht zugemutet werden dürfen.[20] Dunkle und rätselhafte Seiten des biblischen Gottes beispielsweise drohen unterschlagen zu werden, weil sie als schädlich und unzumutbar gelten für heutige Menschen. Insofern dies geschieht, wird Religion in ihrer kennzeichnenden, pluralen und sperrigen Inhaltlichkeit unkenntlich gemacht.

Drei Anfragen an den Lernmodus der Expedition wurden benannt. Sie betrafen den existenziellen Anspruch, den alltäglichen Lebensbezug und schließlich auch die oftmals befremdliche Inhaltlichkeit von Religion. Diese drei Anfragen ziehen die Schlüssigkeit und Dringlichkeit des expeditiven Lernmodus keineswegs in Zweifel. So ist es in Zeiten religiöser Pluralität und zunehmender Säkularität ein ebenso stimmiges wie realistisches Ziel, die Schüler/innen durch den Religionsunterricht begleiten zu wollen „auf der Suche nach ihrer *eigenen* Wahrheit"[21]. Von wenigen Ausnahmen abgesehen, steht diese grundsätzliche Zielrichtung des Reli-

---

18 Überzeugend formuliert dies *Rudolf Englert* (1998) 6 mit Blick auf das restaurative Konzept, das im *Bischofwort von 1996* zum Ausdruck kommt: „Diese Gegenoffensive wird scheitern. Sie wird vor allem deshalb scheitern, weil sie der mächtigen Tendenz zu einer Individualisierung von Religion entgegenläuft."

19 Vgl. insb. *Englert* (1996 A).

20 Vgl. *ders.* (1997) 149.

21 *Ders.* (1998) 5.

gionsunterrichts in der wissenschaftlichen Religionspädagogik außer Zweifel. Die große Stärke des expeditiven Lernmusters besteht darin, dass es den Lernenden ein hohes Maß personaler Eigenverantwortlichkeit zutraut, zumutet und zumisst – eine Autonomie, hinter die es in individualisierten und posttraditionalen Zeiten kein Zurück mehr gibt.

Zurück zu den drei Anfragen, die sich nichtsdestotrotz an das expeditive Lernverständnis eines offenen Suchprozesses richten. Zweifellos sind sie ernstzunehmen. Ganz weit oben auf der Tagesordnung der wissenschaftlichen Religionspädagogik steht derzeit die Frage, wie der Handlungscharakter von Religion im Religionsunterricht angemessen zur Geltung kommen kann. Auf den Punkt gebracht wird dieses Problem durch *Andreas Feige* und *Bernhard Dressler*, zwei Wissenschaftler, die eine groß angelegte Umfrage unter evangelischen Religionslehrer/innen verantwortet haben.[22] *Feige* und *Dressler* werfen die Frage auf:

> „Wie kann Religion – die gar nicht anders als performativ, *in Vollzügen*, darstellbar ist, also auch in ihrem *Vollzugs*sinn erschlossen werden muss – an der Schule ‚Gestalt' gewinnen, ohne die *Unterschiede* zwischen Schule und Kirche einzuebnen und damit auch das Spannungsverhältnis zwischen gelebter und gelehrter Religion aufzulösen?"[23]

Zur Debatte steht also, wie der Handlungsaspekt der Religion im Unterricht zum Ausdruck kommen kann, ohne den Unterricht selbst in religiöse Praxis umzufunktionieren. Religionsunterricht ist und bleibt schließlich eine bildende Veranstaltung im Raum der öffentlichen Schule. Und Religionsunterricht darf keinesfalls mutieren zur feiernden, betenden und bekennenden Praxis, wie sie innerhalb religiöser Gemeinschaften zu Hause ist.[24]

Die Frage, wie sich Religion im Unterricht nicht lediglich als Wissen, sondern auch als Handeln erschließen lassen kann, spielt derzeit in der Religionspädagogik und Religionsdidaktik eine Schlüsselrolle.[25] Weniger gilt dies leider für die Frage, ob es in religiösen Bildungsprozessen gelingt, die befremdlichen und sperrigen Aspekte der religiösen Botschaft angemessen zur Geltung zu bringen. Ich bin mir sicher, gerade dieses Problem wird uns in den kommenden Jahren intensiv beschäftigen.

Aktuell besteht im religionspädagogischen Alltag die Tendenz, einseitig jene Aspekte der christlichen Tradition zu fokussieren, die mit unseren jetzigen Erwartungen, Erfahrungen und Vorstellungen vereinbar sind. So ließ sich jüngst empirisch aufzeigen, dass Grundschulreferendar/innen den Erfolg des Religionsunterricht

---

22 Während sich diese Untersuchung (*Feige/Dressler/Lukatis/Schöll* (2000)) auf evangelische Religionslehrer/innen in Niedersachsen konzentrierte, berücksichtigte die baden-württembergische Folgestudie (*Feige/Tzscheetzsch* (2005)) Religionslehrer/innen beider großer Konfessionen.

23 *Feige/Dressler* (2000) 459.

24 Vgl. *Porzelt* (2004) 67f.; *Deutsche Bischofskonferenz* (2005) 25f.; *Porzelt* (2005), insb. 22-26; *ders.* (2007 A), insb. 53-55.

25 Vgl. bspw. *Dressler* (2002) oder *Mendl* (2006).

vorrangig daran messen, dass die Schüler/innen durch Überlieferungszeugnisse angeregt werden, Erlebnisse und Erfahrungen im eigenen Leben zu entdecken und zu besprechen. Erkennbar wird hier das Profil eines Religionsunterrichts, der die Perspektive der Schüler/innen dezidiert ins Zentrum stellt und befremdliche Perspektiven der Glaubenstradition entweder übersieht oder aber ausblendet.[26] Die religiöse Überlieferung dient in solcher Didaktik primär als ein Spiegel, der die eigene Welt der Schüler/innen verdoppelt, kaum jedoch als sperriger Dialogpartner, der zum (bisweilen auch unbequemen) Nachdenken provoziert.[27]

Bis zu einem gewissen Grad ist eine Zuspitzung der Glaubenstradition auf den je eigenen Zeithorizont hin zweifellos notwendig und legitim. Jede Epoche kannte schließlich ihre besonderen Lesarten der religiösen Überlieferung. Nichtsdestotrotz besteht – damals wie heute – das Risiko, dass die Eigenart und Besonderheit der religiösen Tradition ausradiert werden. Insoweit dies geschieht, ist einem korrelativen Gespräch zwischen heutigen und überlieferten Erfahrungen der Boden entzogen. Der Gesprächspartner der religiösen Tradition wird seiner eigenen und unverwechselbaren Stimme beraubt. Zugleich wird den Schüler/innen die Chance genommen, ihre eigenen Erfahrungen in einem kritischen Gespräch mit der Glaubensüberlieferung ernsthaft auf die Probe zu stellen.

4.2 Ist Glaube lehr- und lernbar?

Wie steht es um die Mahnung, den existenziellen Anspruch der Religion, der im Lernmuster der ‚Konversion‘ in den Vordergrund trat, auch in heutigen Bildungsprozessen präsent werden zu lassen? Ist dies nicht eine Überforderung? Besonders mit Blick auf den schulischen Religionsunterricht bin ich zunächst einmal höchst skeptisch, wenn ich allzu hochtrabende Anforderungen und Erwartungen zu vernehmen meine, welche die existenzielle Seite religiösen Lernens betreffen.

Zunächst ist festzustellen: Sicherlich kann und muss im Religionsunterricht zum Ausdruck kommen, dass es immer wieder Menschen gab und gibt, die sich den existenziellen Anspruch einer konkreten Religion radikal zu eigen machen. Im Unterricht lassen sich die Biographien solch gläubiger Menschen ‚heranzoomen‘.[28] Im Medium von Selbst- und Fremdzeugnissen können Schüler/innen deren Leben kennenlernen. Sie können Aufzeichnungen, Erzählungen, Gedichte, Bilder und Gebete dieser Menschen in Augenschein nehmen.[29] Ja, über einzelne Personen hinaus, die sich namhaft machen lassen, kann der Religionsunterricht ei-

---

26 Vgl. zusammenfassend *Porzelt* (2006) 458-461.
27 Grenzen *und* Stärken einer schülerzentrierten Religionsdidaktik werden knapp resümiert in *ders.* (2002) 47.
28 Vgl. *Mendl* (2002).
29 Vgl. exemplarisch *Seidl* (2006/07).

nen Einblick ermöglichen in den Glauben ungezählter namenloser Menschen. Schüler/innen können sich ‚heranpirschen' an textliche, musikalische, bildliche und architektonische Überlieferungen, die das Glaubensleben dieser vielen Namenlosen prägten und widerspiegeln. Über vielerlei Zeugnisse können sie sich Glaubensgeschichten aus Vergangenheit und Gegenwart annähern.

Dabei gilt selbstverständlich stets jener Vorbehalt, dem jegliches Lernen unterliegt: nämlich die Einschränkung, dass Lernen letztlich nicht von außen herstellbar ist, sondern allenfalls begünstigt oder aber behindert werden kann. Vollzogen oder aber unterlassen wird Lernen als eigentätige Aneignung der Wirklichkeit letztlich vom einzelnen Menschen. Das lernende Subjekt spielt stets die Schlüsselrolle!

Diesen Vorbehalt berücksichtigend, lässt sich feststellen: Es ist eine realistische, wenn auch sicherlich anspruchsvolle Zielsetzung, Schüler/innen den Glauben *anderer* Menschen in Vergangenheit und Gegenwart nachvollziehbar zu machen, vielleicht sogar, ein Verständnis für diesen Glauben anderer Menschen zu wecken. Damit bleibt aber die Frage noch unbeantwortet, ob und inwieweit Religion im existenziellen Sinne, ob Glaube überhaupt lehr- und lernbar ist.

Hier ist nun eine wichtige Präzisierung notwendig, was den Gebrauch des Wortes ‚Glaube' anbetrifft. Grundsätzlich ist nämlich zwischen Glauben als Inhalt und Glauben als existenziellem Vollzug zu unterscheiden. Der Kirchenvater *Aurelius Augustinus*, der von 354 bis 430 lebte, prägte für diese beiden Aspekte bis heute gängige Bezeichnungen.[30] Die *inhaltliche* Ausprägung des Glaubens umschreibt *Augustinus* als ‚fides *quae* creditur' (Relativum im Nominativ: ‚der Glaube, welcher geglaubt wird'). Den *Akt* des Glaubens hingegen tituliert er als ‚fides *qua* creditur' (Relativum im Ablativ: ‚der Glaube, durch welchen geglaubt wird').

Die Frage nach der Lehr- und Lernbarkeit des Glaubens richtet sich auf den Aspekt des existenziellen Vollzuges, also auf die ‚fides qua creditur'. Außer Frage steht, dass Inhalte des Glaubens, die ‚fides quae', in dem Sinne lehrbar und lernbar sind, dass sie sich geistig aneignen und verarbeiten lassen. Und zwar unabhängig davon, ob man diesen Inhalten existenzielle Bedeutsamkeit zumisst. Zu Recht betont deshalb *Georg Hilger*:

> „Den Glauben kennen, bedeutet noch lange nicht Glauben-Können"[31].

Außer Zweifel steht, dass keine existenzielle Aneignung möglich ist, welche sich inhaltslos vollzieht. Der Glaubensakt ist angewiesen auf Inhalte. Ein inhaltsleeres, inhaltsloses Engagement im Glauben ist schlichtweg unvorstellbar. Umgekehrt ist es aber sehr wohl möglich (und heutzutage ganz alltäglich!), um Inhalte des Glaubens zu wissen, ohne dass man den Glauben selbst vollziehen kann. In nüchterner Weise umschreibt *Ulrich Hemel*, was also gemeint ist, wenn um die Lehr- und Lernbarkeit des Glaubens gerungen wird:

---

30 Vgl. *Seckler/Berchtold* (1984) 97 mit Bezug auf *Aurelius Augustinus*.
31 *Hilger* (2001 A) 204.

„Immer dann, wenn sich in einer Person menschliche Religiosität dadurch vollzieht, daß sie sich im Lauf eines Lebens mit einem konkreten Bekenntnis identifiziert, kann von religiösem Glauben gesprochen werden."[32]

Hemel umschreibt die ‚fides qua‘, den Glaubensvollzug, als ‚Identifikation‘ mit einem konkreten religiösen Bekenntnis. Dieses Verständnis bewegt sich sehr nahe an dem, was der große jüdische Theologe und Religionsphilosoph *Martin Buber* (1878-1965) als ‚Dass-Glaube‘ bezeichnet. *Buber* stellt diesem ‚Dass-Glauben‘ eine zweite Grundform, nämlich den ‚Du-Glauben‘, entgegen. Er schreibt:

„Es stehen einander zwei, und letztlich nur zwei, Glaubensweisen gegenüber. Wohl gibt es eine große Mannigfaltigkeit von Inhalten des Glaubens, aber ihn selbst kennen wir nur in zweierlei Grundform. Beide lassen sich von schlichten Tatsachen unseres Lebens aus anschaulich machen: die eine von der Tatsache aus, daß ich zu jemand Vertrauen habe, ohne mein Vertrauen zu ihm zulänglich ‚begründen‘ zu können, die andere von der Tatsache aus, daß ich, ebenfalls ohne es zulänglich begründen zu können, einen Sachverhalt als wahr anerkenne. Beidemal handelt es sich bei dem Nichtbegründenkönnen nicht um eine Mangelhaftigkeit meines Denkvermögens, sondern um eine wesenhafte Eigentümlichkeit meines Verhältnisses zu dem, dem ich vertraue, oder zu dem, das ich als wahr anerkenne."[33] „Glaube im religiösen Sinn ist nun eine dieser beiden Glaubensweisen im Bereich des Unbedingten, das heißt, das Glaubensverhältnis ist hier nicht mehr eines zu einem an sich bedingten, nur für mich unbedingten ‚Jemand‘ oder aber ‚Sachverhalt‘, sondern zu einem an sich unbedingten. Die zwei Glaubensweisen stehen einander also auch hier gegenüber."[34]

‚Du-Glaube‘ und ‚Dass-Glaube‘. Ich habe diese Unterscheidung ins Spiel gebracht, um zumindest einen Eindruck zu wecken, dass es beim religiösen Glauben keinesfalls per se um eine Identifikation mit inhaltlichen Aussagen gehen muss, wie dies *Hemel* nahelegt. Sondern dass sich das existenzielle Engagement, der Glaubensakt, auf ein personales Gegenüber richten kann, das vom Glaubenden selbst als grenzenlos vertrauenswürdig wahrgenommen wird. Für die *biblisch-christliche* Tradition und Religion ist solcher Du-Glaube kennzeichnend und bestimmend. Deshalb schreibt *Klaus Wegenast* (1929-2006), über Jahrzehnte hinweg Garant einer geradlinigen, differenzierten und realitätssensiblen Religionspädagogik, zu Recht:

„In der Bibel und in weiten Bereichen der Kirchengeschichte bezeichnet Glauben [...] nicht ein Fürwahrhalten, sondern die Vertrauensbeziehung zwischen Mensch und Gott. Der Mensch glaubt *an Gott und an Jesus Christus*. Er verlässt sich auf Gottes Treue und auf das in Kreuz und Auferstehung geoffenbarte Heil. Es ist hier nicht der Ort, das Gesagte mit vielen Stellen zu belegen; dagegen möchte ich auf das offenbar unausrottbare Missverständnis des Glaubens als Fürwahrhalten biblischer Erzählungen hinweisen, das

---

32 *Hemel* (1986) 53.
33 *Buber* (1950) 5.
34 Ebd., 7.

viele Kinder und Jugendliche dazu veranlasst, der christlichen Gemeinde den Rücken zu kehren. Oder sollten sie etwa ihren Verstand verleugnen und gegen ihre Einsicht ‚Unglaubwürdiges' ‚glauben', obwohl die theologische Forschung seit Generationen darum weiß, dass in den Evangelien nicht zuerst berichtet, sondern der Glaube in für das 1. Jahrhundert verständlicher Weise zur Sprache gebracht wird. Glauben ist für Christen eben kein Fürwahrhalten von Berichtetem, sondern Mut, der die ganze Existenz betrifft"[35].

Zurück zur Frage, ob Glaube im beschriebenen Sinne der ‚fides qua creditur', der existenziellen Bejahung, lehr- und lernbar ist. Für die Religionspädagogik gibt es kaum eine grundlegendere Fragestellung. Immer wieder wurde sie in der Geschichte des Faches aufgerollt, debattiert und bedacht.

Besonders dringlich stellte sich die Frage der Lehr- und Lernbarkeit des Glaubens für die protestantische Religionspädagogik.[36] Und zwar, weil in der reformatorischen Rechtfertigungslehre der unverfügbare Charakter, die Gnadenhaftigkeit des Glaubens eine überragende Stellung einnimmt. Das Problem, das sich damit für die Einschätzung religiöser Lernprozesse auftut, veranschaulicht der evangelische Religionspädagoge *Robert Schelander* an der Person *Martin Luthers* (1483-1546) selbst:

> „Wir haben ein spezifisch evangelisches Paradox vor uns, das schon bei *Luther* zu finden ist: Er schreibt – von der Notwendigkeit der Lehre in Glaubensdingen überzeugt – Katechismen, um zugleich in der Auslegung [...] einzuschränken: ‚Ich glaube, dass ich nicht aus eigener Vernunft noch Kraft an Jesus Christ, meinen Herrn, gläuben oder zu ihm kommen kann.' [...] Pädagogische Möglichkeiten und theologische Einschränkungen stehen nebeneinander."[37]

Gerade im evangelischen Raum gibt es in der Geschichte außerordentlich deutliche Stimmen, welche die Lehr- und Lernbarkeit des Glaubens rundum verneinen. Als Beispiel will ich *Martin Stallmann* anführen, einen hellsichtigen Religionspädagogen, der von 1903 bis 1980 lebte. *Stallmann* hatte maßgeblichen Einfluss darauf, dass der schulische Religionsunterricht ein eigenes Profil gewann, das sich von der pastoralen und liturgischen Praxis der Kirchen markant unterscheidet.[38] Doch gerade dieser Wissenschaftler vertritt in Punkto ‚Lernbarkeit des Glaubens' folgende strikte Position:

> Es gibt „keine allmähliche Hinführung, als wüchse der Glaube, wie eine Überzeugung oder wie eine Zuneigung wachsen können. Der christliche Glaube ist sich selbst ein Wunder. [...] Der Mensch des Glaubens entsteht durch eine neue Geburt, nicht durch

---

35 *Wegenast* (2001) 716.
36 Vgl. *Schelander* (2001) 1186 und 1188 sowie *Lachmann* (2002) 436.
37 *Schelander* (2001) 1186.
38 Vgl. *Porzelt* (2004 A).

Erziehung oder Bildung, nicht durch eine Höherentwicklung der natürlichen Möglichkeiten des Menschen."[39]

Stallmann lehnt eine Lernbarkeit des Glaubens kategorisch ab. Zugleich setzt er jenes Grundmuster der ‚Konversion' absolut, das wir als typisch für die Frühzeit des Christentums kennengelernt haben (*Kap. 4.1*). Allerdings verneint *Stallmann* strikt, dass es sich bei der Konversion um eine Form des Lernens handelt. „Der Mensch des Glaubens entsteht durch eine neue Geburt, nicht durch Erziehung oder Bildung". Mit dieser Aussage setzt er die Unverfügbarkeit des Glaubens in unversöhnlichen Gegensatz zum Lehren und Lernen.

Stallmanns Position ist prototypisch für jene Autoren, welche die Lehr- und Lernbarkeit des Glaubens rundweg verneinen. Und zweifellos wohnt einem solchen Standpunkt ein Kern an Wahrheit inne. Sicherlich ist der Glaube im Sinne einer existenziellen Bejahung insofern unverfügbar, als er durch äußere Einflüsse nicht hergestellt, nicht produziert werden kann. Insoweit bringt *Stallmann* also einen wichtigen und wesentlichen Sachverhalt zur Sprache. Völlig zu Recht räumt deshalb auch der vermittelnd argumentierende *Klaus Wegenast* ein:

„Der Glaube [ist] trotz unserer didaktischen Kunst nicht ‚machbar'"[40].

In gleichem Sinne formuliert auch *Ulrich Hemel*:

„Die Annahme des Glaubens [ist] nicht erzwingbar oder im ‚technischen' Sinn durch kompetentes religionspädagogisches Handeln ‚erreichbar' [...]. Das ‚Gelingen' des religiösen Lehrens und Lernens liegt nicht in der Hand der religionspädagogisch Lehrenden. Eine ‚Erfolgsbewertung' religiösen Lehrens mit dem Maßstab der ‚Annahme des Glaubens' durch den Lernenden scheidet daher aus."[41]

Bedeutet dies aber notwendigerweise, dass der Glaube ganz und gar abgekoppelt ist von jeglichem Lehren und Lernen? Bleibt die Natur des Menschen, in der Lernen eine entscheidende Rolle spielt, völlig außen vor, wenn es um den Glaubensakt geht? Geschieht hier – wie *Stallmann* schreibt – ein „Wunder"? Ein „Wunder" in dem Sinne, dass Gott die Natur des Menschen umgeht?

An diesem Punkte erscheint ein kleiner theologiegeschichtlicher Rückblick vonnöten. Wie festgestellt, wurde die Lehr- und Lernbarkeit des Glaubens besonders in der evangelischen Tradition heftig diskutiert – wobei inzwischen auch für die große Mehrheit protestantischer Theologen und Religionspädagogen außer Frage steht, dass der Glaube in gewisser Weise doch auf Lernprozessen beruht. Wie aber kommt es, dass sich die katholische Tradition seit jeher bedeutend leichter tat, eine vermittelnde Position in dieser Frage einzunehmen? Eine Position nämlich, welche die Lehr- und Lernbarkeit des Glaubens mit der Unverfügbarkeit des

---

39 *Stallmann* (1958) 134.
40 *Wegenast* (2001) 719.
41 *Hemel* (1984) 198.

Glaubens zusammenzudenken sucht? Nicht im Sinne eines *'entweder* lernbar *oder* unverfügbar'*, sondern im Sinne eines *'sowohl* lernbar *als auch* unverfügbar'. Dieser vermittelnden Position im Zwist zwischen Unverfügbarkeit und Lernbarkeit des Glaubens liegt ein weit grundsätzlicheres *'sowohl als auch'* zugrunde. Dieses betrifft die Zuordnung von göttlicher Gnade und menschlicher Natur. Auf den Punkt gebracht wird sie in folgendem programmatischen Satz, der die Position des *Thomas von Aquin* zusammenfasst:

> „Gratia supponit naturam et perficit eam" – „Die Gnade setzt die Natur voraus und vollendet sie."[42]

Hier kommt ein theologisches Grundmodell zur Geltung, demzufolge Gottes Handeln der menschlichen Natur weder widerspricht noch entgegenläuft. Gottes Handeln wird vielmehr im Einklang mit der menschlichen Natur gesehen. Die Natur des Menschen – und damit auch die prinzipielle Lernbedürftigkeit und Lernfähigkeit des Menschen – bildet die Basis, das Fundament für Gottes Handeln.

Buchstabieren wir diesen Grundgedanken auf die Streitfrage nach der Lehr- und Lernbarkeit des Glaubens hin aus. Der letztlich unverfügbare Glaubensakt ist nicht losgelöst von ‚handfesten' Lehr- und Lernprozessen. Genauer gesagt: Religiöses Lernen ist die notwendige, aber keineswegs hinreichende Bedingung, um eine konkrete Religion existenziell bejahen zu können. Oder noch einmal anders gewendet: Glauben erschöpft sich zwar nicht im Lernen. Ohne Lernen jedoch gibt es keinen Glauben!

In der Sache besteht meiner Wahrnehmung nach in der heutigen Religionspädagogik beider christlichen Konfessionen weitgehende Übereinstimmung, was diese vermittelnde Zuordnung von Glaube und Lernen anbetrifft.[43] Einen katholischen und einen evangelischen Religionspädagogen will ich hierfür exemplarisch anführen, nämlich *Rudolf Englert* und *Gottfried Adam*. Beide umschreiben mit prägnanten Worten, dass der Glaubensakt auf Lernprozesse angewiesen ist, ohne sich in Lernprozessen zu erschöpfen:

> „Glauben-Können heißt glauben lernen können."[44] – „Christlichen Glauben gibt es nicht ohne Lernprozesse, aber Lernprozesse bewirken für sich allein noch keinen christlichen Glauben."[45]

---

42 *Korff* (1985) 189. Bei *Thomas* selbst ist dieses Zitat nicht ausdrücklich vorfindbar. Es vereint jedoch außerordentlich prägnant Teilformulierungen des Aquinaten. Vgl. insb. STh I 1,8 ad 2; I 2,2 ad 1; I-II 99,2 ad 1; Ver 14,9 ad 8; 27,6 ad 3.

43 Vgl. *Schelander* (2001) 1188.

44 *Englert* (1986) 345.

45 *Gottfried Adam* nach *Lachmann* (2002) 437.

Ist Glaube lehr- und lernbar? Alles in allem lässt sich mit einem bedingten ‚Ja‘ antworten. Diese eingeschränkte Zustimmung konvergiert[46] mit der Erkenntnis, dass Glauben gleichermaßen wie Lernen unzertrennlich mit menschlichen *Erfahrungen* verknüpft ist. Lernen lässt sich definieren als Prozess der Veränderung, der durch Erfahrung verursacht wird. Erfahrung ist ‚Motor‘ jeglichen Lernens (vgl. *Kap. 2*). Religion wiederum kann bestimmt werden als Zeichensystem, das menschliche Erfahrungen im Horizont des Göttlichen zu deuten ermöglicht (vgl. *Kap. 3*). Lernen einerseits und Religion andererseits beziehen sich somit konstitutiv auf Erfahrungen. Religiöser Glaube ist vor diesem Hintergrund weder denkbar noch vorstellbar, ohne Lernprozesse in Rechnung zu stellen. *Klaus Wegenast* bringt diesen Zusammenhang treffend auf den Punkt, indem er schreibt:

> „Weil der Glaube als ein Sich-Verlassen auf Gott immer auch etwas mit Erfahrungen, mit deren Reflexion und mit Verstehen zu tun hat, auch mit Verstehen von Sprache, ist im Zusammenhang mit diesem Glauben notwendig auch von Lernen zu reden."[47]

Ein abschließendes Wort schließlich zur Unverfügbarkeit des Glaubens, die ungeachtet seiner Verwiesenheit auf Lernprozesse stets zu achten und zu beachten ist. Mit dieser Unverfügbarkeit stehen Religion Lehrende keineswegs ‚allein auf weiter Flur‘. Letzten Endes begegnet in der Unverfügbarkeit des Glaubens ebenjene unüberschreitbare Begrenzung, die für jegliches pädagogisches Handeln prägend und bestimmend ist. Nämlich der Umstand, dass sich die Wirksamkeit pädagogischen Handelns letztlich der äußeren Einflussnahme entzieht. Diese eherne Grenze des didaktischen Handelns tritt umso schärfer ins Bewusstsein, je komplexer die Lernprozesse sind, die wir anregen wollen. Wenn es um überschaubare kognitive Leistungen geht, fällt die Unverfügbarkeit des Lernens weniger ins Auge als etwa bei der Förderung persönlicher Werthaltungen.[48] Im Grunde genommen sind Menschen zwar unbelehrbar, aber ungemein lernfähig! Die Unverfügbarkeit des religiösen Glaubens erweist sich als ein besonderer Fall der Unverfügbarkeit jeglichen Lernens. *Robert Schelander* fasst dies mit einem treffenden Vergleich:

> „Glaube ist wie das geglückte Leben unverfügbar. So wie der Einzelne den Glauben nicht besitzen, geschweige denn erlernen kann, so ist auch das geglückte und erfüllte Leben dem Pädagogen unverfügbar. Das enthebt nicht von der Notwendigkeit pädagogischer Bemühungen: Das Leben und der Glaube sind auf Lernen und auf Bildung angewiesen."[49]

---

46 Das Argumentationsmuster der *Konvergenz* (von lat. *convertere* = *zusammenstreben*) ist dadurch bestimmt, dass unterschiedliche Wissenschaften (z.B. Theologie und Pädagogik) auf verschiedenen Wegen zu ähnlichen Ergebnissen gelangen (vgl. *Fries* (1961)). Für die Religionspädagogik als Interaktionswissenschaft (*Kap. 5.2*) sind Konvergenzargumentationen zentral und unverzichtbar (vgl. insb. *Gemeinsame Synode* (1976) 131).

47 *Wegenast* (2001) 719.

48 Vgl. insb. *Lachmann* (2002) 438.

49 *Schelander* (2001) 1187.

5 Was ist, will und vermag Religionspädagogik?

Die vielperspektivische Erkundung von Eigenarten religiösen Lernens, die in den vorausliegenden Kapiteln unternommen wurde, bildet die Basis, um nun zu klären, was es mit der Religionspädagogik als Wissenschaft vom religiösen Lehren und Lernen auf sich hat. Dazu zunächst ein Lehrgespräch, das dem chinesischen Philosophen *Konfuzius*[1] zugeschrieben wird, der um 500 vor Christus lebte:

> „Dsï Lu sprach: ‚Der Fürst von We wartet auf den Meister, um die Regierung auszuüben. Was würde der Meister zuerst in Angriff nehmen?‘ Der Meister [= Kungfutse] sprach: ‚Sicherlich die Richtigstellung der Begriffe.‘ Dsï Lu sprach: ‚*Darum* sollte es sich handeln? Da hat der Meister weit gefehlt! Warum denn deren Richtigstellung?‘ Der Meister sprach: ‚Wie roh du bist, Yu! Der Edle läßt das, was er nicht versteht, sozusagen beiseite. Wenn die Begriffe nicht richtig sind, so stimmen die Worte nicht; stimmen die Worte nicht, so kommen die Werke nicht zustande; kommen die Werke nicht zustande, so gedeiht Moral und Kunst nicht; gedeiht Moral und Kunst nicht, so treffen die Strafen nicht; treffen die Strafen nicht, so weiß das Volk nicht, wohin Hand und Fuß setzen. Darum sorge der Edle, daß er seine Begriffe unter allen Umständen zu Worte bringen kann und seine Worte unter allen Umständen zu Taten machen kann. Der Edle duldet nicht, daß in seinen Worten irgend etwas in Unordnung ist. Das ist es, worauf alles ankommt.‘"[2]

Aus den Worten, die *Konfuzius* zugesprochen werden, spricht der Optimismus, dass es alles andere als gleichgültig ist, wie sorgsam und begründet wir über das denken und sprechen, was uns als Wirklichkeit erscheint. *Konfuzius* zufolge hat die Qualität unserer Gedanken und Worte entscheidenden Einfluss auf die Güte unseres Handelns und Tuns. Dieser Optimismus ist auch der Religionspädagogik als einer Wissenschaft eigen, die sich mit dem religiösen Lernen und seiner verantworteten Förderung befasst.

---

1 *Konfuzius* ist die latinisierte Umschreibung von chin. *Kungfutse* („Meister Kung", ca. 551-479 v. Chr.).
2 *Kungfutse* (1955) 131.

5.1 Religionspädagogik als Handlungswissenschaft

5.1.1 Reflexion von Praxis für die Praxis

Begründetes und sorgsames Be-denken und Be-sprechen hat förderlichen Einfluss auf Handeln und Tun. Von dieser Zuversicht zehrt die Religionspädagogik als eine Handlungswissenschaft. Um sich den Kerngedanken einer solchen Handlungswissenschaft genauer vorzustellen, genügt die knappe Umschreibung der ‚Reflexion *von* Praxis *für* die Praxis'. An folgendem Spiralmodell lässt sich verdeutlichen, was diese Formel meint:

Abb. 14: Reflexionsspirale nach *Bernhard Fraling*[3]

Der Moraltheologe *Bernhard Fraling*, von dem die Grafik stammt, kommentiert deren Gehalt mit folgenden Worten:

> „Man kann eine Ebene des konkreten Verhaltens und eine Ebene der Reflexion voneinander unterscheiden. Der Wechsel von Verhalten und Reflexion ist Ausdruck einer Primärdistanz [= ursprüngliches Abstandnehmen], in der sich der Mensch, der [...] handelt, zu sich selbst verhält. Diese Distanz zum eigenen Verhalten ist Ausdruck menschlicher Freiheit, wobei in die Erfahrung des einzelnen Verhaltens, in die Reflexion über sein Verhalten auch die Vorerfahrungen eingehen, das, was der einzelne bisher aus seinem Leben gemacht hat. Für jeden Menschen muß es eine Primärdistanz von seinem eigenen Verhalten geben. Ohne sie gibt es keine Freiheit; denn Freiheit besagt ja gerade die Möglichkeit zu alternativem Verhalten."[4]

Ähnlich wie wir selbst im Alltag – hoffentlich regelmäßig – auf unser Tun blicken, um es zu prüfen und gegebenenfalls zu verändern, blickt auch die Religionspädagogik auf vorfindliche Praxis, um zu begründeten Orientierungen für zukünftige

---

3 Vgl. *Fraling* (1982) 32.
4 Ebd., 31.

Praxis zu gelangen. Ihr Blick richtet sich einerseits auf religiöses Lernen als solches und andererseits auf jenes Handeln, das religiöse Lernprozesse zu ermöglichen und beeinflussen sucht.

Mit der ‚Reflexion *von* Praxis *für* die Praxis‘ übernimmt die Religionspädagogik ein alltäglich vertrautes Muster. Als *Wissenschaft* muss sie aber anderen, verschärften Maßstäben genügen, als dies beim gewöhnlichen Nachdenken erforderlich ist. Um eine Reflexion dezidiert als wissenschaftlich auszuweisen, müssen deren Wege und Ergebnisse ausdrücklich begründet und belegt werden, sodass sie überprüfbar und kritisierbar sind. Auf Basis ihrer prinzipiellen Nachvollziehbarkeit müssen Methoden und Befunde einer Reflexion dann auch tatsächlich von sach- und fachkundigen Dritten als logisch schlüssig und sachlich angemessen erachtet werden, um als wissenschaftlich zu gelten. Ungeachtet dieser wissenschaftlichen Besonderheiten findet sich der Grundvollzug der ‚Reflexion der Praxis für die Praxis‘, dem sich die Religionspädagogik widmet, in vergleichbarer Form in unserem Alltag.

5.1.2 Sehen – Urteilen – Handeln

Für die drei Elemente, die im eben vorgestellten Reflexionsmodell erkennbar wurden, nämlich den Rückblick auf konkretes Handeln, die Öffnung auf orientierende Erkenntnisquellen und den Vorausblick auf künftiges Handeln, gibt es eine markante Umschreibung. Sie lautet schlicht ‚Sehen – Urteilen – Handeln‘.

Die Einsicht, dass dem Menschen die Grundfähigkeiten des Erkennens, des Abwägens und des Handelns zukommen, ist wohl uralt. Sie findet sich in unterschiedlichen Epochen und verschiedensten Wissenschaftsdisziplinen. So schreibt etwa der große Pädagoge und protestantische Theologe *Johann Amos Comenius* (1592-1670):

> „Dem Wesen des Menschen kommt zu, was keinem anderen sichtbaren Geschöpf zukommt, *ein lebendes Bild des lebendigen Gottes* zu sein. Es besteht im verständigen Vernehmen (intellectus) der Dinge oder in der Vernunft (ratio); in der freien Entscheidung (arbitrium) über die Dinge oder im freien Willen (voluntas), und schließlich in der verfügenden Herrschaft (potestas) über die Dinge oder in dem Vermögen des Handelns (facultates), worauf immer es sich auch beziehen mag."[5]

Comenius unterscheidet „Vernehmen", „Entscheidung" und ‚Handeln‘ als grundsätzliche Merkmale, die den Menschen zum Menschen und zum Abbild Gottes machen.

Die Formulierung ‚Sehen – Urteilen – Handeln‘ als solche geht wohl zurück auf die ursprünglich in Belgien entstandene *Christliche Arbeiterjugend* (*CAJ*) und deren Gründer *Kardinal Joseph Cardijn* (1882-1967).[6] Die *CAJ* entdeckte diesen

---

5 *Johann Amos Comenius* nach *Schurr* (1981) 33.
6 Vgl. *CAJ-Bundesleitung* (1985) sowie *dies.* (1985 A).

Dreischritt als „wirksames (und inzwischen weit verbreitetes) Hilfsmittel für die Analyse und Veränderung der individuellen und gemeinsamen Situation"[7], an der sich die Jugendarbeit mit jungen christlichen Arbeiter/innen ausrichtete.

Von diesem Ursprung aus gewann das Prinzip ‚Sehen – Urteilen – Handeln' großen Einfluss auf die katholische Theologie in der zweiten Hälfte des 20. Jahrhunderts. So formuliert *Papst Johannes XXIII* in seiner Sozialenzyklika ‚*Mater et Magistra*' von 1961:

> „Die Grundsätze der Soziallehre lassen sich gewöhnlich in folgenden drei Schritten verwirklichen: Zunächst muß man den wahren Sachverhalt überhaupt richtig sehen; dann muß man diesen Sachverhalt anhand dieser Grundsätze gewissenhaft bewerten; schließlich muß man feststellen, was man tun kann und muß, um die überlieferten Normen nach Ort und Zeit anzuwenden. Diese drei Schritte lassen sich in den drei Worten ausdrücken: sehen, urteilen, handeln."[8]

Einen entscheidenden theologischen Durchbruch erlangte die Vorgehensweise ‚Sehen – Urteilen – Handeln' mit dem *Zweiten Vatikanischen Konzil* (1962-1965). Dieses einzige Konzil des 20. Jahrhunderts, dessen Beschlüsse trotz massiver innerkatholischer Umdeutungsversuche wegweisend sind, gestaltete eines seiner wichtigsten Dokumente, nämlich die *Pastoralkonstitution 'Gaudium et Spes'*, nach dem Bauplan ‚Sehen – Urteilen – Handeln'. *Karl Rahner* und *Herbert Vorgrimler*, die die Konzilsdokumente in deutscher Sprache herausgaben und kommentierten, schrieben:

> „Das Konzil folgte in dieser Konstitution im allgemeinen dem Schema: Analyse einer Situation (bzw. einer Auffassung) – Beurteilung sowohl auf einer Basis, die für alle Menschen annehmbar erscheint, als auch im Licht der kirchlichen Heilslehre – Hinweis auf die Konsequenzen, die zu ziehen sind."[9]

Große Bedeutung erlangte das Prinzip ‚Sehen – Urteilen – Handeln' in der Befreiungstheologie. Diese theologischen Richtung blühte nach dem *Konzil* besonders in *Südamerika* auf. Inhaltlich drängt sie darauf, dass das Christentum eindeutig Partei ergreift für die Armen und Unterdrückten und gegen ungerechte politische und wirtschaftliche Strukturen. Leider ist die Befreiungstheologie nach dem Fall der Mauer, dem Ende des Sowjetimperiums und dem vermeintlichen Siegeszug des Kapitalismus stark in den Hintergrund gedrängt worden. Innerkatholisch hatte sie immer mit Verdächtigungen zu kämpfen, obwohl sich gerade die lateinamerikanischen Bischöfe wiederholt und eindeutig zu ihr bekannten.

In der Religionspädagogik hat sich der Dreischritt ‚Sehen – Urteilen – Handeln' heutzutage weitgehend als Arbeitsprinzip durchgesetzt. *Erich Feifel* pointierte dies wie folgt:

---

7 *Dies.* (1985) 38.
8 Mater et Magistra 236 (*Johannes XXIII* (1989) 272).
9 *Rahner/Vorgrimler* (1986) 427.

„Die grundlegende Aufgabe der Religionspädagogik lässt sich in einem methodischen Dreischritt benennen. Bei jedem ihrer Themenbereiche will sie die vorfindliche Realität durch eine erfahrungswissenschaftliche Bestandsaufnahme sorgfältig analysieren, den vorgegebenen Befund anhand gesicherter theologischer und humanwissenschaftlicher Kriterien interpretieren und dann Überlegungen zur Verbesserung des entsprechenden Praxisfeldes anstellen."[10]

Feifels Darlegung stellt deutlich vor Augen, dass man den Dreischritt ‚Sehen – Urteilen – Handeln' keinesfalls als ‚Hauruck-Prinzip' verharmlosen darf – getreu dem Motto ‚oberflächlich Hinschauen – überhastet Urteilen – hemdsärmelig Folgerungen ziehen'. Jeder der drei Schritte bedarf in der Religionspädagogik besonderer Aufmerksamkeit und Behutsamkeit sowie gesonderter Methoden und Kenntnisse. Jeder Schritt muss nachvollziehbar gegangen werden, sich der kritischen Diskussion stellen und sich letztendlich theoretisch als stimmig sowie praktisch als fruchtbar bewähren. Nicht zuletzt müssen die Schritte des ‚Sehens', des ‚Urteilens' und des ‚Handelns' im religionspädagogischen Forschen und Argumentieren ineinander greifen und sinnvoll aufeinander Bezug nehmen. Wenn sie aneinander vorbeilaufen und schlecht aufeinander abgestimmt sind, so taugt die erarbeitete Theorie gar nichts!

Gelingt es, im Durchlauf durch die Schritte des Sehens und Urteilens zu sinnvollen Impulsen für religionspädagogisches Handeln zu gelangen, dann muss sich auch diese veränderte Praxis erneut auf den Prüfstand stellen lassen – in gewandelten gesellschaftlichen, kulturellen und religiösen Zusammenhängen. ‚Sehen – Urteilen – Handeln' geschieht somit nicht so, dass die Fragen religiöser Erziehung ein für alle Mal ‚gelöst' werden könnten. Religionspädagogische Reflexion ist kein einmaliges Geschehen, sondern ein regelmäßig wiederkehrender Kreislauf – ein Zyklus.[11]

5.2 Religionspädagogik als Interaktionswissenschaft

Wie festgestellt versteht sich Religionspädagogik auf Höhe der Zeit als Handlungswissenschaft. Mit dem Ziel, begründete Orientierungen für zukünftiges Handeln zu entwickeln, gestaltet sie sich als ‚Reflexion von Praxis für die Praxis'. Der Alltag religiösen Lernens ist der konstitutive Bezugspunkt, das ‚Standbein', auf das sich Religionspädagogik wahrnehmend, prüfend und anregend zu beziehen hat. Um diese Aufgabe sinnvoll und angemessen leisten zu können, ist sie auf eine Form der Reflexion verwiesen, in der sich die Blickwinkel und Erkenntnisse verschiedener Wissenschaften verbinden, ergänzen und korrigieren. Religionspäd-

---

10 *Feifel* (1997) 35.
11 Vgl. insb. *Englert* (1995) 165f., der von einer „zyklischen Struktur" (ebd., 166) spricht.

agogik realisiert sich somit als „Interaktionswissenschaft"[12], als Wissenschaft also, in der sich unterschiedliche Disziplinen gegenseitig beeinflussen. Nachfolgende Grafik fasst zusammen, wie beide Charakterzüge der Religionspädagogik, die Verwiesenheit auf Praxis einerseits und Interaktivität der Reflexion andererseits, ‚zusammenspielen':

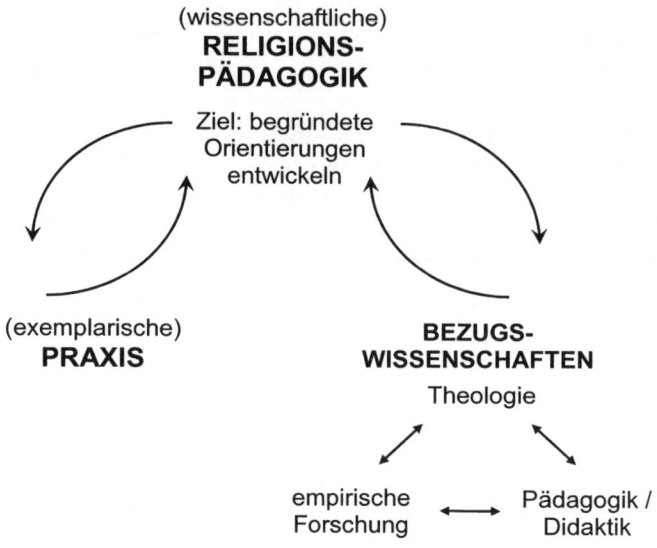

Abb. 15: Religionspädagogik als interaktive Handlungswissenschaft

Um ihres Gegenstandes willen verwirklicht sich Religionspädagogik stets in der Interaktion, dem ‚Zwischen-Handeln' unterschiedlicher Disziplinen. Dieser interaktive Charakter betrifft gleichermaßen die Außenbeziehungen wie das ‚Innenleben' der Religionspädagogik.

Wollten Religionspädagog/innen ihr ‚Handwerk', den Alltag religiösen Lernens wahrzunehmen, zu prüfen und anzuregen, im Alleingang bewältigen, würden sie sich schlichtweg überfordern. Für alle Schritte ihres eigenen ‚Geschäftes' – das Sehen, das Urteilen wie das Handeln – existieren andere Wissenschaften, die mit großer Energie solide und hilfreiche Methoden und Kenntnisse entwickelt haben. Religionspädagogik ist auf diese fremden Wissenschaften zwingend angewiesen.

Einige Beispiele zum Religionsunterricht mögen dies verdeutlichen: Wer herausfinden will, was Kinder und Jugendliche bewegt, die am Religionsunterricht teilnehmen, in welcher ‚Welt' diese Schüler/innen zu Hause sind, täte sträflich daran, die Ergebnisse und Methoden der empirischen Kinder- und Jugendforschung zu

---

12 *Biehl* (2001) 17 und *Wegenast* (2003) 6.

ignorieren. Wer erkunden will, wie sich Religionsunterricht heute real gestaltet, durch welche Merkmale dessen Alltag geprägt ist, tut sich erheblich leichter, wenn er Verfahren und Ergebnisse der empirischen Unterrichtsforschung berücksichtigt. Wer tragfähige Aussagen treffen will, was Religionsunterricht bei Schüler/innen bewirken soll, sollte sich in der pädagogischen und theologischen Lehre vom Menschen (Anthropologie) kundig machen, um Zielsetzungen zu entwickeln, die theologisch wie pädagogisch gleichermaßen verantwortbar sind. Wer einschätzen will, wie im Unterricht sachgerecht mit biblischen oder christentumsgeschichtlichen Themen umgegangen werden kann, kommt nicht umhin, sich von jenen Disziplinen beraten zu lassen, die sich intensiv mit Bibel und Christentumsgeschichte befassen. Schließlich: Wer Vorschläge machen will, wie ein Religionsunterricht zu arrangieren ist, der die Schüler/innen als Lernsubjekte ernstnimmt und fördert, kann entsprechende Erkenntnisse der Pädagogischen Psychologie und der Allgemeinen Didaktik kaum außer Acht lassen.

Erkennbar wird: Die Religionspädagogik kann und braucht nicht für jede ihrer Fragestellungen ‚das Rad neu erfinden‘. Als Ansprechpartner findet sie andere Wissenschaften vor, die aus ihrem Arbeitsgebiet heraus sinnvolle Impulse geben können – ebenso wie die Religionspädagogik umgekehrt diese anderen Wissenschaften zu bereichern vermag. Als Interaktionswissenschaft sucht Religionspädagogik das wechselseitige Gespräch mit diesen Bezugswissenschaften. Konstitutive Gesprächspartner sind Theologie, Pädagogik bzw. Didaktik sowie schließlich die empirischen (von griech. *empeiría* = *Erfahrung*) Human- und Sozialwissenschaften. Über diese zentrale Trias hinaus können – von Fall zu Fall – weitere Bezugsdisziplinen von Interesse sein, etwa Sprach-, Literatur-, Religions- und Kulturwissenschaften.

Als Interaktionswissenschaft ist die Religionspädagogik keineswegs nur im äußeren Dialog mit Theologie, Pädagogik und Sozialwissenschaft. Viel mehr noch: Um ihrem Gegenstand, dem religiösen Lernen und seiner verantworteten Förderung, gerecht zu werden, umfasst und integriert die Religionspädagogik in sich selbst gleichermaßen theologische, pädagogische wie empirische Anteile. Sehen, Urteilen und Handeln mit Blick auf religiöses Lernen kann nur leisten, wer über theologisches, pädagogisches und empirisches ‚Handwerkszeug‘ verfügt. Wer religionspädagogisch reflektiert, muss theologisch, pädagogisch und empirisch bewandert sein. Mit *Klaus Wegenast* gesprochen:

> „Als Interaktionswissenschaft" verstanden ist die Religionspädagogik eine „theologische Wissenschaft, die gleichzeitig Erziehungswissenschaft und in Teilaspekten Sozialwissenschaft ist."[13]

Das interaktive Selbstverständnis der Religionspädagogik lässt sich mit dem Bild eines Seils verdeutlichen, das aus drei Schnüren zusammengedreht ist – aus ei-

---

13 Ebd.

ner theologischen, einer pädagogischen und einer empirischen Schnur. Diese drei Schnüre sind ineinander verwoben. Jede ist unverzichtbar. In ihrer Verbundenheit machen sie das eine Seil, die religionspädagogische Arbeits- und Denkweise aus.[14]

Vom ‚Innenleben‘ der Religionspädagogik zurück zu ihren äußeren Gesprächspartnern. Interaktion ist keine Einbahnstraße. Das dargestellte Wissenschaftsverständnis impliziert, dass nicht nur die Religionspädagogik von den Bezugsdisziplinen lernen kann, sondern umgekehrt auch die Bezugswissenschaften von der Religionspädagogik profitieren können.

So könnte die empirische Kinder- und Jugendforschung von der Religionspädagogik lernen, religiös bedeutsame Aspekte kindlichen und jugendlichen Erlebens angemessen in den Blick zu nehmen. Die Pädagogik könnte sensibilisiert werden, menschliche Fragen nach Sinn und Transzendenz in ein schlüssiges Gesamtkonzept von Erziehung und Bildung einzubeziehen. Die Didaktik könnte zur Kenntnis nehmen, dass religiösen Themen eine besondere Grammatik eigen ist, die im Lehren und Lernen aufzunehmen ist. Die Theologie schließlich könnte aufmerksam werden für lebensbegründende Fragen, Antworten und Erfahrungen von Kindern, Jugendlichen wie Erwachsenen, die als Herausforderung und Prüfstein für die heutige Glaubensreflexion wahr- und ernstzunehmen sind.

Mit der Gegenseitigkeit des Gesprächs zwischen Religionspädagogik und Bezugswissenschaften liegt leider vieles im Argen. In aller Regel hegen die Human-, Erziehungs- und Sozialwissenschaften wenig Interesse, mit der Religionspädagogik zusammenzuarbeiten.[15] So gestaltet sich die Kommunikation mit ihnen meist als Einbahnstraße: Während sich die Religionspädagogik emsig um eine Rezeption psychologischer, soziologischer und pädagogischer Befunde müht, stößt sie umgekehrt vielfach auf Ignoranz. So lässt sich in humanwissenschaftlichen Bibliotheken kaum religionspädagogische Literatur finden, während religionspädagogische Bibliotheken von humanwissenschaftlichen Büchern überquellen.

Auch seitens der theologischen Nachbardisziplinen wird die Religionspädagogik oft nur spärlich wahrgenommen.[16] Dies liegt vor allem daran, dass sie dort vielfach ganz anders definiert wird, als sie sich selbst verstanden wissen will.

---

14 Treffend lässt sich die Religionspädagogik im Sinne dieses Bildes auch als „Verbundwissenschaft" (*Siegfried Vierzig* nach *Assig* (1975) 40) oder als „interdisziplinäre, integrierende Verbunddisziplin" (*Leimgruber* (2006) 47) kennzeichnen.

15 Vgl. insb. *Nipkow* (1992) 215-217.

16 Dass solcherart Ignoranz bis in die Praktische Theologie hineinreicht, verdeutlicht *Stachel* (1995) 337 mit Blick auf „die Liturgik und die Pastoral".

5.3 Das schwer erschütterbare Modell der ‚Anwendungswissenschaft'

Das Vor-Urteil, mit dem die Religionspädagogik innerhalb der Theologie chronisch zu kämpfen hat, lautet: Die Inhalte religiöser Erziehung lege die Theologie fest, der effektive Transport der von der Theologie als richtig und wichtig fixierten Inhalte sei dann die Aufgabe der Religionspädagogik. Religionspädagogik wird in solchem Verständnis fremddefiniert als Anwendungswissenschaft. Wie die Versandabteilung einer Firma habe sie dafür zu sorgen, dass die fertig produzierte Ware vollständig und unversehrt beim Kunden – den Schüler/innen – ankomme. Die Theologie verkünde, was gelehrt werden muss, der Religionspädagogik obliege die effektive Übermittlung. Sie stehe am Ende der Vermittlungskette – ‚end of the pipe'. *Hans Mendl* bringt die Problematik dieses Anwendungsmodells anschaulich auf den Punkt:

> „‚Wir sind kein Paketversand!', pflegte mein Doktorvater [...] *Eugen Paul* gegen ein Verständnis von Religionspädagogik und -didaktik als einer der Theologie untergeordneten reinen Anwendungswissenschaft einzuwenden. Die Formel von der ‚Weitergabe des Glaubens', möglichst in unverkürzter und vollständiger Form erweist sich seit der ‚empirischen Wende' in der Religionspädagogik als äußerst problematisch. Religionspädagogen und Religionslehrer sind mehr als nur Verpackungskünstler!"[17]

Das Anwendungsmodell beruht auf einem gravierenden Denkfehler, insofern es Aspekte religiösen Lernens auseinanderreißt, die zwingend zusammengehören. Es unterstellt, man könne den Inhalt des Lernens festlegen, ohne die Lernenden selbst in ihrer biographischen, psychologischen, sozialen, kulturellen und eben auch religiösen Verfasstheit zu berücksichtigen. Diese Annahme ist grundfalsch. Das Alter, die Herkunft, die Eigenart der Schüler/innen und der Kontext, in dem sie leben, stellen entscheidende inhaltliche Weichen für religiöses Lernen. Mit *Bernhard Jendorff* gesprochen:

> „Die Adressaten, ihre Situation und Erfahrungen sind unabdingbare Kriterien für die Auswahl der Ziele und Inhalte."[18]

Mögen Inhalte nach den Maßstäben akademischer Theologie noch so richtig und wichtig sein, ob und inwiefern sie für konkrete Schüler/innen fassbar und begreifbar, wichtig und bedeutsam werden können, ist vom ‚grünen Tisch' der theologischen Theorie her keinesfalls bestimmbar. Inhalte gewinnen ihre Gestalt

---

17 www.ktf.uni-passau.de/938.html [09.06.08].
18 *Jendorff* (1996 A) 24; In diesem Sinne bestimmt *Richard Schlüter* (2000) 113 treffend als „didaktische Grundsatzregel [...], dass der Ort der Vermittlung deren Modus bestimmt, und dass selbst die Zielbestimmung nicht undiskutierbare Setzung, sondern gerade Ergebnis didaktischer Überlegungen sein muss."

erst unter Berücksichtigung von Personen und Situationen. *Wer* lernt und *wie* gelernt werden kann, hat entscheidenden Einfluss darauf, *was* lernbar ist und zu lernen lohnt! Die konkrete Praxis vor Ort prägt die Inhalte und Ziele religiöser Erziehung.

Ein Beispiel: Man stelle sich vor, ein und dasselbe Thema ‚Tod und Auferstehung' würde einmal in einer Hauptschulklasse am sozialen Brennpunkt, ein andermal in der Oberstufe eines bürgerlichen Gymnasiums, schließlich in einer ländlichen Grundschule behandelt. Je nachdem, wo das Thema zur Geltung kommt, wird sich seine Kontur gravierend ändern. Ein und derselbe Inhalt wird dabei nicht lediglich anders ‚verpackt'. Vielmehr treten jeweils unterschiedliche Aspekte von ‚Tod und Auferstehung' in den Mittelpunkt. Im Gegenzug erweisen sich gewisse Gesichtspunkte des Themas in Abhängigkeit von Alter, Herkunft und Umfeld der Schüler/innen als irrelevant und unzugänglich.

Wie massiv Gehalte des Religionsunterrichts durch den Kontext des Lernens und die Person der Lernenden geprägt werden, demonstriert ein überaus lesenswertes Buch von *Inger Hermann*. Sein Titel lautet: *„Halt's Maul, jetzt kommt der Segen …'. Kinder auf der Schattenseite des Lebens fragen nach Gott".*[19] Der Band entführt uns in die Welt der Förder- bzw. Sonderschulen. Hier hat *Hermann* als Religionslehrerin gearbeitet – mit Kindern, die vielfach drastische Formen von Gewalt und Vernachlässigung kennen. Hier hat sie versucht, Inhalte des Christentums glaubwürdig zur Sprache zu bringen. Folgende Episode schildert eine Religionsstunde zum Thema ‚Tod':

> „Verweint kommt *Lisa* in die Schule. Ihr Freund, ja, der mit den Drogen, ist gestorben. Letzte Woche. ‚Gestorben? – Verreckt ist der. Jämmerlich verreckt', zischt *Philipp* brutal. ‚Ich will nicht, dass du so sprichst', unterbreche ich ihn. ‚Verrecken? Wieso? Verrecken ist doch ein gutes Wort. Weil ich selber eines Tage verrecke. Und vielleicht schon bald.' ‚Warum glaubst du das?' ‚Weil ich ‚ne Schlägerei will. Draufschlagen!' ‚Und wen willst du schlagen?' ‚Mir doch egal. Ist völlig egal. Wenn mir jemand schief kommt, irgendeiner, dann haue ich ihm in die Fresse und mache ihn alle. Dabei kannste auch selber draufgehen. Egal. Verrecken oder nicht. Hauptsache schlagen. – Am besten mit den Lehrern anfangen', fügt er aggressiv hinzu und schaut mich aus zusammengekniffenen Augen an. Ist das Hass? Verzweiflung? Ohnmacht? Den gleichen Blick habe ich doch schon einmal gesehen. Ich erinnere mich. Auf einer Farm in Afrika. Man hatte einen jungen Leoparden leicht verletzt eingefangen. Jetzt saß er in einem Käfig: nutzlose Kraft, verwundete Schönheit, wilde Ohnmacht. Gnade uns, wenn der Leopard seinen Käfig sprengt, so hatte ich damals gedacht. Blicklos hat *Lisa* die ganze Zeit über zum Fenster hinausgeschaut. ‚Magst du uns von deinem Freund erzählen?' frage ich sie. Sie schüttelt den Kopf. ‚Aber, er hat einen Zwillingsbruder. Niemand konnte sie unterscheiden. Der mag mich auch.' ‚Und du ihn?' ‚Ich weiß nicht genau. Aber meine Eltern erlauben es nicht – dabei hat der gar nichts mit Drogen. Er sieht nur genauso aus wie mein Freund. Als würde er leben.' ‚Was passiert eigentlich mit der Liebe, wenn jemand tot ist? Nicht

---

19 *Hermann* (2000).

im Film – in Wirklichkeit?' will *Bianca* wissen. ‚Man kann doch niemand lieben, den es gar nicht mehr gibt.' Für *Freddy* ist das klar. ‚Aber meinen Freund gibt's noch – irgendwie jedenfalls', widerspricht *Lisa* und beginnt wieder zu weinen. ‚Höchstens in der Erinnerung. Oder?' *Freddy* schätzt einfache Antworten. ‚Ich glaube, dass die Seele, das innere Wesen von einem Menschen, nie stirbt', sage ich, mehr zu *Lisa* als zu *Freddy*. Am Ende der Stunde – ich hatte gegen heftigen Protest darauf bestanden, dass *Philipp* seinen Walkman abnimmt und sich nicht zudröhnen lässt – fragt ausgerechnet er: ‚Haben wir morgen eigentlich Reli oder fällt sie aus?' ‚Nein, Religion fällt nicht aus.' ‚Gut', sagt *Philipp* befriedigt und geht hinaus. Kopfschüttelnd sehe ich ihm nach."[20]

Die Schülerinnen und Schüler dieser Klasse sind etwa 14 Jahre alt. Lassen wir sie noch einmal Revue passieren:

- *Lisa* hat gerade eben ihren Freund verloren. Sie erwägt, zu dessen Zwillingsbruder zu flüchten: „Der sieht [...] genauso aus wie mein Freund. Als würde er leben." Und sie ist überzeugt „Meinen Freund gibt's noch – irgendwie jedenfalls."
- *Philipp* bezeichnet den Tod als ‚jämmerliches Verrecken'. Und er lässt eine drastische Lebensphilosophie verlauten: „Egal. Verrecken oder nicht. Hauptsache schlagen."
- *Bianca* will wissen „Was passiert eigentlich mit der Liebe, wenn jemand tot ist? Nicht im Film – in Wirklichkeit?"
- Für *Freddy* ist klar, dass es die Toten nur noch in der Erinnerung der Lebenden gibt.

Vier Schüler/innen aus einer Schulklasse. Alle mit persönlichen Erfahrungen, die ihre Vorstellungen vom Tod prägen, mit eigenen Fragen und Gedanken zum Tod. An diesen Erfahrungen, Fragen und Gedanken kommt kein Religionsunterricht vorbei. Sie machen es unmöglich, vorgefertigte Erkenntnisse der Theologie nach Art des Anwendungsmodells einfach nur übermitteln oder ‚transportieren' zu wollen.

Wer die Erfahrungen, Gedanken und Fragen der Schüler/innen ernstzunehmen sucht, muss den Versuch wagen, die Inhalte der Theologie immer wieder *neu* zu buchstabieren, sie vielleicht sogar *um*zubuchstabieren.[21] Sogar im Falle *Philipps*. Auch dessen Aussage vom ‚jämmerlichen Verrecken' kommt nicht von ungefähr. Zu Ende der Episode schreibt *Inger Hermann*:

„In der Pause spreche ich mit einer Kollegin. *Philipps* Mutter starb, als er zwei war. Er ist in verschiedenen Heimen aufgewachsen. Trotzdem, das war so ein netter Kerl, als er klein war, sagt sie. Jetzt wird er immer brutaler, er hat einen richtigen Hass auf's Leben.

---

20 Ebd., 114f.
21 Vgl. insb. *Zentralstelle Bildung* (1999) 15: „So wie didaktisch gesagt werden muß, daß Inhalte nur mit Bezug zum Schüler Themen des Unterrichts werden können, so muß theologisch gesagt werden, daß die Bedeutung von Glaubensaussagen erst dann entsteht, wenn Menschen sie auf ihre Lebenssituation beziehen. Theologische Aussagen müssen immer wieder neu verstanden und interpretiert werden."

‚Ist er immer noch im Heim?' frage ich und erfahre, dass er seit einem halben Jahr beim Vater lebt, der stolz darauf ist, dass sein Sohn mit vierzehn schon ein richtiger Mann ist, mit Sex und Zigaretten Bescheid weiß und sich wehren kann. Wie wehrt sich einer, der gefangen ist und verwundet? Wenige Wochen darauf ist *Philipp* verschwunden. Er wurde an der holländischen Grenze aufgegriffen und zurückgeschickt. Unregelmäßig kam er wieder zur Schule. Dann verschwand er ganz. Das war vor einem Jahr."[22]

Zwar könnte man versuchen, mit der ‚Brechstange' vorzugehen und allen Schülern alles vermeintlich Wissenswerte und Wichtige des Christentums zum Besten zu geben.[23] Aber was wäre damit gewonnen? Wem wäre gedient? Letztlich würde ein solches Vorgehen weder der christlichen Überlieferung gerecht noch den Schüler/innen. Die religiöse Botschaft würde sich in solcher Weise nicht als glaubwürdig, hilfreich und bedenkenswert erweisen, was ja ihr Ziel ist. Den Schüler/innen bliebe die Chance versagt, die religiöse Botschaft als Bereicherung ihrer Lebensmöglichkeiten zu erfahren – selbst wenn sie ihr nicht zustimmen.[24]

Inhalte und Kontexte religiöser Erziehung sind miteinander verschränkt, sie beeinflussen sich gegenseitig. Um zu sinnvollen didaktischen Entscheidungen zu verhelfen, gerade darum muss Religionspädagogik als Handlungs- und Interaktionswissenschaft konzipiert sein. Auch und besonders mit Blick auf inhaltliche Entscheidungen gilt es, den Alltag religiösen Lehrens und Lernens wahrnehmend mitzubedenken. Dass solches Mitbedenken theologische wie pädagogische Gewissheiten ins Wanken bringen kann und muss, pointiert *Richard Schlüter*:

> „Zugelassen wird, dass die religionspädagogische Praxis auf die pädagogische und theologische Theorie zurückwirkt, sie modifizieren, kritisieren, begrenzen und auch weitertreiben kann und soll. Der Religionsunterricht wird somit [...] als ‚Erkenntnisort' [...] angesehen und akzeptiert"[25].

---

22 *Hermann* (2000) 115.

23 So forderte jüngst *Papst Benedikt XVI.* (2006) 17, „die Curricula für den Religionsunterricht [...] am *Katechismus der Katholischen Kirche* auszurichten [...], damit im Laufe der Schulzeit das Ganze [!] des Glaubens und der Lebensvollzüge der Kirche vermittelt wird."

24 Zumindest für den schulischen Religionsunterricht ist die Maxime unhintergehbar, „theologisch so zu sprechen, daß diese Rede auch dann noch als sinnvoll, anregend und die eigene Erfahrung vertiefend, sie möglicherweise sogar qualitativ verändernd erlebt wird, wenn der Adressat seinerseits weder christlich glaubt noch überhaupt an Gott glaubt." (*Halbfas* (1982) 49) „Auch der die christlichen Überzeugungen *nicht* teilt, soll in der Auseinandersetzung mit ihnen einen Zugewinn an existentiellem Verständnis erfahren." (*Englert* (1996) 7; vgl. a. *Theißen* (2003) 177 und *Oertel* (2004) 407f.)

25 *Schlüter* (2000) 138f.; vgl. *Englert* (2002) 32: „Die Theorie [ist] der Praxis nicht einfach nur präskriptiv vorgeordnet, so dass dort schlicht auszuführen wäre, was hier vorgedacht wurde, sondern gleichzeitig auch gewissermaßen postskriptiv nachgeordnet, in dem Sinne, dass theologisch immer nur eingeholt werden kann, was praktisch, nämlich im gelebten Glauben von Menschen [...], erfahren wurde."

Religionspädagogik bemüht sich, die Alltagspraxis religiösen Lehrens und Lernens im Konzert der Gesamttheologie vernehmbar zu Wort zu bringen. Indem sie dies tut, erweist sie der Theologie einen unverzichtbaren Dienst. Entgegen vielfacher Tendenzen, die religiöse Überlieferung in dogmatische Traktate, pastorale Weichspülungen, spekulative Elfenbeintürme oder geschichtliche Archive einzukapseln, sorgt die nüchterne Besinnung auf alltägliche Erfahrungen dafür, dass Theologie in Tuchfühlung mit den „Zeichen der Zeit"[26] bleiben kann. Nur im Kontakt und Konflikt mit der Gegenwart können religiöse Themen zukunftsfähig bleiben.

5.4 Dilemmata universitärer Religionspädagogik

Wie aufgezeigt ist Religionspädagogik ein einigermaßen kompliziertes Gebilde. Als Handlungswissenschaft pendelt sie zwischen alltäglicher Praxis und wissenschaftlicher Theorie.[27] Als Interaktionswissenschaft partizipiert sie an unterschiedlichen Disziplinen, die andernorts streng getrennt vorgehen. Aus beiden Merkmalen ergibt sich eine Schwierigkeit, die *Rudolf Englert* mit folgenden Worten umschreibt:

> „Religionspädagog/innen sitzen [...] in gewisser Weise ‚zwischen allen Stühlen' (was anstrengend, aber auch sehr produktiv sein kann)."[28]

Gerade was die Stärke der Religionspädagogik ausmacht, nämlich praxisbezogen und interdisziplinär ausgerichtet zu sein, beschert ihr Angriffe von verschiedenster Seite: Aus der Theologie dringt bisweilen die Klage, die Religionspädagogik habe sich allzusehr den Humanwissenschaften verschrieben.[29] In den Humanwissenschaften wiederum rumort die Kritik, als Teil einer kirchlich beeinflussten und konfessionell geprägten Theologie gehöre die Religionspädagogik nicht ins Lager ernstzunehmender Wissenschaften. Von Praktiker/innen schließlich fängt sich die Religionspädagogik regelmäßig den Vorwurf ein, sie produziere lediglich abgehobene Thesen, die für die Bewältigung konkreter Herausforderungen untauglich seien.[30]

Gegenüber der Kritik aus Theologie und Humanwissenschaften empfiehlt sich wohl Gelassenheit. Beiden gegenüber kann die Religionspädagogik mit begründetem Selbstbewusstsein auftreten. Denn als Handlungs- und Interaktionswis-

---

26 GS 4; vgl. Lk 12,56.

27 Der große protestantische Theologe und Pädagoge *Friedrich Daniel Ernst Schleiermacher* (1768-1834) spricht vom pädagogischen ‚Oszillieren' zwischen Theorie und Praxis (vgl. *Böhm* (1982) 461).

28 *Englert* (2002) 29.

29 Vehement vertritt diese Position derzeit *Matthias Scharer* (2002, insb. 103 und 106f.), der dezidiert für eine „theologisch bestimmt[e]" (*ders.* (2003 A) 91) Religionspädagogik eintritt.

30 Vgl. insb. *Schmid* (1997) 12 sowie *Englert* (2002) 29.

senschaft religiösen Lernens und Lehrens bearbeitet sie genuine Fragestellungen und gelangt sie zu Erkenntnissen, die durch keine der Bezugsdisziplinen vollgültig erbracht werden könnten.

Schwerer wiegt da der Vorwurf mangelnder Praxisrelevanz, der sich besonders auf das Studium richtet. Bei der 1995 durchgeführten *Essener Umfrage* beispielsweise äußerten sich Grundschullehrer/innen zur Frage, wie gut sie „sich durch ihr *Studium* auf die Konfrontation mit der schulischen Praxis vorbereitet"[31] fühlten. Ausgerechnet der religionsdidaktische Studien-„Bereich" erntete die schlechteste Zensur (Mittelwert 3,5 auf einer Sechserskala). Der persönliche (2,8), theologische (3,1) und pädagogische (3,2) Sektor wurden zwar etwas besser bewertet, über ein ‚befriedigendes' Gesamturteil gelangen aber auch sie nicht hinaus.[32] Ähnlich ernüchternde Befunde zeitigte eine Befragung nordrhein-westfälischer Grundschulreferendar/innen, die 2001 bis 2003 stattfand. Abermals erfahren sich die Probanden durch die universitäre Ausbildung nur unzureichend auf die schulische Praxis vorbereitet. Sowohl die Fachwissenschaft als auch die Fachdidaktik werden eindeutig negativ taxiert.[33]

Wie kommt es, dass die Praxisrelevanz des Lehramtsstudiums und seiner religionsdidaktischen Anteile rückblickend so gering veranschlagt wird? Mit Blick auf die Religionspädagogik sehe ich mindestens drei Ursachen. Manche davon sind eher veränderbar, andere weniger.

5.4.1 Die Gefahr autoreferenzieller Selbstgenügsamkeit

Wie jede andere Wissenschaft steht auch die Religionspädagogik in der Gefahr, dass sich die eigenen Theorien verselbstständigen. Ein hochgestochenes Wort aus der Systemtheorie benennt diese Versuchung als Autoreferenzialität, also Selbstbezüglichkeit. Insofern solche Selbstbezüglichkeit ‚durchschlägt', nimmt eine Disziplin nur mehr zur Kenntnis, was innerhalb der eigenen Mauern geschrieben und gedacht wird. Aus zehn Büchern entsteht ein elftes, das wiederum mit neun weiteren zu einem einundzwanzigsten verarbeitet wird. Und so weiter. Selbstbezügliche Wissenschaft verwechselt auf diese Weise das Geschriebene mit dem Leben selbst. Was sich außerhalb des eigenen Systems abspielt, bleibt ausgeblendet. Meist wird allenfalls noch die Literatur der Nachbardisziplinen rezipiert. Das Geschehen außerhalb des viel belästerten Elfenbeinturms der Wissenschaft, das Leben auf den Straßen, in den Familien und Schulen, die Alltagstheorien und das Alltagshandeln der Menschen spielen keine Rolle.

Obwohl es sich die Religionspädagogik als Handlungswissenschaft auf ihre Fahnen geschrieben hat, regelmäßig über den ‚Tellerrand' der wissenschaftlichen Reflexi-

---

31 *Ders./Güth* (1999) 174.
32 Ebd., 64.
33 Vgl. *Matern/Wachner* (2006) 349 sowie *dies./Hennecke* (2006) 291.

on hinauszublicken, ist auch sie vor der Gefahr der Selbstbezüglichkeit keineswegs gefeit. Nicht immer und zu jedem religionspädagogischen Thema ist es natürlich sinnvoll und hilfreich, im weitesten Sinne empirische, d.h. erfahrungsbezogene Informationen zu Rate zu ziehen. Selbst bei Themen, wo dies sinnvoll wäre, liegen oft keine brauchbaren Informationen aus der Alltagswelt vor. Eine gesunde Mischung zwischen Literatur- und Erfahrungsbezug erfordert langwierige und regelmäßige empirische Anstrengungen an vielen Orten. Immerhin bewegt sich gerade in der Religionspädagogik auf diesem Gebiet momentan sehr viel.[34] Dennoch: Gegenüber dem Dämon der Selbstbezüglichkeit, der sämtliche Wissenschaften bedroht, muss auch die Religionspädagogik wachsam sein.

5.4.2 Die Unterschätzung des reflexiven Charakters der Religionspädagogik

Religionspädagogik darf sich – wie Pädagogik insgesamt – nicht im Dickicht der eigenen Theorien verlieren. Stets neu muss sie sich auf Praxis beziehen. Dessen ungeachtet ist aber ebenso herauszustellen: Wie Pädagogik überhaupt darf auch Religionspädagogik keinesfalls mit Praxis verwechselt werden.

Religionspädagogik versteht sich als Reflexion religiösen Lernens und seiner verantworteten Ermöglichung und Förderung. Sie verschmilzt nicht mit dem Gegenstand, über den sie nachdenkt – und sie darf damit nicht verschmelzen, sonst verlöre sie ihre Eigenart als Wissenschaft. Man mag bedauern, dass der nachdenkende Charakter der Religionspädagogik, wie ihn das Modell der Reflexionsspirale versinnbildlicht (Abb. 14), zwar den Bezug auf Praxis erforderlich macht, die geforderte Praxiorientierung aber auch deutlich eingrenzt und beschränkt. Als Wissenschaft wird die Religionspädagogik niemals eins mit dem, was sie untersucht.

Wer etwa den Religionsunterricht wissenschaftlich untersucht, der steht in einem anderen Verhältnis zum Unterricht als die Lehrer/innen und Schüler/innen. Wissenschaftliche Religionspädagog/innen stehen dem Unterricht gegenüber, sie betrachten ihn aus nachdenklicher Distanz. Schüler/innen und Lehrer/innen hingegen bewegen sich mitten im Unterricht, sie sind unmittelbar verwoben.

Der besondere – nämlich reflexive – Blick der Religionspädagogik auf die Praxis darf keinesfalls als Feigenblatt dienen, sich von der Praxis abzuwenden und selbstbezüglich hinter den Mauern der Wissenschaft zu verschanzen. Umgekehrt gilt aber auch: Wer vom wissenschaftlichen Studium der Religionspädagogik erwartet, es würde wie eine Handwerkslehre funktionieren, in der man ganz unmittelbar

---

34 Verwiesen sei insb. auf die seit 1997 alljährlich stattfindenden Tagungen der AKRK-Sektion ‚Empirische Religionspädagogik', aus deren Teilnehmer/innenkreis inzwischen zahlreiche Studien erschienen sind.

lernt, Brote zu backen oder Autos zu schrauben, der muss in jedem Falle von der wissenschaftlichen Religionspädagogik enttäuscht werden.

Der reflexive Bezug zur Praxis, der die Religionspädagogik ausmacht, bildet ihre – manchmal schmerzliche – Grenze, aber auch ihre besondere Chance. Aus nachdenkender und gelassener Distanz vermögen wir sorgsamer hinzublicken und Anderes zu erkennen, als wenn wir mittenmang in ein Geschehen hineinverwoben sind. Der distanzierte Blick, den Wissenschaft ermöglicht, darf allerdings nicht dazu verführen, besserwisserische Überheblichkeit gegenüber jenen an den Tag zu legen, die sich unmittelbar in der Praxis bewegen. Alltagsweltlich Handelnde können über besondere Weisheit und spezifisches Wissen verfügen, das keineswegs austauschbar ist durch wissenschaftliche Theorien.

Dass sich Studierende vor Referaten stereotyp bei den Kommiliton/innen entschuldigen, nun müsse notgedrungen Theorie zur Sprache kommen, gehört zu den alptraumhaften Erfahrungen eines religionspädagogischen Hochschullehrers. Nüchtern ist festzustellen, dass ein Gutteil heutiger Studierender, Referendar/-innen wie Lehrer/innen jeglicher Theorie mit Skepsis und Aversion begegnet. Ausgerechnet jene, die religiöse Lernprozesse professionell begleiten sollen, hegen und pflegen vielfach eine ausgeprägte Theoriefeindlichkeit.[35] Diese Position blendet aus, dass distanziertes Nachdenken, Einordnen, Einschätzen und Abwägen vor (religions)pädagogischem Aktionismus schützt. Umsichtige und gehaltvolle Theorie der Praxis für die Praxis soll und kann nämlich davor bewahren, sich kopflos und kurzschlüssig in die Praxis zu stürzen. Zu wünschen wäre die Entdeckung, dass Theorie nicht per se der Praxis entgegensteht und es außerordentlich erfüllend und fruchtbar sein kann, sich auf theoretischen Pfaden mit Praxis zu befassen. Diese Entdeckung zu ermöglichen, ist eine entscheidende Aufgabe und Herausforderung religionspädagogischer Aus- und Fortbildung.

5.4.3 Praxisausbildung im ‚Trockentraining‘

Ein Studium, das angemessen auf einen (religions)pädagogischen Beruf vorbereiten soll, ist undenkbar ohne beständigen Rekurs auf (religions)pädagogische Alltagspraxis. Dass solcher Praxisbezug zwar leicht gefordert, aber nur schwer zu verwirklichen ist, wird an den Lehramtsstudien deutlich.

Die bundesdeutsche Lehrerausbildung gliedert sich in zwei Phasen mit unterschiedlichen Schwerpunkten: zum einen das Studium, das eher theoretisch ausgerichtet ist, zum anderen das Referendariat, das direkt in die berufliche Praxis einführen soll. Sofern man überhaupt an dieser Zweiteilung festhält[36], kann die

---

35 Mit Blick auf das Referendariat vgl. *Porzelt* (2006), insb. 461-464.

36 So die von der Kultusministerkonferenz eingesetzte Kommission zur Lehrerbildung (*Terhart* (2000) 32), die aber als Bedingung für eine weiterhin *universitäre* Verortung der Lehrerausbildung fordert, dass „der *inhaltliche Bezug der Studienelemente untereinander* sowie insgesamt die *Bezugnahme des Studiums auf das spätere Berufsfeld* [...] deutlich verstärkt werden" (ebd., 83) müssen. Erwiesen

universitäre Phase der Lehrerausbildung ihrem Auftrag nur gerecht werden, wenn sich die Türen und Fenster der Hochschule öffnen – hin zu den Schulen, zum Unterricht, zu Schüler/innen wie Lehrer/innen, Referendar/innen wie Ausbildungslehrer/innen. Nur auf Basis regelmäßiger und selbstverständlicher Vernetzung mit jenen Institutionen, in denen der (religions)pädagogische Alltag ‚zu Hause' ist, lässt sich diese Alltagspraxis sinnvoll reflektieren. Neben mittelbaren Zeugnissen des (religions)pädagogischen Alltags erfordert dies den unmittelbaren Kontakt. Austausch mit Religionslehrer/innen und Schüler/innen, Beobachtung und Auswertung konkreten Unterrichts sowie realitätsnahe Erprobung eigener Überlegungen wären unabdingbar, um die wissenschaftliche Reflexion religiösen Lernens und Lehrens je neu zu erden, zu prüfen und zu bereichern.

Kontinuierliche Kontakte zwischen Universität und Schule stoßen jedoch strukturell auf massive Hindernisse. Zwar existieren vereinzelte Brückenschläge in den religionspädagogischen Alltag (z.B. Praktika oder Projektseminare), alles in allem aber sind Schule und Universität weithin voneinander abgeschottet. Strukturell ist ihre Zusammenarbeit höchst unzureichend verankert. Dass kooperationswillige Lehrer/innen in aller Regel weder Unterstützung noch Belohnung erfahren, ist skandalös. Somit bleibt die Zusammenarbeit der Ausnahmefall. Das Lehramtsstudium gleicht folglich einem ‚Trockentraining', in dem reflektiert werden soll, was allzu weit weg ist. Um diese schmerzhafte Grenze der zweiphasigen Lehrerausbildung zu überwinden, wäre neben dem Engagement von Universität und Schule auch tatkräftige Unterstützung durch Finanz- und Bildungspolitik vonnöten.

Wie eine sinnvolle Zukunft der Lehrerbildung aussehen könnte, umschreibt ein bedeutendes bildungspolitisches Dokument, die Denkschrift *„Zukunft der Bildung – Schule der Zukunft"* von 1995, mit folgenden Worten:

> „Ein bewegliches und zugleich vernetztes System der Lehrerbildung setzt eine systematische Kooperation aller beteiligten Einrichtungen voraus. Einzelschulen, Universitäten, Zentren für Lehrerbildung und andere Institutionen sollen zwar bestimmte Aufgaben arbeitsteilig wahrnehmen, sie sollen aber nicht mehr scharf voneinander abgesetzte Phasen der Ausbildung repräsentieren."[37]

Die *Denkschrift* fordert, die Instanzen der Lehrerbildung sollten „bestimmte Aufgaben arbeitsteilig wahrnehmen". Unterschiedliche Schwerpunkte schützen sie vor der Überforderung, alles zugleich leisten zu müssen. Unabdingbar bedarf es jedoch ihrer „systematische[n] Kooperation". Im gemeinsamen Auftrag, professionelles (religions)pädagogisches Handeln zu ermöglichen, sind Universität, Fach- und Studienseminare und Schulen unabdingbar aufeinander angewiesen.

---

sich die Universitäten in diesen Punkten als reformunfähig, dann wäre es hingegen angezeigt, „die Lehrerausbildung insgesamt anderen Institutionen zu überlassen." (ebd., 86)

37 *Bildungskommission NRW* (1995) 310.

Wenn der religionspädagogischen Lehre und Forschung vorgeworfen wird, dem Berufsalltag entrückt zu sein, liegt dies nicht zuletzt daran, dass ein verlässliches, arbeitsteiliges Zusammenwirken von Universität und Berufspraxis strukturell und bildungspolitisch immer noch verhindert wird. Dass etwa die Kooperation mit akademischen Lehrkrankenhäusern für das Medizinstudium selbstverständlich ist, während die Lehramtsstudien keine vergleichbare institutionelle Verzahnung mit konkreten Schulen kennen, ist schier unbegreiflich.

6 Religionspädagogik angesichts unterschiedlicher Lernorte

Religiöses Lernen realisiert sich an ganz unterschiedlichen Orten. In ihrem je eigenen, unverwechselbaren Profil präfigurieren diese Lernorte, in welcher Weise welcherart Aspekte und Inhalte von Religion angeeignet werden können.[1] Nicht alles vermag an jedem Ort in gleicher Weise gelernt werden. Jeder Lernort birgt spezifische Chancen und Grenzen.

6.1 Religionsunterricht im Fokus der Aufmerksamkeit

Ist hierzulande von religiösem Lernen die Rede, so richtet sich die Aufmerksamkeit zumeist auf den schulischen Religionsunterricht. Dass dieser vielfach als ‚erste Adresse' religiösen Lernens wahrgenommen wird, hat nachvollziehbare Hintergründe. Sie gilt es knapp darzulegen.

(1) Rechtliche und finanzielle Absicherung
In der Bundesrepublik Deutschland ruht der konfessionelle Religionsunterricht auf einem rechtlichen Fundament, das mit keinem anderen Schulfach verglichen werden kann. Er ist nämlich explizit durch die *Verfassung* abgesichert. Die entscheidende Formulierung, die dies zum Ausdruck bringt, findet sich in *Art. 7,3* des *Grundgesetzes*. Sie lautet:

> „Der Religionsunterricht ist in den öffentlichen Schulen mit Ausnahme der bekenntnisfreien Schulen ordentliches Lehrfach. Unbeschadet des staatlichen Aufsichtsrechtes wird der Religionsunterricht in Übereinstimmung mit den Grundsätzen der Religionsgemeinschaften erteilt. Kein Lehrer darf gegen seinen Willen verpflichtet werden, Religionsunterricht zu erteilen."[2]

Ohne auf die lange und konfliktreiche Vorgeschichte dieser Regelung sowie auf Ausnahmen (Brandenburg, Berlin, Bremen) und Sonderregelungen (Hamburg) einzugehen, will ich zumindest einige zentrale Punkte benennen, um jene Konstruktion aufzuhellen, die hier in *Art. 7,3* des *Grundgesetzes* zu Tage tritt.

---

1 Das Wort ‚Lernort' bezeichnet nachfolgend nicht konkrete Räume wie Kirchengebäude oder Museum, sondern Handlungsfelder mit spezifischen Prämissen, Rahmenbedingungen, Strukturen, Chancen und Grenzen.
2 Art. 7 Abs. 3 GG.

Wie erkennbar wird, haben zwei Parteien Einfluss auf den Religionsunterricht. Dieser ist eine res mixta, eine ‚gemischte Angelegenheit', in der zwei Beteiligte zusammenwirken, nämlich einerseits der Staat und andererseits die „Religionsgemeinschaften".

Der Staat garantiert dem Religionsunterricht den Status als „ordentliches Lehrfach". Religionsunterricht ist somit den übrigen Schulfächern in jeglicher Hinsicht gleichzustellen. Diese Gleichstellung betrifft unterschiedlichste Aspekte – insbesondere die Zahl der Schulstunden, den Stellenwert der Zensuren, die Aus- und Fortbildung der Religionslehrer/innen und die Finanzierung der Personal- und Sachkosten. Als „ordentliches Lehrfach" unterliegt der Religionsunterricht – wie das gesamte Schulwesen[3] – dem ‚staatlichen Aufsichtsrecht'. Er ist somit keine kirchliche Sonderveranstaltung in der staatlichen Schule. Vielmehr wird er unmittelbar vom Staat organisiert und verantwortet.[4] Somit hat sich auch das Fach Religionslehre in den Bildungsauftrag der staatlichen Schule einzufügen. Es hat denselben übergreifenden Zielsetzungen zu dienen wie alle anderen Schulfächer. Neben dem Staat werden in *Art. 7,3* des *Grundgesetzes* die „Religionsgemeinschaften" genannt – ein Terminus, der keineswegs nur christliche Kirchen bezeichnet. Der Staat selbst ist zu weltanschaulicher Neutralität verpflichtet. Deshalb sieht er sich beim Religionsunterricht auf die inhaltliche Mitwirkung der Religionsgemeinschaften angewiesen. Religionsunterricht wird laut *Grundgesetz* „in Übereinstimmung mit den Grundsätzen der Religionsgemeinschaften erteilt." Ein Mitentscheidungsrecht haben die Religionsgemeinschaften vor allem in der Festlegung der Inhalte, in der Auswahl des Lehrpersonals und schließlich in der Bestimmung des grundsätzlichen Profils des Faches (z.B. ökumenisch oder getrennt konfessionell).

Dass Religionsunterricht in (West)Deutschland als primärer Ort religiösen Lernens wahrgenommen wird, verdankt sich ganz wesentlich seiner hervorragenden rechtlichen – und damit auch finanziellen – Absicherung. Gerade was den Einfluss der Religionsgemeinschaften angeht, kennt kaum ein anderer Staat ähnliche Rahmenbedingungen.

(2) Professioneller Standard

Ein zweiter Faktor, der dazu beiträgt, dass der Religionsunterricht hierzulande als Ort religiösen Lernens im Vordergrund steht, ist der hohe professionelle Standard, der gerade hier an der Tagesordnung ist. Über Jahrzehnte hinweg hat sich mit dem Religionslehrer ein eigener, spezialisierter Berufsstand entwickelt. Dieser Berufsstand verfügt über eine besondere Ausbildung. Er kann auf einen breiten Fundus speziell auf das eigene Berufsfeld zugeschnittener Wissensbestände zurückgreifen

---

3 Vgl. Art. 7 Abs. 1 GG.

4 Schulischer Religionsunterricht gemäß dem Grundgesetz ist schlichtweg „eine staatliche Veranstaltung [...] unter staatlicher Aufsicht" (*Ennuschat* (2001) 1785; vgl. ebd., 1782).

– bis hin zu wissenschaftlichen Theorien. Schließlich wird ihm ein hohes Maß an Selbstbestimmung zugetraut, um die beruflichen Anforderungen zu bewältigen.[5] Bevor es zu dieser Ausbildung eines eigenen, spezialisierten Berufsstandes gekommen war, wurde der Religionsunterricht von Priestern oder Klassenlehrern ‚mit-erledigt‘, die kaum eigens für diese Aufgabe geschult waren. Im Gegensatz zur damaligen Zeit kann man den heutigen Religionsunterricht zu Recht als „am stärksten professionalisierten"[6] Ort religiösen Lernens identifizieren.

(3) Akzeptanz des Faches

Ein dritter Faktor, der die Schlüsselstellung des hiesigen Religionsunterrichts verständlich machen kann, ist die Akzeptanz dieses Faches in der westdeutschen Bevölkerung. Im Osten der Republik ticken die Uhren dagegen aufgrund tief greifender sozioreligiöser Differenzen vollkommen anders. In keinem anderen Lebensbereich sind die Unterschiede zwischen alten und neuen Bundesländern derart stabil und markant wie auf dem Gebiet der Religion.[7]

Die hohe Akzeptanz des Faches im Westen zeigt sich exemplarisch in einer geringen Abmeldequote. In Nordrhein-Westfalen beispielsweise lag der Anteil der Katholik/innen, die sich vom Religionsunterricht abmeldeten, im Schuljahr 2007/08 bei unter 3%.[8] Während die Abmeldequote in der Grundschule verschwindend gering ist, schnellt sie mit Erreichen der Religionsmündigkeit (Vollendung des 14. Lebensjahres) nach oben, um in der 13. Klasse an 10% heranzureichen.[9] Über alle Altersstufen und beide großen Konfessionen hinweg besucht jedenfalls der überwiegende Anteil (weit über 95%) nordrhein-westfälischer Schüler/innen den Religionsunterricht.

---

5 Die angeführten Bestimmungsmerkmale von Professionalität orientieren sich an einem Kriterienkatalog von *William J. Goode* (1917-2003), der in *Koring* (1989) 62f. dargestellt ist.

6 *Englert* (2002 A) 56.

7 Schon rasch nach der Wiedervereinigung wurde mit Blick auf die *ethische* Orientierung Jugendlicher eine „aufs Ganze gesehen überwältigende Übereinstimmung trotz ganz unterschiedlicher politischer und gesellschaftlicher Sozialisationsbiographien" (*Schmidtchen* (1997) 59) deutlich. In *religiösen* Belangen hingegen besteht bis heute eine markante und stabile Kluft zwischen Ost- und Westdeutschen (vgl. bspw. ebd., 347f.; *Gensicke* (2002) 148; *ders.* (2006) 221-225; *Müller/Pollack* (2007) 168-175): „Die Frage an Ostdeutsche, ob man auch eine Angleichung der religiösen Lebensverhältnisse wünsche, stößt in der Regel auf mildes Lachen und Unverständnis." (*Schmidtchen* (1997) 149).

8 Aktuelle Daten hat mir dankenswerterweise das Landesamt für Datenverarbeitung und Statistik Nordrhein-Westfalen zur Verfügung gestellt. Nicht berücksichtigt sind Berufsschulen!

9 Mit Blick auf das Schuljahr 2006/07 ist die jahrgangsstufenabhängige Entwicklung der Abmeldezahlen graphisch dargestellt in: „Religionsmündige Schüler(innen) in NRW nehmen häufiger nicht am Religionsunterricht teil". Pressemitteilung des Landesamtes für Datenverarbeitung und Statistik Nordrhein-Westfalen vom 12.02.2007 (www.lds.nrw.de/presse/pressemitteilungen/2007/pres_025_07.htm [09.06.08]).

Dass für die beträchtliche und anwachsende Gruppe religionsloser Schüler/innen (im Westen 12%, im Osten 79%[10]) gemäß dem *Grundgesetz* keinerlei spezifisches Unterrichtsfach zum Thema Religion vorgesehen ist, stellt das bundesdeutsche Modell allerdings auf Dauer ebenso in Frage wie die verblassende Identifikation mit einer christlichen Einzelkonfession[11] – die Einsichtigkeit *getrennt* konfessionellen Unterrichts innerhalb des *einen* christlichen Glaubens schwindet bei Eltern wie Schüler/innen!

(4) Schlüsselrolle angesichts von Säkularisierung und Enttraditionalisierung
Will man das aktuelle Gewicht des Religionsunterrichts realistisch einschätzen, muss man dessen hohe Akzeptanz in Relation setzen zur Bedeutsamkeit des christlichen Glaubens in unserer Gesellschaft insgesamt. Für die sozioreligiöse Gegenwartssituation wiederum ist kennzeichnend, dass der christliche Glaube zunehmend an Relevanz verliert. Die Begriffe ‚Säkularisierung‘ und ‚Enttraditionalisierung‘ vermögen diese Entwicklung treffend zu umschreiben.
Dem Substantiv ‚Säkularisierung‘ liegt das mittellateinische Adjektiv *saecularis* = *weltlich* zugrunde. Die wörtliche Übersetzung von ‚Säkularisierung‘ lautet ‚Verweltlichung‘. Bezeichnet wird die Tendenz, dass es für mehr und mehr Menschen verzichtbar wird, sich auf eine *außer*weltliche Instanz – auf Gott oder Göttliches – zu beziehen. Transzendente Existenzdeutungen, die über diese Welt hinausgreifen, werden zunehmend ersetzt durch immanente Daseinsdeutungen, die sich auf Gegebenheiten dieser Welt beschränken.[12]
Das Wort ‚Enttraditionalisierung‘ bezieht sich in engerem Sinne auf konkrete Überlieferungen[13] – auch auf die jüdisch-christliche Tradition. Im Lichte eines semiotischen Religionsverständnisses (*Kap. 3.6*) lässt sich diese Tradition als vielfältiger Fundus von Zeichen begreifen, welche die Wirklichkeit im Lichte Gottes deuten. *Gerd Theißen* umschreibt dies mit den Worten:

> „Die christliche Religion ist wie jede Religion eine Zeichensprache. Sie besteht aus Erzählungen und sprachlichen Bildern, dazu aus Riten wie Taufe und Abendmahl, ferner aus Gegenständen wie Kreuz und Buch, Altar und Kirche. [...] Alle diese religiösen Zeichen und Zeichenformen bilden zusammen eine Art ‚Sprache‘, mit der Menschen den Kontakt zu Gott aufnehmen."[14]

---

10 *Gensicke* (2006) 204.
11 Vgl. insb. *Schlüter* (2000) 116f.; *Feige* (2002) 806; *Münchmeier* (2004) 380.
12 Dass ein deskriptiver, nüchtern beschreibender Gebrauch der Säkularisierungsvokabel, wie er hier zum Ausdruck kommt, scharf zu unterscheiden ist von ideologischen Verwendungen, die den Rückzug entzifferbarer Religion zur übergeschichtlichen Gesetzmäßigkeit hochstilisieren oder aber als Horrorszenario zur Legitimierung rückwärtsgewandter Theologie instrumentalisieren, habe ich andernorts (*Porzelt* (2004) 61f.) näher entfaltet.
13 Zum Befund der Enttraditionalisierung vgl. *Giddens* (1996) und *Porzelt* (2002), insb. 36-38.
14 *Theißen* (2003) 131; vgl. ebd., 122.

Mit Blick auf das Christentum bezeichnet ‚Enttraditionalisierung', dass der von *Theißen* umrissene, besondere Zeichenschatz der jüdisch-christlichen Tradition in unserer Gesellschaft an Bekanntheit und an Bedeutung verliert. Erkennbar christlich geprägte Lebensdeutungen, Lebensorientierungen und Lebensvollzüge sind auf dem Rückzug. Die für das Christentum kennzeichnenden Symbole und Riten, Sprachformen und Praktiken werden zunehmend unbekannt und unverständlich.

Beide angezeigten Tendenzen – Säkularisierung wie Enttraditionalisierung – betreffen in besonderem Maße die jüngere Generation. Der Abstand dieser Jüngeren zur christlichen Religion und Tradition ist – insgesamt gesehen – beträchtlich. Aus einer Fülle an Untersuchungen, die dies verdeutlichen[15], will ich die repräsentativen *Shell-Jugendstudien* herausgreifen, die seit den 1950er Jahren in regelmäßigen Abständen durchgeführt werden. In der Studie von 1999 fasst *Werner Fuchs-Heinritz* den Enttraditionalisierungs- und Säkularisierungstrend der vergangenen Jahrzehnte prägnant zusammen:

> „Gottesdienstbesuch, Beten und Glaube an ein Weiterleben nach dem Tod sind seit Mitte der 1980er Jahre bei den deutschen Jugendlichen in den alten Bundesländern deutlich zurückgegangen. Durch die Wiedervereinigung kamen die Jugendlichen in den neuen Bundesländern hinzu, von denen nur ein kleinerer Teil eine religiöse Erziehung erhalten hatte und erhält; Gottesdienstbesuch, Beten und Glaube an ein Weiterleben nach dem Tode sind bei ihnen inzwischen nur noch bei kleinen Minderheiten feststellbar. Insgesamt: Die Kirchlichkeit ist zurückgegangen, die religiöse Grundhaltung im Leben hat bei den deutschen Jugendlichen stark an Boden verloren."[16]

Ein ähnliches Fazit zieht auch die jüngste *Shell-Studie* von 2006. Überzogenen Spekulationen, welche der heutigen Jugend eine ‚Rückkehr zum Glauben' andichten, tritt sie dezidiert entgegen. Unter der Überschrift „Keine Renaissance der Religion"[17] ist zu lesen:

> „Nimmt man alle verfügbaren Daten der letzten Jahre zusammen, dann zeigt sich eine im Wesentlichen unveränderte Einstellung Jugendlicher zur Religion."[18]

Der diagnostizierte Bekanntheits- und Bedeutungsschwund religiös geprägter Vokabeln, Vorstellungen und Vollzüge hat zur Folge, dass der schulische Religionsunterricht hierzulande mehr und mehr zur Schlüsselinstanz religiösen Lernens wird. Für die meisten Heranwachsenden ist er inzwischen die wichtigste und oft einzige Gelegenheit, um die eigenartige Zeichenwelt der jüdisch-christlichen

---

15 Vgl. die Literaturbelege in Fußnote 147 (*Kap. 3.6*).

16 *Fuchs-Heinritz* (2000) 180.

17 *Shell Deutschland Holding* (2006) 26.

18 Ebd., 27; vgl. insb. *Gensicke* (2007) 417. Dass explizit religiöse Einstellungen und Lebensformen inzwischen eine Talsohle erreicht haben, legen schließlich auch die Befunde in *Ziebertz* (2007) 46f. nahe.

Tradition in einigermaßen kundiger und konsistenter Weise kennenzulernen und sich ernsthaft damit auseinanderzusetzen, dass sich menschliche Wirklichkeit im Lichte Gottes deuten lässt. Aus der Perspektive von Kindern und Jugendlichen ist der Religionsunterricht vielfach der schlechthinnige Ort, um etwas von Gott und dem Christentum mitzubekommen. Die *Denkschrift „Identität und Verständigung"* der *Evangelischen Kirche in Deutschland (EKD)* von 1994 bringt die dem Religionsunterricht zugewachsene Schlüsselrolle präzise zum Ausdruck:

> „Zu keinem Zeitpunkt in der Geschichte hat der Religionsunterricht so unterschiedliche Voraussetzungen bei den Schülern und Schülerinnen vorgefunden wie heute. Wer den Klassenraum betritt, hat immer häufiger getaufte und ungetaufte Kinder vor sich, deutsche und ausländische, Kinder unterschiedlichster Familiensituationen und kultureller Herkunft; nur ganz wenige kommen aus kirchlich eng verbundenen Familien. Für immer mehr Kinder ist der Grundschulreligionsunterricht die erste Begegnung mit Christentum und Religion überhaupt. Der Religionsunterricht bleibt für die meisten die einzige längerdauernde Gelegenheit in ihrem Leben, um die christliche Glaubensüberlieferung kennenzulernen."[19]

6.2 Zum Eigenwert vielfältiger religiöser Lernorte

Die besondere Aufmerksamkeit, welche hierzulande der Religionsunterricht auf sich zieht, birgt die Gefahr, engstirnig und betriebsblind nur auf diesen einen Lernort zu blicken. Allzu leicht wird übersehen, dass sich religiöses Lernen keineswegs nur in Schule und Religionsunterricht realisiert[20], sondern in einer Vielzahl unterschiedlicher Lernfelder. Ohne Anspruch auf Vollständigkeit seien einige wesentliche benannt. Da wären insbesondere

• die Familie,
• die Elementarerziehung,
• die kirchliche Kinder- und Jugendarbeit,
• die Katechese in der Gemeinde,
• die religiöse Erwachsenenbildung,
• die Hochschule.

In all diesen Orten spielen Bildungsprozesse im Allgemeinen und religiöse Lernprozesse im Besonderen eine entscheidende Rolle. In all diesen Orten sind Menschen tätig, die als Lernhelfer/innen fungieren und als solche religionspädagogisch handeln.

Es würde den Rahmen einer kompakten Einführung in die Religionspädagogik sprengen, die benannten Felder religiösen Lernens detailliert vorzustellen. Worauf es vielmehr entscheidend ankommen soll, ist das Bewusstsein für den Wert und Gewinn, welcher gerade darin liegt, dass Orte religiösen Lernens unterschiedlich

---

19 *EKD* (1995) 27.
20 Vgl. insb. *Englert* (1995) 156.

strukturiert sind. Für eine Arroganz des Religionsunterrichts gegenüber den außerschulischen Lernorten besteht keinerlei Anlass. Dies gilt umso mehr, als ein Weiterbestehen des schulischen Religionsunterrichts in der jetzigen Form und Gestalt, die maßgeblich durch die Kirchen mitbestimmt werden, keineswegs für alle Zukunft garantiert ist. Staatliche Verfassungen wie das *Grundgesetz* sind prinzipiell veränderbar und keineswegs sakrosankt.[21] Es wäre in der Sache irrig und auf Zukunft hin gefährlich, einseitig auf die Karte ‚Religionsunterricht' zu setzen und außerschulische Lernmöglichkeiten zu vernachlässigen.

6.2.1 Lernorte unter differenten Vorzeichen

Um den Wert und Gewinn zu ergründen, der mit der Differenz religiöser Lernorte gegeben ist, gilt es genauer in den Blick zu nehmen, in welcher Hinsicht sich diese unterscheiden. Jedes Lernfeld steht unter besonderen Vorzeichen. Im Folgenden will ich die unterschiedliche Eigenart der verschiedenen Lernorte unter fünf Gesichtspunkten erschließen, um eine fundierte Einschätzung jeweiliger Chancen und Grenzen zu ermöglichen.

(1) Niveau der Professionalität

In höchst unterschiedlichem Maße sind religiöse Lernorte in dem Sinne professionell strukturiert, dass sich die dortigen Lernhelfer/innen auf eine gezielte Ausbildung und auf spezielle Wissensbestände stützen können. Zum einen gibt es Lernhelfer/innen mit hohem Professionalitätsniveau – beispielsweise Religionslehrer/innen in der Schule oder Bildungsreferent/innen in Jugendarbeit oder Erwachsenenbildung. Zum zweiten sind halbprofessionelle Lernhelfer/innen zu nennen – erwähnt seien etwa Jugendgruppenleiter/innen, ehrenamtliche Katechet/innen oder auch pastorale Mitarbeiter/innen, die sich nur eingeschränkt für pädagogische Aufgaben qualifiziert haben. Eine dritte Gruppe von Lernhelfer/innen, deren Arbeit keineswegs geringzuschätzen ist, handelt hauptsächlich auf Basis alltäglichen Erfahrungswissens. Genannt seien vor allem die Eltern, denen mit Blick auf das religiöse Lernen höchste Bedeutung zukommt, oder auch die gleichaltrigen Mitglieder kirchlicher Jugendgruppen. Dass letztere ausdrücklich als ‚Lernhelfer' erwähnt werden, mag vielleicht verwundern. Aber sogar die wichtigste Versammlung der katholischen Kirche im 20. Jahrhunderts, das *II. Vatikanische Konzil* (1962-1965), hat in seiner ihm eigenen Sprache herausgestellt:

> „Junge Menschen selbst müssen die ersten und unmittelbaren Apostel der Jugend werden und in eigener Verantwortung unter ihresgleichen apostolisch wirken"[22].

---

21 Es spricht für die Hellsichtigkeit des *Synodenbeschlusses*, dass er keinem naiven Rechtspositivismus frönt, sondern aus der Wandelbarkeit des Rechtes folgert, dass „sich der Religionsunterricht in Begründung und Zielsetzung auch wirklich als ‚ordentliches Lehrfach' ausweist." (*Gemeinsame Synode* (1976) 131)

22 AA 12.

(2) Grad und Ausmaß der Freiwilligkeit

Religiöse Aneignung gestaltet sich unterschiedlich, je nachdem ob an einem Lernort verbindliche Teilnahme mit verpflichtenden Leistungen vorausgesetzt wird oder aber die Mitwirkung aus freien Stücken geschieht und spontan widerrufbar ist.

Im Spannungsfeld von Verbindlichkeit und Freiwilligkeit ist die kirchliche Kinder- und Jugendarbeit wohl der zwangloseste, der schulische Religionsunterricht hingegen der am stärksten reglementierte Ort religiösen Lernens. Zwar besteht das Recht, sich von diesem Schulfach abzumelden.[23] Erfolgt jedoch keine Abmeldung, ist die Teilnahme obligatorisch. Zudem müssen im Unterricht Leistungen erbracht werden, die zu benoten sind. Im Gegensatz beispielsweise zur Jugendarbeit findet der Religionsunterricht im „Zwangsgebilde"[24] der Schulklasse statt – die Schüler/innen haben sich in ein soziales Feld einzufügen, auf dessen Zusammensetzung sie keinerlei Einfluss haben. Weder der Lehrer noch die Mitschüler/innen wurden selbst ausgewählt.

Ein Mehr oder Weniger an Freiwilligkeit birgt Chancen wie Grenzen für Lern- und Bildungsprozesse. Das freiwillige Setting der Jugendarbeit bietet optimale Voraussetzungen für eigenmotivierte, selbstbestimmte und damit auch persönlichkeitsprägende Lernprozesse. Im Gegensatz dazu ist schulischer Unterricht bei weitem anfälliger, ‚träges Wissen'[25] ohne Lebensrelevanz hervorzurufen. Doch ist eine langfristig gestufte Begegnung mit komplexen, oft sogar sperrigen Inhalten wahrscheinlich eher im verpflichtenden Rahmen der Schule vorstellbar als in freiwilligen Sozialgebilden.

(3) Grad und Ausmaß der aktiven Identifikation

Nicht jeder Lernort setzt eine persönliche Glaubensidentifikation voraus, umgekehrt sind manche Lernorte auf solche Bejahung zwingend angewiesen. Mit Blick auf das eigene, aktive Bekenntnis sind somit niedrig- und höherschwellige Lernorte zu unterscheiden.

---

23 Über die Teilnahme der Schüler/innen bestimmen zunächst die Erziehungsberechtigen (Art. 7 Abs. 2 GG). Nach Vollendung des 14. Lebensjahres sind Heranwachsende dann selbst religionsmündig (§5 RKEG). Sie sind nun berechtigt, eigenständig über ihre Teilnahme am Religionsunterricht zu entscheiden. Diese Regelung wird allerdings – mit fadenscheiniger Begründung! – von zwei Bundesländern unterlaufen, nämlich von Bayern und vom Saarland (vgl. *Ennuschat* (2001 A) 1716). Nur dort können sich Heranwachsende, die einer Religionsgemeinschaft angehören, erst mit 18 Jahren selbst vom entsprechenden Religionsunterricht abmelden. Für den Rest Deutschlands gilt – rechtlich gesehen – die magische Altersgrenze 14.

24 *Rudolf Weiss* nach *Mietzel* (1986) 280.

25 Mit der Wendung ‚träges Wissen', die ursprünglich auf *Alfred North Whitehead* (1861-1947) zurückgeht, werden Kenntnisse und kognitive Strategien umschrieben, die nur unzureichend auf veränderte Gebrauchssituationen und Problemstellungen transferiert werden können (vgl. *Renkl* (2001)).

Als „ordentliches Lehrfach"[26] an der öffentlichen Schule kann und darf der Religionsunterricht *kein* aktives Bekenntnis zum christlichen Glauben voraussetzen oder einfordern. Katholischerseits wurde diese konstitutive Selbstbegrenzung des Faches im bis heute maßgeblichen Dokument zum Religionsunterricht grundgelegt, nämlich im *Synodenbeschluss* von 1974.[27] Im vergleichenden Blick auf die Katechese bringt *Dieter Emeis* die Selbstbeschränkung des Religionsunterrichts treffend auf den Punkt, indem er schreibt:

> „Während die Katechese auf Vollzüge des Glaubens in der Gemeinschaft christlichen Zeugnisses, liturgischer Feier und diakonischer Verantwortung für den Nächsten ausgerichtet ist (allerdings ohne diese aufzudrängen), muß der Religionsunterricht je nach den konkreten Situationen offen lassen, ob und wie weit sich die Lernenden über eine reflektierende Auseinandersetzung mit Religion und Glaube hinaus außerschulisch auf christlich-kirchliche Praxis einlassen."[28]

Um seines Profils als Bildungsangebot in der öffentlichen Schule willen muss sich der Religionsunterricht die Selbstbegrenzung auferlegen, den Schüler/innen keinerlei aktives Bekenntnis abzuverlangen. Ob sie den christlichen Glauben bejahen oder ablehnen, bleibt den Schüler/innen freigestellt. Der Religionsunterricht ist ein Ort, den christlichen Glauben und die christliche Tradition kennen- und beurteilen zu lernen, aber kein Ort der kirchlichen Sozialisation[29] oder der „Einübung in den Glauben"[30]. Ebendies verdeutlicht *Wolfgang Langer*, indem er feststellt:

> „Religionsunterricht soll die verstehende Begegnung mit dem Glauben ermöglichen – nur insofern kann er, kann die Schule auch ein Lernort des Glaubens sein. Entscheidung und Lebensvollzug geschehen meist anderswo: in der personalen Begegnung mit glaubenden Menschen, in einer religiösen Gruppe Gleichaltriger, in der Beteiligung am Leben der Pfarrgemeinde, für manche Jugendliche auch heute noch primär in der bewußt christlichen Familie."[31]

---

26 Art. 7 Abs. 3 GG.

27 Eindeutig wird die ‚Bekenntnis-Freiheit' der Schüler/innen innerhalb des Religionsunterrichts eingefordert in *Gemeinsame Synode* (1976) 138, 139 und 148.

28 *Emeis* (1986) 176f.

29 *EKD* (1995) 48 bringt unmissverständlich zum Ausdruck, „daß der Religionsunterricht sich schulisch begreift und dabei keine kirchliche Sozialisation leisten kann." Ebd., 85 wird ebenso unzweideutig ausgesagt: „Der Religionsunterricht ist mißverstanden und überfordert, wenn man sein Ziel in Tauf- und Abendmahlsunterweisung, in gottesdienstlicher und gemeindlicher Sozialisation und Mitgestaltung sieht."

30 Der *Synodenbeschluss* konstatiert nüchtern: „Vielen Schülern fehlt [...] der notwendige Erfahrungs- und Verständnishorizont für einen Religionsunterricht, der sich als Einübung in den Glauben versteht." (*Gemeinsame Synode* (1976) 130) Angesichts dieses realistischen Befundes, der sich in den vergangenen Jahrzehnten zugespitzt haben dürfte, votiert die *Synode* dafür, gemeindliche Katechese einerseits und „spezifisch schulischen Religionsunterricht" (ebd., 131 und 148) andererseits zu ‚unterscheiden' (ebd., 131).

31 *Langer* (1985) 65.

Die dargelegte Selbstbeschränkung des Religionsunterrichts eröffnet die Möglichkeit, dass sich eine überaus große Zahl an Kindern und Jugendlichen in kompetenter Weise mit der christlichen Tradition auseinandersetzen kann. Für viele davon böte sich jenseits des Religionsunterrichts keinerlei Gelegenheit, in sachkundiger und längerfristiger Weise mit Religion in Berührung zu kommen.

Zugleich müssen aber auch vielerart Lernprozesse, die eine aktive Bejahung des Glaubens voraussetzen, im Kontext der Schule ausgespart bleiben. Um beispielsweise aktiv zu lernen, wie man betet, wie man seinen Glauben authentisch bekennt oder wie man Gottesdienst feiert, bietet die Gemeindekatechese weitaus bessere Möglichkeiten als der Religionsunterricht.[32] In der Katechese nämlich bleibt die aktive Bejahung des Glaubens nicht tabu. Hier soll und hier kann behutsam eingeführt werden in eine Glaubenspraxis, die ein ‚Ja' zum Gottesglauben einschließt und einübt.

(4) Stellenwert der ausdrücklichen Überlieferung

Verschiedene Lernorte legen unterschiedliches Gewicht auf die ausdrückliche Botschaft des Glaubens. In manchen Handlungsfeldern spielt der Zeichenschatz der Glaubenstradition, das „Zeugnis des Wortes"[33] eine entscheidende Rolle. So etwa im Religionsunterricht oder in der gemeindlichen Katechese. In anderen Handlungsfeldern hingegen steht das gegenwärtige Tun und Erleben, das „Zeugnis des Lebens"[34] eindeutig im Vordergrund. Genannt seien etwa die Familie oder die Jugendarbeit.

Gemäß dem Motto ‚Je ausdrücklicher, desto besser!' ist es vielfach üblich, die Qualität eines religiösen Lernortes danach zu bemessen, wie häufig dort explizit vom Glauben die Rede ist. Jugendgruppen beispielsweise wird abverlangt, ihre Kirchlichkeit dadurch zu demonstrieren, dass sie mit Gottesdiensten nach außen treten. Oder sie werden gar gedrängt, am Rummel um die päpstlichen Weltjugendtreffen mitzuwirken. Ein solcher legitimatorischer Zwang zum expliziten Zeugnis ist aber theologisch wie religionspädagogisch barer Unsinn. Er verkennt, dass das „Zeugnis des Lebens" und das „Zeugnis des Wortes" nicht gegeneinander ausgespielt werden dürfen. Beide Formen religiösen Lernens – im ausdrücklichen Bezug auf die Tradition und im Medium gelebter Praxis – sind gleichermaßen unverzichtbar. Beiden kommt ein eigener, unverzichtbarer Wert zu. Zwar ist es kontraproduktiv, im religiösen Lernen einen der beiden Pole – Leben oder Wort – dauerhaft und gänzlich auszublenden. Sehr wohl ist es aber berechtigt, dass unterschiedliche Lernorte – was ihren Bezug zum Zeichenschatz der christlichen Tradition angeht – verschiedene Schwerpunkte setzen. Interessanterweise hinterlassen die homöopathisch kleinen Dosen expliziter religiöser Inhaltlichkeit, die in

---

32 Vgl. etwa *Feifel* (1986) 207.

33 AA 13; vgl. a. AA 6 und 16 sowie EN 22.

34 AA 6 und 13 und EN 22; vgl. a. AA 16 sowie EN 21.

Familie und Jugendarbeit an der Tagesordnung sind, oftmals lebensgeschichtlich weit einprägsamere Spuren als der umfangreiche Bezug auf die religiöse Tradition, der in Unterricht und Gemeinde zu Recht gepflegt wird. Zwei knappe biographische Zeugnisse mögen dies verdeutlichen. Das erste stammt von einem Lehrer, der 1964 geboren wurde:

„Wenn es ein religionspädagogisches Konzept meiner religiösen Erziehung in der Schule gegeben haben sollte, konnte ich es – beim besten Willen – nicht feststellen. Kontakt zu Gott und Kirche bekam ich nicht durch die Schule. Die religiöse Erziehung meiner Schulen und die der Kirchengemeinde waren in meinen Augen nicht verzahnt. Ohne ein Elternhaus, das nicht streng katholisch war, aber doch immerhin zu den regelmäßigen Gottesdienstbesuchern zählte, und vor allem ohne meine Tätigkeit in einer kirchlichen Jugendgruppe, wäre ich wohl nicht ‚dabeigeblieben'. Der Religionsunterricht hat mein religiöses Leben nur marginal beeinflußt und ganz sicher nicht gestärkt."[35]

Ein zweiter lebensgeschichtliche Rückblick, der mit dem Religionsunterricht nicht ganz so streng ins Gericht geht, stammt von einem Juristen, der 1966 geboren wurde:

„Hinsichtlich meiner Person erachte ich zwei Elemente für prägend [...]. Das erste Element sind meine eigenen Erfahrungen im Fach Religion [...]. Das zweite Element sind meine Erfahrungen im Bereich der religiösen Arbeit mit Jugendlichen außerhalb der Schule, sei es in der Sakramentenvorbereitung oder in der Arbeit einer verbandlichen Jugendgruppe. Letztere haben für meinen ‚Standort', wie er sich heute darstellt, sicher die größere Bedeutung."[36]

(5) Altersbezug

Die Vielfalt der Lernorte macht es möglich, gezielt auf bestimmte Lebensphasen einzugehen. Religiöses Lernen ist ja keineswegs mit dem Erreichen eines bestimmten Alters abgeschlossen. Sich in eigenständiger, gedanklich verantworteter und für das eigene Leben stimmiger Weise auf eine religiöse Daseinsdeutung zu beziehen, ist vielmehr ein lebenslanger – kein lebenslänglicher! – Lernprozess. *Norbert Mette* fasst diese Erkenntnis knapp zusammen:

„Die Ausbildung eines mündigen und entschiedenen Glaubens ist zu keiner Phase des Lebens abgeschlossen und macht darum eine lebenslange Begleitung erforderlich."[37]

In deutlicher Weise spiegelt die Palette religiöser Lernorte, die von der Familie und Elementarerziehung über Schule und Jugendarbeit bis zur Erwachsenenbil-

---

35 *Dieter Katz* in *Jendorff* (1996) 230-240, 233.
36 *Stefan Heller* in ebd., 241-247, 244.
37 *Mette* (1994) 220f.; vgl. *Baudler* (1987) 418f. mit Bezug auf das *Synodenpapier zur Katechese* (*Gemeinsame Synode* (1977)).

dung und Altenarbeit reicht, altersspezifische Differenzierungen wider.[38] Zwei Probleme sind in diesem Zusammenhang allerdings besonders dringlich.

Zum einen stellt sich die Frage des generationenübergreifenden Lernens. *Karl Ernst Nipkow* hat vor Jahren die These vertreten, christliche Erziehung sollte unter dem Anspruch stehen, „gemeinsam leben und glauben [zu] lernen zwischen den Generationen"[39]. In der Tat verhindert eine strenge Sortierung und Separierung der Altersgruppen in unterschiedliche Lernfelder einen produktiven Austausch zwischen Alt und Jung. Wichtige Lernchancen werden so vergeben. Kein einziges religionspädagogisches Handlungsfeld stellt das Lernen *zwischen* den Generationen in den Mittelpunkt. Allerdings gilt es auch zu bedenken, dass religiöses Lehren und Lernen stets die realen Bedürfnisse und Voraussetzungen der betroffenen Subjekte zu achten und zu beachten hat. Ebendiese Bedürfnisse und Voraussetzungen legen es vielfach nahe, dass ein Lernen unter Gleichaltrigen bevorzugt wird. Generationenübergreifendes Lernen wäre wichtig. Es lässt sich aber nicht von oben her verordnen. Mit Idealen alleine lässt sich nicht realitätstauglich argumentieren. Dies geschah in der Vergangenheit allzu oft, gerade wenn den kirchlichen Gemeinden durch akademische Pastoraltheologen alle möglichen und unmöglichen Utopien aufgehalst wurden, welche von der kleinen Schar derer, die sich überhaupt in den Pfarreien blicken lassen, niemals einzulösen sind.

Noch ein zweites Problem ist unter dem Stichwort ‚Altersbezug' anzusprechen, nämlich die Fixierung religionspädagogischer Praxis auf das Kinder- und Jugendalter. Die meisten und mit Abstand resonanzstärksten Lernorte beziehen sich auf Kinder und Jugendliche. Dagegen ist es kaum gelungen, religiöse Lernfelder zu etablieren, die von Erwachsenen ernsthaft akzeptiert und geschätzt werden. Sowohl die kirchliche Erwachsenenbildung, die vielerorts ein Hort des Bildungsbürgertums ist, als auch die Erwachsenenkatechese, die sich oftmals auf einen kleinen Kreis von Neuchristen beschränkt, denen im Vergleich mit ‚Kindgetauften' enorme Lasten auferlegt werden, fristen ein Nischendasein. Christentum hierzulande ist weithin eine Religion der Kinder und der alten Leute. Dieses Problem betrifft nicht nur die religiöse Bildung, sondern die Kirchen insgesamt in all ihren Vollzügen!

---

38 Entgegen dem weit gespannten Ideal des *Synodenpapiers „Das katechetische Wirken der Kirche"*, gemeindliche Katechese solle auf Basis der „Koexistenz und [...] Kooperation der Generationen" (*Gemeinsame Synode* (1977) 48) „Christen aller Altersstufen" (ebd., 39) umfassen, erschöpft sich die faktische Katechese unserer Tage zumeist in der befristeten und altershomogenen Vorbereitung auf Sakramente bzw. – im Falle des Konfirmationsunterrichts – auf eine nichtsakramentale „Fürbitte- und Segenshandlung" (*Adam* (2001) 1089).

39 *Nipkow* (1982) 33.

6.2.2 Die Differenz der Lernorte ermöglicht deren Komplementarität

Wie exemplarisch dargelegt wurde, haben unterschiedliche Orte religiösen Lernens auf verschiedene Art und Weise ihre je eigene Qualität.[40] Aus diesem Tatbestand ergeben sich gewichtige Konsequenzen für die religionspädagogische Theorie und Praxis.

Die Verschiedenartigkeit der religiösen Lernorte mahnt theoretisch zur Bescheidenheit. Eine Religionspädagogik, die übergreifende Aussagen zu sämtlichen Lernorten treffen will, gerät rasch an deutliche Grenzen. Aussagen, die einem bestimmten Lernfeld gerecht werden, können für ein anderes ganz und gar verfehlt sein. Angesichts der Vielfalt und Eigenart der Lernorte sind differierende Theorien und religionspädagogisches Unterscheidungsvermögen unabdingbar.

Die Differenz der Lernorte bringt auch mit sich, dass den Lernhelfer/innen je nach Praxisfeld, in dem sie tätig sind, unterschiedliche Kompetenzprofile abverlangt werden. Verschiedenartige Lernorte erfordern je anderes Wissen und Können. So ist die Fähigkeit, gleichermaßen sachgerecht wie schülerorientiert zu unterrichten, entscheidend, um als Religionslehrer/in ‚einen guten Job zu machen‘. Ebendiese „Kunst des Unterrichtens"[41], die für die Schule ausschlaggebend ist, befähigt aber keineswegs dazu, sich auch in der Jugendarbeit zu bewähren. Dort ist es weit wichtiger, partnerschaftlich zu kommunizieren und aus der jeweiligen Situation heraus alltagsnahe Lernprozesse anzustoßen.

Schließlich und endlich: Das Lob der Unterschiedlichkeit religiöser Lernorte darf keinesfalls dahingehend missverstanden werden, dass deren gegenseitige Abkapselung und Abschottung sinnvoll sei. Das Gegenteil ist zwingend notwendig. Die Begrenztheit, die jedem Lernort eigen ist, kann relativiert werden, wenn sich religiöse Lernorte komplementär aufeinander beziehen. Ganz zu Recht warnte deshalb schon *Erich Feifel*, „es wäre fatal, wollten wir die verschiedenen Lernorte des Glaubens gegeneinander ausspielen"[42].

---

40 Vgl. *Porzelt* (2001) 143f.

41 *Schmid* (1997) und *Rheinberg/Bromme* (2001) 302. Vgl. *Hans Aebli* nach *Reinmann-Rothmeier/Mandl* (2001) 603.

42 *Feifel* (1987) 155; im zitierten Teilaufsatz argumentiert *Erich Feifel* allerdings insofern unangemessen, als er sämtliche Lernorte dem Prinzip „eines als Prozeß der Initiation in den Glauben verstandenen Katechumenats" (ebd., 154) unterordnet. Solch katechetische Optik wird jenen Lernorten keineswegs gerecht, die einen ‚Bildungsgewinn‘ gerade auch dann gegeben sehen, wenn bleibend Nichtglaubende aus der Begegnung mit Religion lebensförderliche Einsichten gewinnen und sich verständig gegenüber Religion positionieren lernen (z.B. Religionsunterricht oder Jugendarbeit). Ausgehend vom Verständnis der Katechese als „Einführung, Vertiefung und Vergewisserung im Glauben" (*Deutsche Bischofskonferenz* (2004) 9; vgl. ebd., 40) spricht auch das jüngste Bischofswort zur *„Katechese in veränderter Zeit"* unterschiedlichsten Feldern religionspädagogischen (wie kirchlichen) Handelns eine ‚katechetische Dimension‘ zu (ebd., 8, 29, 32f., 35 und 40). Ob diese Zuschreibung der spezifischen Eigenart bspw. des schulischen Religionsunterrichts angemessen

Zwei Beispiele, die den Religionsunterricht mitbetreffen, mögen dies verdeutlichen. Wie dargelegt, unterliegt dieser Unterricht ja einer doppelten Begrenzung. Einerseits darf er keine aktive Bejahung des christlichen Glaubens einfordern, weil er ansonsten seine Stärke als ‚Bildungsangebot für alle' preisgeben würde. Zum zweiten muss er das institutionelle Regelwerk der Schule beachten, um als Element derselben bildend in die Gesellschaft hineinwirken zu können. Beide Grenzen lassen sich jedoch durch Vernetzungen abmildern.

Als den Religionsunterricht ergänzende Lernmöglichkeit, die dazu verhelfen kann, sich aktiv in die Praxis des Glaubens einzuüben, wäre die gemeindliche Katechese die ‚erste Adresse', auch wenn sie sich angesichts des Einbruchs der Volkskirchlichkeit in dramatischem Umbruch befindet. Dass sich Katechese und Unterricht fruchtbar aufeinander beziehen lassen, hat immerhin der *Synodenbeschluss zum Religionsunterricht* von 1974 vorgezeichnet. Einerseits traf die *Synode* die wegweisende Entscheidung, Katechese als Einführung in die religiöse Gemeinschaft und Unterricht als bildende Begegnung mit religiöser Tradition klar voneinander zu unterscheiden und unterschiedlichen Räumen zuzuweisen – die Katechese an die Gemeinde und den Unterricht an die Schule. Der Kernsatz, der dies zum Ausdruck bringt, lautet:

> „Die Synode unterscheidet [...] zwischen schulischem Religionsunterricht und Katechese in der Gemeinde und hält beide für unerläßlich."[43]

In der Zeit vor der *Synode* war der Religionsunterricht selbst noch als „Schulkatechese"[44] tituliert worden. Er wurde verstanden als Einübung in den Glauben am Ort der Schule. Mit Abtrennung der Katechese vermochte der Religionsunterricht ein eigenes, „spezifisch"[45] schulisches Profil gewinnen, da er nun endlich von der überfordernden Aufgabe entlastet war, als Schulfach auf eine tatkräftige Bejahung des Glaubens hinzuwirken.

Der *Synodenbeschluss* beließ es aber nicht dabei, das Unterscheidende beider Lernorte herauszustreichen. Zugleich mahnte das Dokument an, dass gemeindliche Katechese und schulischer Religionsunterricht aufeinander angewiesen bleiben. Der entscheidende Passus lautet:

> „Religionsunterricht in der öffentlichen Schule kann nicht alles leisten, was zur Glaubenserziehung gehört. Er ist nur Teil eines größeren Ganzen von religiösen Lern- und Erziehungsprozessen. Er kann ergänzt werden durch außerschulische Veranstaltungen des Religionslehrers mit interessierten Schülern. Darüber hinaus muß aber der Religionsunterricht der öffentlichen Schule in Zukunft mehr als bisher durch die verschiedenen katechetischen Bemühungen der Gemeinde ergänzt und weitergeführt werden."[46]

Rechnung trägt, ist durchaus strittig (vgl. *Simon* (2005) 149).

43 *Gemeinsame Synode* (1976) 131.
44 *Katholische Bischöfe Deutschlands* (1967) 9 et passim.
45 *Gemeinsame Synode* (1976) 131 und 148.
46 Ebd., 152.

Als vollgültiges Schulfach agiert der Religionsunterricht innerhalb bestimmter institutioneller Grenzen. Lernen trägt hier verbindlichen Charakter. Als komplementärer Lernort, der Heranwachsenden ein wirklich freiwilliges Engagement mit Gleichaltrigen ermöglicht, steht die Kinder- und Jugendarbeit an erster Stelle. Schulen beispielsweise, die kirchlichen Jugendverbänden Raum bieten, schaffen ein ergänzendes Milieu zum Religionsunterricht. In diesem Milieu können Kinder und Jugendliche ihr Bildungsbemühen weit eigenständiger gestalten und verantworten, als dies im gewöhnlichen Unterricht möglich wäre. Gerade weil religiöse Inhalte hier im Gegensatz zur Schule keineswegs die ,erste Geige' spielen, können Kinder und Jugendliche am eigenen Leib erfahren, dass Religion in all ihren Facetten weit mehr ist als nur Gegenstand reglementierter und zensierter Lernprozesse. Entscheidend für die Kinder- und Jugendarbeit ist das Erleben und Erlernen, dass Menschen selbstbestimmt gemeinsam leben können.[47] Im Zentrum stehen soziale, biographie- und alltagsbezogene Lernprozesse, die für sich gesehen Heranwachsende auf ihrem Weg stärken und somit auch ohne ausdrücklichen religiösen Bezug von unersetzlichem Wert sind. Dass ausdrückliche Religion in Gestalt eines bestimmten, nämlich des christlichen Glaubens als Grundierung, Motivation und Reibungsfläche des gemeinsamen Handelns erkennbar werden kann und somit eigene Praxis im Horizont der Gottesrede interpretierbar wird, markiert eine weitere, konstitutive Lernchance kirchlicher Kinder- und Jugendarbeit. Diese Lernchance auszukosten, bedarf der Freiwilligkeit und der ,fruchtbaren Momente'.

Religiöse Überlieferung wird in der Jugendarbeit meist situativ kommuniziert, was den Lernhelfer/innen keineswegs geringere Kundigkeit abverlangt als geplante Belehrungen. Insofern Lernprozesse in der Kinder- und Jugendarbeit zumindest erahnen lassen, dass Religion fruchtbar werden kann für das ,wirkliche Leben', vermag gerade dieser Lernort produktiv auf den Religionsunterricht zurückzuwirken. Das Erleben und Erlernen gemeinschaftlicher Eigenständigkeit als Zentrum der Jugendarbeit schließt die kritische Auseinandersetzung mit Schattenseiten von Religion keineswegs aus – nicht zufällig wirken gerade die Jugendverbände seit Jahrzehnten als Stachel im Fleische unglaubwürdiger Kirchenpraxis.

---

47 Der bis heute wegweisende *Synodenbeschluss „Ziele und Aufgaben kirchlicher Jugendarbeit"* fasst die sozial-emanzipative (und gerade eben nicht im engeren Sinne pastorale) Sinnspitze dieses Lernortes treffend in die Theoreme des *,personalen Angebotes'* und der *,reflektierten Gruppe'.* Die Wendung „personales Angebot" (*Gemeinsame Synode* (1976 A) 298) bringt zum Ausdruck, dass Jugendarbeit nicht in erster Linie von den Inhalten lebt, sondern von den beteiligten Personen, und zwar gerade auch von den Gleichaltrigen (insb. ebd., 300). Die Umschreibung „reflektierte Gruppe'" (ebd., 300) profiliert die Jugendgruppe, die sich selber – die „in ihr wirksamen Vorgänge und Beziehungen" (ebd.) – in den Blick nimmt, als zentrales Medium kirchlicher Jugendarbeit. Vgl. insb. *Tzscheetzsch* (2006) 20f.

6.3 Wo überall religiös gelernt wird …

Mit Recht lässt sich fragen, ob eine Auflistung bestimmter religiöser Lernorte überhaupt plausibel sei, da es schließlich beinahe allerorten Gelegenheiten gibt, um in der Begegnung mit religiöser Tradition und Praxis Lernerfahrungen zu machen. In bestimmter Hinsicht ist diesem Einwand stattzugeben.

Eine Wandlung des Subjekts in der Auseinandersetzung mit religiösen Phänomenen, Symbolen und Inhalten findet keineswegs nur in jenen Räumen statt, die zuvor als religionspädagogisch zentral identifiziert wurden und üblicherweise als ‚religiöse Lernorte‘ bezeichnet werden. Auch jenseits dieser ‚klassischen‘ Lernfelder stoßen wir vielfach auf Zeichen, die durch religiöse Traditionen geprägt sind, auf außerweltliche Transzendenz verweisen und unseren eigenen, bisherigen Standort erschüttern und beeinflussen können. Solch lernende Begegnung mit ‚religionshaltigen‘ Zeichen kann sich in unterschiedlicher Nähe oder Distanz zur bekennenden Praxis einer konkreten Religionsgemeinschaft ereignen.[48] So sind religiöse Lernerfahrungen gleichermaßen möglich im Feiern eines Gottesdienstes, im Vernehmen einer Predigt, im caritativen Dienst an alten Menschen, im politischen Engagement aus religiösen Motiven, im stillen Lesen der Bibel, im Hören von geistlicher Musik, im Betrachten eines mittelalterlichen Bildes, ja sogar im Rezipieren aktueller Filme, Videos, Romane oder Songs, die Elemente und Motive überlieferter Religion zitieren und in neuem Lichte interpretieren.

Mit Fug und Recht lässt sich feststellen: In jeglicher Erfahrung, die Erlebtes mit religiösen Kategorien deutet, können sich auch Lernprozesse ereignen – sei es unmittelbar im Kontext einer religiösen Tradition oder mittelbar in deren kultureller Rezeption. Jegliches ‚religionshaltige‘ Handeln umfasst somit – zumindest potenziell – eine Lerndimension, eine religionspädagogische Komponente. Ebendieser Gedanke ist der wissenschaftlichen Religionspädagogik nicht fremd. *Norbert Mette* etwa hat ihn mit folgenden Worten auf das kirchlich-christliche Handeln zugespitzt:

> „Im Grunde genommen kann die gesamte kirchliche Praxis auch unter dem Aspekt der ihr innewohnenden (religions)pädagogischen und katechetischen Dimension in den Blick genommen werden."[49]

---

48 Ganz zu Recht dringt *Manfred L. Pirner* (2005) darauf, „die ‚Zerstreuung‘, die Diffusion der christlichen Tradition und des Religiösen in andere Kulturbereiche und insbesondere in den Bereich der primär von Unterhaltung dominierten Medien" (ebd., 4) religionspädagogisch ernsthaft zur Kenntnis zu nehmen, wobei er zwischen (funktionaler bzw. phänomenologischer) „Religionsähnlichkeit" und (substanzialer) „Religionshaltigkeit" solcher Medien unterscheidet (ebd., 4-6). Um auszuschließen, dass sich das mit der Religionsvokabel Bezeichnete bis zur Unkenntlichkeit hin ausdehnt, plädiere ich selbst dafür, dass selbige im religionspädagogischen Gebrauch an substanzielle Kriterien gebunden bleibt. Konsequenterweise beschränke ich mich bei der Bestimmung und Reflexion religiöser Lernprozesse – im Gegensatz zu *Pirner* – auf den Aspekt semantisch nachvollziehbarer ‚Religionshaltigkeit‘.

49 *Mette* (1994) 230.

Im gleichen Sinne gibt *Henning Schröer* (1931-2002) zu bedenken:

> „Lernen bzw. Bildung ist eine wesentliche, wenn auch nicht die einzige Vollzugsform des Glaubens."[50]

Die Tatsache, dass ein jeder Gebrauch von und jede Begegnung mit religiösen Worten, Symbolen, Vorstellungen und Vollzügen Lerneffekte zeitigen kann, bedeutet nun keineswegs, dass Religionspädagogik als Wissenschaft vom religiösen Lernen ‚allzuständig' wäre für sämtliche Handlungsweisen und Erscheinungsformen, in welchen Religion in Geschichte wie Gegenwart zutage tritt. Ohne zu leugnen, dass die Lerndimension religiösen Glaubens und seiner kulturellen Rezeption weit über jene Räume hinausreicht, die als ‚religiöse Lernfelder' fokussiert wurden, ist es doch sinnvoll, zu unterscheiden zwischen jenen Orten und Gelegenheiten, in denen religiöses Lernen im Mittelpunkt steht und durch religionspädagogisches Handeln gezielt ermöglicht und gefördert werden will, und solchen Orten und Gelegenheiten, in denen sich religiöses Lernen – quasi als Nebenprodukt – ‚mit-ereignet'.

Beide Varianten religiösen Lernens, die gezielte wie die beiläufige, haben ihre Berechtigung. Soweit es ihre bescheidenen (personellen wie finanziellen) Kapazitäten zulassen, versucht die wissenschaftliche Religionspädagogik auch, beide Typen des religiösen Lernens im Blick zu haben. Nichtsdestoweniger hat sich – meines Erachtens zu Recht – eine Schwerpunktsetzung herausgeschält. Zuallererst und mit besonderer Energie, Sorgfalt und Achtsamkeit nimmt die wissenschaftliche Religionspädagogik die ausdrücklichen Lernorte des Glaubens in den Blick.

Diese Konzentration auf bestimmte Felder begründet sich maßgeblich daraus, dass gerade hier religionspädagogische Kompetenz – wissensfundiertes Können – gefragt ist. Religionspädagogische Kompetenz richtet sich darauf, Menschen als Subjekte religiösen Lernens zu verstehen sowie Glaubenstraditionen als Medium religiösen Lernens zu begreifen, um letztendlich verantwortbare wie gangbare Wege religiösen Lernens zu ermöglichen. Dass all dies im Horizont normativer Entscheidungen geschehen muss, dass sich also religionspädagogisch verantwortetes Lehren und Lernen stets daran messen lassen muss, Menschen in der Begegnung mit dem religiösen Zeichenschatz einen Zuwachs an Autonomie, Verantwortung und Handlungsfähigkeit zu eröffnen[51], markiert die eherne Grenze eines deskriptiven Lernbegriffs, wie er gerade für die Psychologie zumeist kennzeichnend ist. Ohne *Ziel*vorstellungen, die sich auf begründete Prämissen zum Wert und Sinn des Menschseins stützen, ist religionspädagogisch verantwortetes Handeln nicht denkbar. Eine christlich positionierte Religionspädagogik sieht sich in diesen ihren anthropologischen Prämissen auf die inhaltlichen Fundamente der jüdisch-christlichen Glaubenstradition zurückverwiesen.

---

50 *Schröer* (2001) 1762.
51 Vgl. *Porzelt* (2002) 35 mit Bezug auf *Wilhelm von Humboldt*.

‚Religionshaltige' Praxis im Allgemeinen und christliches Handeln im Besonderen bergen stets eine Lerndimension. Wissenschaftliche Religionspädagogik konzentriert sich auf bestimmte Orte, in denen diese Lerndimension eindeutig im Vordergrund steht. Nur so bleibt Religionspädagogik als Wissenschaft davor bewahrt, sich zu verzetteln und – alles wollend – niemandem zu dienen.

7 Anhang

7.1 Literaturverzeichnis

Adam, Gottfried (2001), Konfirmation, Konfirmationsunterricht, in: LexRP (2001) 1086–1091

Aebli, Hans (2001), Zwölf Grundformen des Lehrens. Eine Allgemeine Didaktik auf psychologischer Grundlage. Medien und Inhalte didaktischer Kommunikation, der Lernzyklus, Stuttgart [11]2001

Altmeyer, Stefan (2006), Alles nur Dekoration? Ästhetisches Lernen im Fokus theologischer und religionsdidaktischer Zugänge, in: RpB 57/2006, 3–19

Andresen, Carl / Denzler, Georg (1984), dtv-Wörterbuch der Kirchengeschichte, München [2]1984

Antor, Heinz (1998), Rezeptionsästhetik, in: MLLK (1998) 458–460

Anzenbacher, Arno (1992), Einführung in die Philosophie, Freiburg/Br. u.a. 1992

Assig, Hubertus (1975), Religionspädagogik als Verbundwissenschaft und die Methode der Konvergenzargumentation, in: Stock, Alex (Hg.), Religionspädagogik als Wissenschaft. Gegenstand – Probleme – Methoden, Zürich u.a. 1975, 37–44

Baldermann, Ingo (1996), Einführung in die Biblische Didaktik, Darmstadt 1996

Bamming, Reinhard / Trendelkamp, Maria (Erarb.) (1989), Treffpunkt RU 5/6. Katholischer Religionsunterricht im 5./6. Schuljahr, München 1989

Bamming, Reinhard / Trendelkamp, Maria (Erarb.) (1993), Treffpunkt RU 9/10. Katholischer Religionsunterricht im 9./10. Schuljahr, München 1993

Baudler, Georg (1987), Der Christ der Zukunft – ein Mystiker. Zur symmetrischen Gegenseitigkeit von Offenbarung und Erfahrung, in: Diakonia 18 (6/1987) 414–419

Benedikt XVI. (2006), Ansprache bei der gemeinsamen Audienz der 1. Gruppe der deutschen Bischöfe bei ihrem Ad-limina-Besuch am 10. November 2006 im Vatikan, in: Sekretariat der Deutschen Bischofskonferenz (Hg.), Ansprachen von Papst Benedikt XVI. und Grußworte aus Anlass der Ad-limina-Besuche der deutschen Bischöfe im November 2006, Bonn 2006, 15–21

Berg, Hans Christoph / Schulze, Theodor (1999), Lehrkunst. Ein Plädoyer für eine konkrete Inhaltsdidaktik, in: Holtappels, Heinz Günter / Horstkemper, Marianne (Hg.), Neue Wege in der Didaktik? Analysen und Konzepte zur Entwicklung des Lehrens und Lernens (Die Deutsche Schule 5. Beiheft), Weinheim 1999, 102–122

Berger, Peter L. (1988), Zur Dialektik von Religion und Gesellschaft. Elemente einer soziologischen Theorie, Frankfurt/M. 1988 [amerikanische Originalausgabe 1967]

Berger, Peter L. / Berger, Brigitte (1981), Wir und die Gesellschaft. Eine Einführung in die Soziologie – entwickelt an der Alltagserfahrung, Reinbek 1981 [amerikanische Originalausgabe 1972]

BertelsmannStiftung (Hg.) (2007), Religionsmonitor 2008, Gütersloh 2007

Biehl, Peter (2001), Religionspädagogik. Methoden, in: LexRP (2001) 1735–1743

Biemer, Günter (1977), Menschliche Grunderfahrungen und ihre religionspädagogische Vermittlung, in: Feifel (1977) 44–74

Biemer, Günter (1985), Erfahrung (religiöse), in: Bleistein/Casel (1985) 50f.

Bildungskommission NRW (1995), Zukunft der Bildung – Schule der Zukunft. Denkschrift der Kommission „Zukunft der Bildung – Schule der Zukunft" beim Ministerpräsidenten des Landes Nordrhein-Westfalen, Neuwied u.a. 1995

Bitter, Gottfried (1984), Glaube und Symbol. Überlegungen zum religionspädagogischen Alltag, in: KatBl 109 (1/1984) 7–19

Bitter, Gottfried (1995), Religionsunterricht als Aufklärung und Diakonie: Überlegungen zum Religionsunterricht an Gymnasien morgen, in: Göllner, Reinhard / Trocholepczy, Bernd (Hg.), Religion in der Schule? Projekte – Programme – Perspektiven, Freiburg/Br. u.a. 1995, 187–204

Bitter, Gottfried (2002), Ästhetische Bildung, in: NHRPG (2002) 233–238

Bitter, Gottfried / Englert, Rudolf / Miller, Gabriele / Nipkow, Karl Ernst (2002 A), Einleitung, in: NHRPG (2002) 13–18

Blankertz, Herwig (1982), Die Geschichte der Pädagogik. Von der Aufklärung bis zur Gegenwart, Wetzlar 1982

Bleistein, Roman / Casel, Gertrud (Hg.) (1985), Lexikon der kirchlichen Jugendarbeit, München – Düsseldorf 1985

Böhm, Winfried (1982), Wörterbuch der Pädagogik, Stuttgart [12]1982

Böhm, Winfried (1985), Theorie und Praxis. Eine Erörterung des pädagogischen Grundproblems, Würzburg 1985

Buber, Martin (1950), Zwei Glaubensweisen, Zürich 1950

Bucher, Anton A. (1994), Alter Gott zu neuen Kindern? Neuer Gott von alten Kindern? Was sich 343 Kindern unter Gott vorstellen, in: Merz, Vreni (Hg.), Alter Gott für neue Kinder? Das traditionelle Gottesbild und die nachwachsende Generation, Freiburg/Schweiz 1994, 79–100

Bucher, Anton A. (2002), Offensiv zurück in die Materialkerygmatik?, in: KatBl 127 (2/2002) 150f.

Bucher, Anton A. (2002 A), Kindertheologie: Provokation? Romantizismus? Neues Paradigma?, in: JBKTh 1 (2002) 9–27

Burkhard, Armin (1993), Semiotik, in: MLS (1993) 546f.

Burrichter, Rita (2003), „Jeder ist in seiner eigenen Welt, aber meine ist die richtige". Umgang mit Wahrheitsansprüchen als Aufgabe religiöser Bildung heute, in: RpB 50/2003, 27–37

CAJ-Bundesleitung (1985), CAJ [Christliche Arbeiterjugend], in: Bleistein/Casel (1985) 37f.

CAJ-Bundesleitung (1985 A), Cardijn, Joseph, in: Bleistein/Casel (1985) 38f.

Deinet, Ulrich (1990), Raumaneignung in der sozialwissenschaftlichen Theorie, in: Böhnisch, Lothar / Münchmeier, Richard, Pädagogik des Jugendraums. Zur Begründung und Praxis einer sozialräumlichen Jugendpädagogik, Weinheim – München 1990, 57–66

Sekretariat der *Deutschen Bischofskonferenz* (Hg.) (1996), Die bildende Kraft des Religionsunterrichts. Zur Konfessionalität des katholischen Religionsunterrichts, Bonn 1996

Sekretariat der *Deutschen Bischofskonferenz* (Hg.) (2004), Katechese in veränderter Zeit, Bonn 2004

Sekretariat der *Deutschen Bischofskonferenz* (Hg.) (2005), Der Religionsunterricht vor neuen Herausforderungen, Bonn 2005

Dohmen, Christoph (1987), Religion gegen Kunst? Liegen die Anfänge der Kunstfeindlichkeit in der Bibel?, in: ders. / Sternberg, Thomas (Hg.), … kein Bildnis machen. Kunst und Theologie im Gespräch, Würzburg 1987, 11–23

Dressler, Bernhard (2002), Darstellung und Mitteilung. Religionsdidaktik nach dem Traditionsabbruch, in: rhs 45 (1/2002) 11–19

Duden. Deutsches Universalwörterbuch (1996) [hg. vom Wissenschaftlichen Rat der Dudenredaktion], Mannheim u.a. [3]1996

Kirchenamt der *EKD* (Hg.) (1995), Identität und Verständigung. Standort und Perspektiven des Religionsunterrichts in der Pluralität. Eine Denkschrift der Evangelischen Kirche in Deutschland, Gütersloh [3]1995 [Beschlussfassung: 1994]

Kirchenamt der *EKD* (Hg.) (2006), Religionsunterricht. 10 Thesen des Rates der Evangelischen Kirche in Deutschland, Hannover 2006

Emeis, Dieter (1986), Katechese, in: HRPG (1986) 175–183

Englert, Rudolf (1986), glauben lernen, in: HRPG (1986) 344–347

Englert, Rudolf (1995), Wissenschaftstheorie der Religionspädagogik, in: Ziebertz/Simon (1995) 147–174

Englert, Rudolf (1996), Korrelation(sdidaktik). Bilanz und Perspektiven, in: RpB 38/1996, 3–18

Englert, Rudolf (1996 A), Christlicher Lebensstil als religiöses Bildungsziel? Religionspädagogische Perspektiven, in: ders. / Frost, Ursula / Lutz, Bernd (Hg.), Christlicher Glaube als Lebensstil, Stuttgart u.a. 1996, 75–93

Englert, Rudolf (1997), „Schwer zu sagen ...": Was ist ein religiöser Lernprozeß?, in: EvErz 49 (2/1997) 135–150

Englert, Rudolf (1998), Der Religionsunterricht nach der Emigration des Glauben-Lernens. Tradition, Konfession und Institution in einem lebensweltorientierten Religionsunterricht, in: KatBl 123 (1/1998) 4–12

Englert, Rudolf (2002), Religionspädagogik – ein Fremdkörper im theologischen Studium?, in: ThPQ 150 (1/2002) 24–34

Englert, Rudolf (2002 A), Ziele religionspädagogischen Handelns, in: NHRPG (2002) 53–58

Englert, Rudolf / Güth, Ralph (Hg.) (1999), „Kinder zum Nachdenken bringen". Eine empirische Untersuchung zu Situation und Profil katholischen Religionsunterrichts an Grundschulen. Die Essener Umfrage, Stuttgart u.a. 1999

Englert, Rudolf / Porzelt, Burkard / Reese, Annegret / Stams, Elisa (Hg.) (2006), Innenansichten des Referendariats. Wie erleben angehende Religionslehrer/innen an Grundschulen ihren Vorbereitungsdienst? Eine empirische Untersuchung zur Entwicklung (religions)pädagogischer Handlungskompetenz, Berlin 2006

Ennuschat, Jörg (2001), Religionsunterricht in Deutschland. Rechtslage, in: LexRP (2001) 1780–1786

Ennuschat, Jörg (2001 A), Religionsmündigkeit, in: LexRP (2001) 1714–1716

Esser, Wolfgang G. (1993), Warum heute alle religiöse Erziehung brauchen. Skizzen zum Hintergrund einer Religionspädagogik der Beziehung, in: KatBl 118 (5/1993) 304–313

Failing, Wolf-Eckart / Heimbrock, Hans-Günter (1998), Gelebte Religion wahrnehmen. Lebenswelt – Alltagskultur – Religionspraxis, Stuttgart u.a. 1998

Feifel, Erich (1973), Grundlegung der Religionspädagogik im Religionsbegriff, in: HRP I (1973) 34–48

Feifel, Erich (1973 A), Die Bedeutung der Erfahrung für religiöse Bildung und Erziehung, in: HRP I (1973) 86–107

Feifel, Erich (Hg.) (1977), Welterfahrung und christliche Hoffnung, Donauwörth 1977

Feifel, Erich (1977 A), Symbolerfassung als Weg zur Glaubenserfahrung, in: ders. (1977) 11–43

Feifel, Erich (1986), Religionsunterricht, in: HRPG (1986) 198–208

Feifel, Erich (1987), Tradierung und Vermittlung des Glaubens in religionspädagogischer Sicht. Teil 7, in: KatBl 112 (2/1987) 152–155

Feifel, Erich (1992), Was ist ästhetische Erfahrung? Prolegomena einer religionspädagogischen Ästhetik, in: RpB 30/1992, 3–18

Feifel, Erich (1995), Didaktische Ansätze in der Religionspädagogik, in: Ziebertz/Simon (1995) 86–110

Feifel, Erich (1997), Zukunftsweisendes Weggeleit? Kritische Würdigung der Erklärung „Die bildende Kraft des Religionsunterrichts", in: KatBl 122 (1/1997) 31–37

Feige, Andreas (2002), Jugend und Religion, in: HKJF (2002) 805–818

Feige, Andreas / Dressler, Bernhard (2000), Zusammenfassung: ‚Bildungsreligion' zwischen dem Sakralraum Kirche und pluralisierter Lebenswelt. Die religionskulturelle Vermittlungssituation des

Schulischen Religionsunterrichts im Spiegel der Selbstbeschreibung der ev. ReligionslehrerInnenschaft, in: Feige/Dressler/Lukatis/Schöll (2000) 443–469

Feige, Andreas / Dressler, Bernhard / Lukatis, Wolfgang / Schöll, Albrecht (2000), ‚Religion' bei ReligionslehrerInnen. Religionspädagogische Zielvorstellungen und religiöses Selbstverständnis in empirisch-soziologischen Zugängen. Berufsbiographische Fallanalysen und eine repräsentative Meinungserhebung unter evangelischen ReligionslehrerInnen in Niedersachsen, Münster u.a. 2000

Feige, Andreas / Tzscheetzsch, Werner (2005), Christlicher Religionsunterricht im religionsneutralen Staat? Unterrichtliche Zielvorstellungen und religiöses Selbstverständnis von evangelischen und katholischen Religionslehrerinnen und -lehrern in Baden-Württemberg. Eine empirisch-repräsentative Befragung, Ostfildern – Stuttgart 2005

Fox, Helmut (1979), Überlegungen zum Religionsbegriff des Religionsunterrichts, in: TThZ 88 (4/1979) 291–305

Fraling, Bernhard (1982), Allgemeine Moraltheologie I. Selbstverständnis und Methodenlehre; Moralanthropologie: Freiheit und Gewissen. I. Teil, Würzburg (unveröffentlichtes Vorlesungsskriptum) 1982

Fries, Heinrich (1961), Konvergenzargumentation, in: LThK² VI (1961) 517f.

Fromm, Martin (1989), Lehrplan, heimlicher, in: PädGr (1989) 977–982

Frost, Ursula (1986), Lehren / Lernen, in: HRPG (1986) 459–466

Fuchs, Gotthard (1985), Einweisung ins Unglaubliche und Selbstverständliche. Zur theologischen Kunst des Korrelierens, in: rhs 28 (2/1985) 84–91

Fuchs-Heinritz, Werner (2000), Religion, in: Deutsche Shell (Hg.), Jugend 2000. 13. Shell Jugendstudie. Band 1 [Quantitative Studie], Opladen 2000, 157–180

Gagné, Robert M. (1976), Lernhierarchien [amerikanische Originalausgabe 1968], in: Unterrichtswissenschaft 4 (4/1976) 290–303

Geertz, Clifford (1997), Religion als kulturelles System [britische Originalausgabe 1966], in: ders., Dichte Beschreibung. Beiträge zum Verstehen kultureller Systeme, Frankfurt/M. ⁵1997, 44–95

Gemeinsame Synode der Bistümer in der Bundesrepublik Deutschland (1976), Beschluß: Der Religionsunterricht in der Schule, in: Bertsch, Ludwig et al. (Hg.), Gemeinsame Synode der Bistümer in der Bundesrepublik Deutschland. Beschlüsse der Vollversammlung. Offizielle Gesamtausgabe I, Freiburg/Br. u.a. 1976, 123–152 [Beschlussfassung: 1974]

Gemeinsame Synode der Bistümer in der Bundesrepublik Deutschland (1976 A), Beschluß: Ziele und Aufgaben kirchlicher Jugendarbeit, in: ebd., 288–311 [Beschlussfassung: 1975]

Gemeinsame Synode der Bistümer in der Bundesrepublik Deutschland (1977), Arbeitspapier: Das katechetische Wirken der Kirche, in: Bertsch, Ludwig et al. (Hg.), Gemeinsame Synode der Bistümer in der Bundesrepublik Deutschland. Ergänzungsband: Arbeitspapiere der Sachkommissionen. Offizielle Gesamtausgabe II, Freiburg/Br. u.a. 1977, 37–97 [Freigabe 1974]

Gensicke, Thomas (2002), Individualität und Sicherheit in neuer Synthese? Wertorientierungen und gesellschaftliche Aktivität, in: Deutsche Shell (Hg), Jugend 2002. Zwischen pragmatischem Idealismus und robustem Materialismus, Frankfurt/M. 2002, 139–212

Gensicke, Thomas (2006), Jugend und Religiosität, in: Shell Deutschland Holding (2006) 203–239

Gensicke, Thomas (2007), Jugend und Religiosität. Bestandsaufnahme und Tendenzen anhand der 15. Shell-Jugendstudie, in: dj 55 (10/2007) 415–426

Giddens, Anthony (1996), Leben in einer posttraditionalen Gesellschaft, in: Beck, Ulrich / Giddens, Anthony / Lash, Scott, Reflexive Modernisierung. Eine Kontroverse, Frankfurt/M. 1996, 113–194

Glock, Charles Y. (1969), Über die Dimensionen der Religiosität [amerikanische Originalausgabe 1962], in: Matthes, Joachim, Kirche und Gesellschaft. Einführung in die Religionssoziologie II, Reinbek 1969, 150–168

Grom, Bernhard (1985), Religiosität, in: Bleistein/Casel (1985) 153f.

Grom, Bernhard (2000), Religionspädagogische Psychologie des Kleinkind-, Schul- und Jugendalters, Düsseldorf [5]2000

Groome, Thomas H. (1996), Inkulturation [praktisch-theologisch], in: LThK[3] V (1996) 509f.

Gruber, Hans / Prenzel, Manfred / Schiefele, Hans (2001), Spielräume für Veränderung durch Erziehung, in: Krapp/Weidenmann (2001) 99–135

Halbfas, Hubertus (1968), Fundamentalkatechetik. Sprache und Erfahrung im Religionsunterricht, Düsseldorf 1968

Halbfas, Hubertus (1982), Das dritte Auge. Religionsdidaktische Anstöße, Düsseldorf 1982

Halbfas, Hubertus (2002), Symboldidaktik, in: NHRPG (2002) 456–459

Hanisch, Helmut (1996), Die zeichnerische Entwicklung des Gottesbildes bei Kindern und Jugendlichen. Eine empirische Vergleichsuntersuchung mit religiös und nicht-religiös Erzogenen im Alter von 7–16 Jahren, Stuttgart – Leipzig 1996

Hartfiel, Günter (1976), Wörterbuch der Soziologie, Stuttgart [2]1976

Heiland, Helmut (2001), Pestalozzi, Johann Heinrich, in: LexRP (2001) 1489–1492

Hejl, Peter M. (1998), Kultur, in: MLLK (1998) 290–292

Hemel, Ulrich (1984), Theorie der Religionspädagogik. Begriff – Gegenstand – Abgrenzungen, München 1984

Hemel, Ulrich (1986), Religionspädagogik im Kontext von Theologie und Kirche, Düsseldorf 1986

Hermann, Inger (2000), „Halt's Maul, jetzt kommt der Segen ...“. Kinder auf der Schattenseite des Lebens fragen nach Gott, Stuttgart [4]2000

Heursen, Gerd (1989), Kompetenz – Performanz, in: PädGr (1989) 877–884

Hilger, Georg (2001), Ästhetisches Lernen, in: ders./Leimgruber/Ziebertz (2001) 305–318

Hilger, Georg (2001 A), Wie Religionsunterricht gestalten? Methodenfragen und ihre Implikationen, in: ders./Leimgruber/Ziebertz (2001) 201–218

Hilger, Georg / Leimgruber, Stephan / Ziebertz, Hans-Georg (2001), Religionsdidaktik. Ein Leitfaden für Studium, Ausbildung und Beruf, München 2001

Hoeps, Reinhard (1987), Ästhetische Erfahrung, in: HRE (1987) 311–320

Holm, Nils G. (1990), Einführung in die Religionspsychologie, München – Basel 1990

Hornstein, Walter (1990), Jugend heute – Individualisierung und soziale Ausdifferenzierung, in: Scharinger, Karl (Hg.), Nürnberger Forum der Jugendarbeit 1989. Jugend in den neunziger Jahren. Planen und (h)offen, Nürnberg 1990, 15–29

Huber, Stefan (2003), Zentralität und Inhalt. Ein neues multidimensionales Messmodell der Religiosität, Opladen 2003

Humboldt, Wilhelm von (1997), Theorie der Bildung des Menschen (Bruchstück) [entstanden 1793/94 und posthum veröffentlicht], in: ders., Bildung und Sprache, Paderborn [5]1997, 24–28

Hurrelmann, Klaus (2008), Deutsche Besonderheiten. Konfessioneller Religionsunterricht, in: Frankfurter Rundschau vom 25.03.2008, 12

James, William (1997), Die Vielfalt religiöser Erfahrung. Eine Studie über die menschliche Natur, Frankfurt/M. 1997 [amerikanische Originalausgabe 1902]

Jaspers, Karl (1983), Einführung in die Philosophie, München – Zürich [23]1983 [erstmals erschienen 1950]

Jendorff, Bernhard (Hg.) (1996), Katholischer Religionsunterricht: Wohin? Visionen aus Erfahrungen mit einem bewegten Fach, Donauwörth 1996

Jendorff, Bernhard (1996 A), Katholischer Religionsunterricht: ein stabiles, wandlungsfähiges Fach, in: ders (1996) 15–30

Johannes XXIII (1989), Mater et Magistra [Enzyklika über die jüngsten Entwicklungen des gesellschaftlichen Lebens und seine Gestaltung im Lichte der christlichen Lehre vom 15. Mai 1961], in: Bundesverband der Katholischen Arbeitnehmer-Bewegung Deutschlands – KAB (Hg.), Texte zur katholischen Soziallehre. Die sozialen Rundschreiben der Päpste und andere kirchliche Dokumente, Köln – Kevelaer [7]1989, 211–280

Kaczynski, Reiner (1984), Brauchtum / Fest [liturgiewissenschaftlich], in: NHthG I (1984) 139–150

Kaempfert, Manfred (1974), Lexikologie der religiösen Sprache, in: Fischer, Helmut (Hg.), Sprachwissen für Theologen, Hamburg 1974, 62–81

Katholische Bischöfe Deutschlands (Hg.) (1967), Rahmenplan für die Glaubensunterweisung mit Plänen für das 1.–10. Schuljahr, München 1967

Katholische Bischöfe Frankreichs (2000), Den Glauben anbieten in der heutigen Gesellschaft [„Proposer la foi dans la société actuelle"]. Brief an die Katholiken Frankreichs von 1996, Bonn 2000

Kaufmann, Franz-Xaver (1989), Auf der Suche nach den Erben der Christenheit, in: ders., Religion und Modernität. Sozialwissenschaftliche Perspektiven, Tübingen 1989, 70–88

Kehrer, Günther (1985), Religionswissenschaft, in: NHthG IV (1985) 76–84

Kennedy, Philip (1994), Edward Schillebeeckx. Die Geschichte von der Menschlichkeit Gottes, Mainz 1994

King, Winston L. (1987), Religion, in: EncRel XII (1987) 282–293

Knüfer, Bernd (2000), Kirche auf neuen Wegen. Vortrag vor dem Bund Neudeutschland beim Bundestag in Leipzig am 26. April 2000, in: Hirschberg 53 (7–8/2000) 418–424

König, Klaus (1995), Lernen in der Begegnung mit der Geschichte, in: Ziebertz/Simon (1995) 351–367

Korff, Wilhelm (1985), Natur / Naturrecht, in: NHthG III (1985) 182–195

Koring, Bernhard (1989), Eine Theorie pädagogischen Handelns. Theoretische und empirisch-hermeneutische Untersuchungen zur Professionalisierung der Pädagogik, Weinheim 1989

Krapp, Andreas / Prenzel, Manfred / Weidenmann, Bernd (2001), Geschichte, Gegenstandsbereich und Aufgaben der Pädagogischen Psychologie, in: Krapp/Weidenmann (2001) 1–29

Krapp, Andreas / Weidenmann, Bernd (Hg.) (2001), Pädagogische Psychologie. Ein Lehrbuch, Weinheim [4]2001

Kungfutse (1955), Gespräche (Lun Yü) [übersetzt und erläutert von Wilhelm, Richard], Düsseldorf 1955

Kunstmann, Joachim (2001), Wege in neues Terrain. Zur Wiederentdeckung von Religion und Ästhetik für religiöse Bildungsprozesse, in: ZPT 53 (3/2001) 229-235

Lachmann, Rainer (2002), Lehr- und Lernbarkeit des Glaubens, in: NHRPG (2002) 435–439

Lange, Günter (1974), Religion und Glaube. Erwägungen zum Gegenstand des Religionsunterrichts, in: KatBl 99 (12/1974) 733–750

Langer, Wolfgang (1985), Religionsunterricht, in: NHthG IV (1985) 58–67

Lefrancois, Guy R. (1986), Psychologie des Lernens, Berlin u.a. [2]1986 [amerikanische Originalausgabe 1964]

Lehmann, Karl (2005), Vorwort, in: Deutsche Bischofskonferenz (2005) 5f.

Leimgruber, Stephan (2006), Braucht die religiös-theologische Erwachsenenbildung religionspädagogische Theorien?, in: RpB 56/2006, 47–53

Lübbe, Hermann (1986), Religion nach der Aufklärung, Graz u.a. 1986

Luhmann, Niklas (1982), Funktion der Religion, Frankfurt/M. 1982

Matern, Stefan / Wachner, Stefan (2006), Was denken die Referendar/innen über Mentor/innen, Fachleiter/innen, BdU usw.? Die Ergebnisse der Befragung – quantitativ analysiert, in: Englert/Porzelt/Reese/Stams (2006) 343–363

Matern, Stefan / Wachner, Stefan / Hennecke, Elisabeth (2006), Faktoren der Kompetenzentwicklung. Die Ergebnisse der Befragung – quantitativ analysiert, in: Englert/Porzelt/Reeee/Stams (2006) 291–301

Mendl, Hans (2002), Pädagogischer Lebertran? Didaktische Orientierungen: Lernen an fremden Biographien, in: ru. Ökumenische Zeitschrift für den Religionsunterricht 32 (4/2002) 114–118

Mendl, Hans (2006), Religionsunterricht inszenieren und reflektieren. Plädoyer für einen Religionsunterricht, der mehr ist als „reden über Religion", in: Rendle, Ludwig (Hg.), Mehr als reden über Religion … 1. Arbeitsforum für Religionspädagogik 21. bis 23. März 2006. Dokumentation, Donauwörth 2006, 10–37

Mette, Norbert (1994), Religionspädagogik, Düsseldorf 1994

Mette, Norbert (2007), Religionsunterricht am Ort der Schule – Möglichkeiten, Grenzen, Ambivalenzen, in: RpB 58/2007, 5–26

Meyer-Blanck, Michael (2002), Vom Symbol zum Zeichen. Symboldidaktik und Semiotik, Rheinbach [2]2002

Mietzel, Gerd (1986), Psychologie in Unterricht und Erziehung. Einführung in die Pädagogische Psychologie für Pädagogen und Psychologen, Göttingen u.a. [3]1986

Müller, Hadwig (2004), Ein Gespräch mit langem Atem. Zur Situation der Seelsorge in Frankreich, in: Lebendige Seelsorge 55 (1/2004) 40–46

Müller, Olaf / Pollack, Detlef (2007), Wie religiös ist Europa? Kirchlichkeit, Religiosität und Spiritualität in West- und Osteuropa, in: BertelsmannStiftung (2007) 167–178

Münchmeier, Richard (2004), Jugend – Werte, Mentalitäten und Orientierungen im Lichte der neueren Jugendforschung, in: dj 52 (9/2004) 371–380

Nipkow, Karl Ernst (1982), Grundfragen der Religionspädagogik. Band 3. Gemeinsam leben und glauben lernen, Gütersloh 1982

Nipkow, Karl Ernst (1987), Die Gottesfrage bei Jugendlichen – Auswertung einer empirischen Umfrage, in: Nembach, Ulrich (Hg.), Jugend und Religion in Europa, Frankfurt/M. u.a. 1987, 233–259

Nipkow, Karl Ernst (1992), Religion in der Pädagogik?, in: ZfP 38 (2/1992) 215–234

Nipkow, Karl Ernst (1994), Jugendliche und junge Erwachsene vor der religiösen Frage. Religionssoziologische, entwicklungspsychologische und religionspädagogische Perspektiven, in: Klosinski, Gunther (Hg.), Religion als Chance oder Risiko. Entwicklungsfördernde und entwicklungshemmende Aspekte religiöser Erziehung, Bern u.a. 1994, 111–136

Oertel, Holger (2004), „Gesucht wird: Gott?". Jugend, Identität und Religion in der Spätmoderne, Gütersloh 2004

Oser, Fritz / Bucher, Anton (2002), Religiosität, Religionen und Glaubens- und Wertegemeinschaften, in: Oerter, Rolf / Montada, Leo (Hg.), Entwicklungspsychologie, Weinheim [5]2002, 940–954

Oser, Fritz / Gmünder, Paul (1996), Der Mensch. Stufen seiner religiösen Entwicklung. Ein strukturgenetischer Ansatz, Gütersloh [4]1996 [erstmals erschienen 1984; unveränderter Nachdruck der Überarbeitung [2]1988]

Ott, Rudi (1995), Lernen in der Begegnung mit der Bibel, in: Ziebertz/Simon (1995) 291–309

Otto, Gert / Otto, Gunter (2001), Ästhetische Erziehung, Ästhetisches Lernen, in: LexRP (2001) 12–18

Päpstliche Bibelkommission (1996), Die Interpretation der Bibel in der Kirche, Bonn [2]1996 [[1]1993]

Pannenberg, Wolfhart (1986), Religion und menschliche Natur, in: ders. Sind wir von Natur aus religiös?, Düsseldorf 1986, 9–24

Paul, Eugen (1993), Geschichte der christlichen Erziehung. Band 1. Antike und Mittelalter, Freiburg/Br. u.a. 1993

Paul, Eugen (1995), Geschichte der christlichen Erziehung. Band 2. Barock und Aufklärung, Freiburg/Br. u.a. 1995

Pesch, Otto Hermann (1995), Thomas von Aquin. Grenze und Größe mittelalterlicher Theologie. Eine Einführung, Mainz [3]1995

Pestalozzi, Heinrich (1947), Schwanengesang [erstmals erschienen 1826], in: ders., Erziehungsschriften (Gesammelte Werke in zehn Bänden; Bd. 10), Zürich 1947, 273–584

Peterßen Wilhelm H. (2001), Lehrbuch Allgemeine Didaktik, München [6]2001

Peukert, Helmut (1984), Über die Zukunft von Bildung, in: Frankfurter Hefte 39 (11–12/1984) 129–137

Peukert, Helmut (1994), Bildung als Wahrnehmung des Anderen. Der Dialog im Bildungsdenken der Moderne, in: Lohmann, Ingrid / Weiße, Wolfram (Hg.), Dialog zwischen den Kulturen. Erziehungshistorische und religionspädagogische Gesichtspunkte interkultureller Bildung, Münster – New York 1994, 1–14

Pirner, Manfred L. (2005), Grundzüge einer medienwelt-orientierten Religionsdidaktik, in: Entwurf. Religionspädagogische Mitteilungen 1/2005, 3–6

Pollack, Detlef (1995), Was ist Religion? Probleme der Definition, in: Zeitschrift für Religionswissenschaft 3 (2/1995) 163–190

Porzelt, Burkard (1999), Jugendliche Intensiverfahrungen. Qualitativ-empirischer Zugang und religionspädagogische Relevanz, Graz 1999

Porzelt, Burkard (2001), Vier Eckpunkte einer zeitgerechten Religionspädagogik, in: KatBl 126 (2/2001) 142–146

Porzelt, Burkard (2002), Bibeldidaktik in posttraditionalen Zeiten, in: RpB 49/2002, 33–48

Porzelt, Burkard (2002 A), Individualisierte Religiosität, in: NHRPG (2002) 275–279

Porzelt, Burkard (2004), Neuerscheinungen und Entwicklungen in der deutschen Religionspädagogik, in: rhs 47 (2/2004) 57–71

Porzelt, Burkard (2004 A), ‚Neu gelesen': Martin Stallmann, Christentum und Schule (1958), in: RpB 52/2004, 129–132

Porzelt, Burkard (2005), Die Religion (in) der Schule. Eine religionspädagogische und theologische Herausforderung, in: RpB 54/2005, 17–29

Porzelt, Burkard (2006), ‚Innenansichten des Referendariats' im bilanzierenden Ausblick, in: Englert/ Porzelt/Reese/Stams (2006) 455–474

Porzelt, Burkard (2007), Lob des Zweifel(n)s? Ein Movens religiösen Lernens im Spiegel aktueller Herausforderungen, in: RpB 59/2007, 17–27

Porzelt, Burkard (2007 A), „Wer wechselt, wandelt sich." Schulische Transformation des Religiösen im Spiegel einer Lehrererzählung, in: RpB 58/2007, 53–60

Porzelt, Burkard (2008), Gottesglaube hier und heute? Eine empirische Erkundigung, in: CPB 121 (1/2008) 2–6

Prenzel, Manfred / Schiefele, Hans (1986), Konzepte der Veränderung und Erziehung, in: Weidenmann/Krapp u.a. (1986) 105–142

Rahner, Karl (1970), Gotteserfahrung heute, in: ders., Schriften zur Theologie IX, Einsiedeln u.a. 1970, 161–176

Rahner, Karl (1972), Selbsterfahrung und Gotteserfahrung, in: ders., Schriften zur Theologie X, Zürich u.a. 1972, 133–144

Rahner, Karl (1976), Grundkurs des Glaubens. Einführung in den Begriff des Christentums, Freiburg/Br. u.a. 1976

Rahner, Karl / Vorgrimler, Herbert (1985), Kleines Theologisches Wörterbuch, Freiburg/Br. [15]1985

Rahner, Karl / Vorgrimler, Herbert (Hg.) (1986), Kleines Konzilskompendium. Sämtliche Texte des Zweiten Vatikanums, Freiburg/Br. [19]1986

Reinmann-Rothmeier, Gabi / Mandl, Heinz (2001), Unterrichten und Lernumgebungen gestalten, in: Krapp/Weidenmann (2001) 601–646

Renkl, Alexander (2001), Träges Wissen, in: HPP (2001) 717–721

Rheinberg, Falko / Bromme, Rainer (2001), Lehrende in Schulen, in: Krapp/Weidenmann (2001) 295–332

Riehl, Claudia (1998), Performanz und Kompetenz, in: MLLK (1998) 418f.

Ritter, Werner H. (2006), Gott, Gottesbilder und Kinder, in: Hilger, Georg / Ritter, Werner H., Religionsdidaktik Grundschule. Handbuch für die Praxis des evangelischen und katholischen Religionsunterrichts, München – Stuttgart 2006, 169–189

Roth, Heinrich (1971), Pädagogische Anthropologie. Band II. Entwicklung und Erziehung. Grundlagen einer Entwicklungspädagogik, Berlin u.a. 1971

Ruster, Thomas (2000), Die Welt verstehen „gemäß den Schriften". Religionsunterricht als Einführung in das biblische Wirklichkeitsverständnis, in: rhs 43 (3/2000) 189–203

Scharer, Matthias (2002), In der Ziel-Inhaltsdebatte gefangen. Zur (fundamental-)theologischen Problematik von Religionslehrplänen am Beispiel des Lehrplans 2000, in: CPB 115 (2/2002) 101–107

Scharer, Matthias (2003), Die ‚Wozu-Falle‘ in der (religiösen) Bildung. Ein kultureller Grenzgang, in: RpB 50/2003, 39–48

Scharer, Matthias (2003 A), Katechetik/Religionspädagogik als theologische Disziplin. Eine Positionierung, in: RpB 51/2003, 90–96

Schaub, Horst / Zenke, Karl G. (2000), Wörterbuch Pädagogik, München [4]2000

Schelander, Robert (2001), Lehrbarkeit der Religion, in: LexRP (2001) 1186–1188

Schillebeeckx, Edward (1971), Das Korrelationskriterium. Christliche Antwort auf eine menschliche Frage?, in: ders., Glaubensinterpretation. Beiträge zu einer hermeneutischen und kritischen Theologie, Mainz 1971, 83–109

Schillebeeckx, Edward (1978), Theologie der Erfahrung – Sackgasse oder Weg zum Glauben? Ein Gespräch mit Prof. Edward Schillebeeckx, in: Herder Korrespondenz 32 (8/1978) 391–397

Schillebeeckx, Edward (1980), Erfahrung und Glaube, in: CGG XXV, 1980, 73–116

Schillebeeckx, Edward (1980 A), Offenbarung, Glaube und Erfahrung, in: KatBl 105 (2/1980) 84–95

Schillebeeckx, Edward (1990), Menschen. Die Geschichte von Gott, Freiburg/Br. u.a. 1990 [niederländische Originalausgabe 1989]

Schillebeeckx, Edward (2006), Ich höre nicht auf, an den lebendigen Gott zu glauben. Gespräche mit Francesco Strazzari, Würzburg 2006 [italienische Originalausgabe 2005]

Schlette, Heinz Robert (1963), Religion, in: LThK[2] VIII (1963) 1164–1168

Schlüter, Richard (2000), Konfessioneller Religionsunterricht heute? Hintergründe – Kontroversen – Perspektiven, Darmstadt 2000

Schmid, Hans (1997), Die Kunst des Unterrichtens. Ein praktischer Leitfaden für den Religionsunterricht, München 1997

Schmid, Wilhelm (2000), Philosophie der Lebenskunst. Eine Grundlegung, Frankfurt/M. [6]2000

Schmid, Wilhelm (2007), Glück. Alles, was Sie darüber wissen müssen, und warum es nicht das Wichtigste im Leben ist, Frankfurt/M. 2007

Schmidtchen, Gerhard (1992), Ethik und Protest. Moralbilder und Wertkonflikte junger Menschen, Opladen 1992

Schröer, Henning (2001), Religionspädagogik und Theologie. Praktische Theologie, in: LexRP (2001) 1760–1763

Schurr, Johannes (1981), Comenius. Eine Einführung in die Consultatio Catholica, Passau 1981

Seckler, Max / Berchtold, Christoph (1984), Glaube, in: NHthG II (1984) 91–109

Seidl, Katrin (2006/07), Lernen in Begegnung mit fremden Biographien. Sondierung unterschiedlicher Varianten des Vorbildlernens und Reflexion eines Unterrichtsversuchs zu Theresia Gerhardinger, Regensburg (unveröffentlichte Staatsexamensarbeit) WiSem 2006/07

Shell Deutschland Holding (Hg.) (2006), Jugend 2006. Eine pragmatische Generation unter Druck, Frankfurt/M. 2006

Simon, Werner (1978), Religiöse Erfahrung – ihre Genese und Erfaßbarkeit, in: RpB 2/1978, 3–30
Simon, Werner (1992), Religiöse Erziehung im Kontext gesellschaftlicher Individualisierung, in: TThZ 101 (4/1992) 281–301
Simon, Werner (2005), „Katechetische Dimension" des Religionsunterrichts?, in: KatBl 130 (2/2005) 147–150
Simonis, Annette (1998), Mythos, in: MLLK (1998) 390.
Stachel, Günter (1995), Religionspädagogik der Spiritualität als Anleitung zur „Achtsamkeit" in: Ziebertz/Simon (1995) 324–338
Stallmann, Martin (1958), Christentum und Schule, Stuttgart 1958
Sternberg, Thomas (2003), „Und lass mich sehn dein Bilde". Der Kreuzweg als liturgisches und künstlerisches Thema, in: Liturgisches Jahrbuch 53 (3/2003) 166–191
Stockmeier, Peter (1984), Heilig, in: NHthG II (1984) 160–166

Terhart, Ewald (Hg.) (2000), Perspektiven der Lehrerbildung in Deutschland. Abschlussbericht der von der Kultusministerkonferenz eingesetzten Kommission, Weinheim – Basel 2000
Theißen, Gerd (2003), Zur Bibel motivieren. Aufgaben, Inhalte und Methoden einer offenen Bibeldidaktik, Gütersloh 2003
Thielicke, Helmut (1978), Der evangelische Glaube. Grundzüge der Dogmatik. III. Band. Theologie des Geistes. Der dritte Glaubensartikel. Die Manifestation des heiligen Geistes im Wort, in der Kirche, in den Religionen und in den letzten Dingen, Tübingen 1978
Tiefensee, Eberhard (2000), Religiös unmusikalisch? Folgerungen aus einer weithin krisenfesten Areligiosität, in: KatBl 125 (2/2000) 88–95
Tillich, Paul (1956), Systematische Theologie. Band I, Stuttgart [2]1956 [amerikanische Originalausgabe 1951]
Tillich, Paul (1964), Religion als eine Funktion des menschlichen Geistes? [amerikanische Originalausgabe 1955], in: ders., Die Frage nach dem Unbedingten. Schriften zur Religionsphilosophie (Gesammelte Werke; Bd. V), Stuttgart 1964, 37–42
Tillich, Paul (1964 A), Das religiöse Symbol [erstmals erschienen 1930], in: ders., Die Frage nach dem Unbedingten. Schriften zur Religionsphilosophie (Gesammelte Werke; Bd. V), Stuttgart 1964, 196–212
Tillich, Paul (1967), Humanität und Religion [erstmalig veröffentlichte Rede von 1958], in: ders., Die religiöse Substanz der Kultur. Schriften zur Theologie der Kultur (Gesammelte Werke; Bd. IX), Stuttgart 1967, 110–119
Tillich, Paul (1970), Wesen und Wandel des Glaubens [amerikanische Originalausgabe 1957], in: ders., Offenbarung und Glaube. Schriften zur Theologie II (Gesammelte Werke; Bd. VIII), Stuttgart 1970, 111–196
Tillich, Paul (1996), Religion – Korrelation – Symbol, in: Lenhard, Hartmut (Hg.), Arbeitsbuch Religionsunterricht. Überblicke – Impulse – Beispiele, Gütersloh [3]1996, 208f.
Tzscheetzsch, Werner (2006), Warum noch kirchliche Jugendarbeit? Kernthemen einer Theorie – ein Versuch, in: RpB 56/2006, 15–25

Lutherisches Kirchenamt der *VELKD* / Kirchenamt der *EKD* (Hg.) (1996), Was jeder vom Islam wissen muß, Gütersloh [5]1996
Veit, Marie (1985), Alltagserfahrungen von Jugendlichen, theologisch interpretiert, in: JRP 1 (1984), 1985, 3–28
Ven, Johannes A. van der (1994), Kontingenz und Religion in einer säkularisierten und multikulturellen Gesellschaft, in: ders. / Ziebertz, Hans-Georg (Hg.), Religiöser Pluralismus und interreligiöses Lernen, Kampen – Weinheim 1994, 15–37

Waldenfels, Hans (1985), Religionsverständnis, in: NHthG IV (1985) 67–76

Weber, Helmut (1991), Allgemeine Moraltheologie. Ruf und Antwort, Graz u.a. 1991

Wegenast, Klaus (2001), Glauben, Glaubenserziehung, in: LexRP (2001) 716–720

Wegenast, Klaus (2003), Religionspädagogik im Wandel. Zur Geschichte des Fachs zwischen Verkündigung und interreligiösem Dialog, in: RpB 51/2003, 5–20

Weidenmann, Bernd / Krapp, Andreas (1986), Pädagogische Psychologie: Einführung in die Disziplin und das Lehrbuch, in: dies. u.a. (1986) 1–20

Weidenmann, Bernd / Krapp, Andreas / Hofer, Manfred / Huber, Günter L. / Mandl, Heinz (Hg.) (1986), Pädagogische Psychologie. Ein Lehrbuch, München – Weinheim 1986

Weinert, Franz Emanuel (2001), Entwicklung, Lernen, Erziehung, in: HPP (2001) 121–132

Wiedenhofer, Siegfried (2002), Christliche Identität in der heutigen Gesellschaft – mit oder ohne Tradition? Katholische Dialektik: Überlieferung und Veränderung, in: Hirschberg 55 (5/2002) 235–240

Wippermann, Carsten (1996), Religiöse Weltanschauungen – Zwischen individuellem Design und traditionellem Schema, in: Silbereisen, Rainer K. / Vaskovics, Laszlo A. / Zinnecker, Jürgen (Hg.), Jungsein in Deutschland. Jugendliche und junge Erwachsene 1991 und 1996, Opladen 1996, 113–126

Zentralstelle für *Bildung* der Deutschen Bischofskonferenz (Hg.) (1977), Zielfelderplan für den katholischen Religionsunterricht in der Grundschule. Teil I: Grundlegung, München 1977

Zentralstelle Bildung der Deutschen Bischofskonferenz (Hg.) (1985), Lernfelder des Glaubens. Grundlagenplan für den katholischen Religionsunterricht im 5.–10. Schuljahr. Revidierter Zielfelderplan, München ²1985 [¹1984]

Zentralstelle Bildung der Deutschen Bischofskonferenz (Hg.) (1998), Grundlagenplan für den katholischen Religionsunterricht in der Grundschule, München 1998

Zentralstelle Bildung der Deutschen Bischofskonferenz (Hg.) (1999), Grundlagenplan für den katholischen Religionsunterricht an Schulen für Geistigbehinderte, München 1999

Ziebertz, Hans-Georg (2007), Gibt es einen Tradierungsbruch? Befunde zur Religiosität der jungen Generation, in: BertelsmannStiftung (2007) 44–53

Ziebertz, Hans-Georg / Simon, Werner (Hg.) (1995), Bilanz der Religionspädagogik, Düsseldorf 1995

Zirker, Hans (1979), Lesarten von Gott und Welt. Kleine Theologie religiöser Verständigung, Düsseldorf 1979

Zirker, Hans (1999), Religion [Begriff], in: LThK³ VIII (1999) 1034–1036

Zirker, Hans (2001), Religion, Religionskritik, in: LexRP (2001) 1672–1678

Zisler, Kurt (1996), Ästhetik und Religionspädagogik, in: RpB 38/1996, 43–60

7.2 Abkürzungen

AA: „Apostolicam actuositatem". Dekret des II. Vatikanums über das Apostolat der Laien, zit. n. Rahner/Vorgrimler (1986) 389–421

AKRK: Arbeitsgemeinschaft Katholische Religionspädagogik und Katechetik

CAJ: Christliche Arbeiterjugend

CGG: Christlicher Glaube in moderner Gesellschaft. Enzyklopädische Bibliothek in 30 Teil- und 7 Quellenbänden, hg. v. Franz Böckle / Franz-Xaver Kaufmann / Karl Rahner / Bernhard Welte, Freiburg/Br. u.a. 1980–1986

CPB: Christlich Pädagogische Blätter, Wien 1878ff.

dj: deutsche jugend, Weinheim 1953ff.

EKD: Evangelische Kirche in Deutschland

EN: Apostolisches Schreiben „Evangelii nuntiandi" Papst Pauls VI über die Evangelisierung in der Welt von heute vom 8. Dezember 1975, Bonn 1975

EncRel: The Encyclopedia of Religion (16 Bände), hg. v. Mircea Eliade, New York 1987

EvErz: Der Evangelische Erzieher, Frankfurt/M. 1949ff. – ab 50 (1998) unter dem Hauptttitel „Zeitschrift für Pädagogik und Theologie" (ZPT)

GG: Grundgesetz für die Bundesrepublik Deutschland von 1949

GS: „Gaudium et spes". Pastoralkonstitution des II. Vatikanums über die Kirche in der Welt von heute, zit. nach Rahner/Vorgrimler (1986) 449–552

HKJF: Handbuch Kindheits- und Jugendforschung, hg. v. Heinz-Herrmann Krüger / Cathleen Grunert, Opladen 2002

HPP: Handwörterbuch Pädagogische Psychologie, hg. v. Detlef H. Rost, Weinheim ²2001

HRE: Handbuch Religiöser Erziehung. (2 Bände [mit durchgängiger Seitenzählung]), hg. v. Werner Böcker / Hans-Günter Heimbrock / Engelbert Kerkhoff, Düsseldorf 1987

HRP: Handbuch der Religionspädagogik (3 Bände), hg. v. Erich Feifel / Robert Leuenberger / Günter Stachel / Klaus Wegenast, Gütersloh u.a. 1973 (I) / 1974 (II) / 1975 (III)

HRPG: Handbuch religionspädagogischer Grundbegriffe (2 Bände [mit durchgängiger Seitenzählung]), hg. v. Gottfried Bitter / Gabriele Miller, München 1986

JBKTh: Jahrbuch für Kindertheologie, Stuttgart 2002ff.

JRP: Jahrbuch der Religionspädagogik, Neukirchen-Vluyn 1984ff.

KatBl: Katechetische Blätter, München 1875ff.

LexRP: Lexikon der Religionspädagogik (2 Bände [mit durchgängiger Spaltenzählung]), hg. v. Norbert Mette / Folkert Rickers, Neukirchen-Vluyn 2001

LThK² : Lexikon für Theologie und Kirche (10 Bände plus Registerband), hg. v. Josef Höfer / Karl Rahner, Freiburg/Br. ²1957–1967

LThK³: Lexikon für Theologie und Kirche (10 Bände plus Registerband), hg. v. Walter Kasper u.a., Freiburg/Br. ³1993–2001

MLLK: Metzler Lexikon Literatur- und Kulturtheorie. Ansätze – Personen – Grundbegriffe, hg. v. Ansgar Nünning, Stuttgart – Weimar 1998

MLS: Metzler Lexikon Sprache, hg. v. Helmut Glück, Stuttgart – Weimar 1993

NHRPG: Neues Handbuch religionspädagogischer Grundbegriffe, hg. v. Gottfried Bitter / Rudolf Englert / Gabriele Miller / Karl Ernst Nipkow, München 2002

NHthG: Neues Handbuch theologischer Grundbegriffe (4 Bände), hg. von Peter Eicher, München 1984 (If.) bzw. 1985 (IIIf.)

NRW: Nordrhein-Westfalen

PädGr: Pädagogische Grundbegriffe. (2 Bände [mit durchgängiger Seitenzählung]), hg. v. Dieter Lenzen, Reinbek 1989

rhs: Religionsunterricht an höheren Schulen, Düsseldorf 1958ff.

RKEG: Reichsgesetz über die religiöse Kindererziehung von 1921

RpB: Religionspädagogische Beiträge, Mainz 1978ff.

STh: Summa Theologiae des Thomas von Aquin (www.corpusthomisticum.org)

ThPQ: Theologisch-praktische Quartalschrift, Regensburg 1848ff.

TThZ: Trierer Theologische Zeitschrift, Trier 1889ff.

VELKD: Vereinigte Evangelisch-Lutherische Kirche Deutschlands

Ver: Quaestiones disputatae De Veritate des Thomas von Aquin (www.corpusthomisticum.org)

ZfP: Zeitschrift für Pädagogik, Weinheim – Basel 1955ff.

ZPT: Zeitschrift für Pädagogik und Theologie, Frankfurt/M. – bis einschl. 49 (1997) unter dem Hauptttitel „Der Evangelische Erzieher" (EvErz)

7.3 Abbildungsverzeichnis

7.4 Sachregister

7.5 Personenregister